freytag & berndt

AUSFLUGS-ATLAS

Niederösterreich · Burgenland

D1995034

Ausflugsatlas für Niederösterreich und Burgenland in 46 Kartenblättern 1:50 000 mit illustrierten Ausflugszielen.

Texte: Patrik Hierner

Laufzeit 12/2007

© FREYTAG-BERNDT u. ARTARIA KG, A-1231 Wien

Der Inhalt dieses Freizeit-Atlas wurde mit großer Sorgfalt erstellt, erhebt aber keinen Anspruch auf Vollständigkeit. Der Verlag übernimmt für die jeweilige Richtigkeit und Übereinstimmung mit den örtlichen Verhältnissen keine Gewähr.

BLATTÜBERSICHT

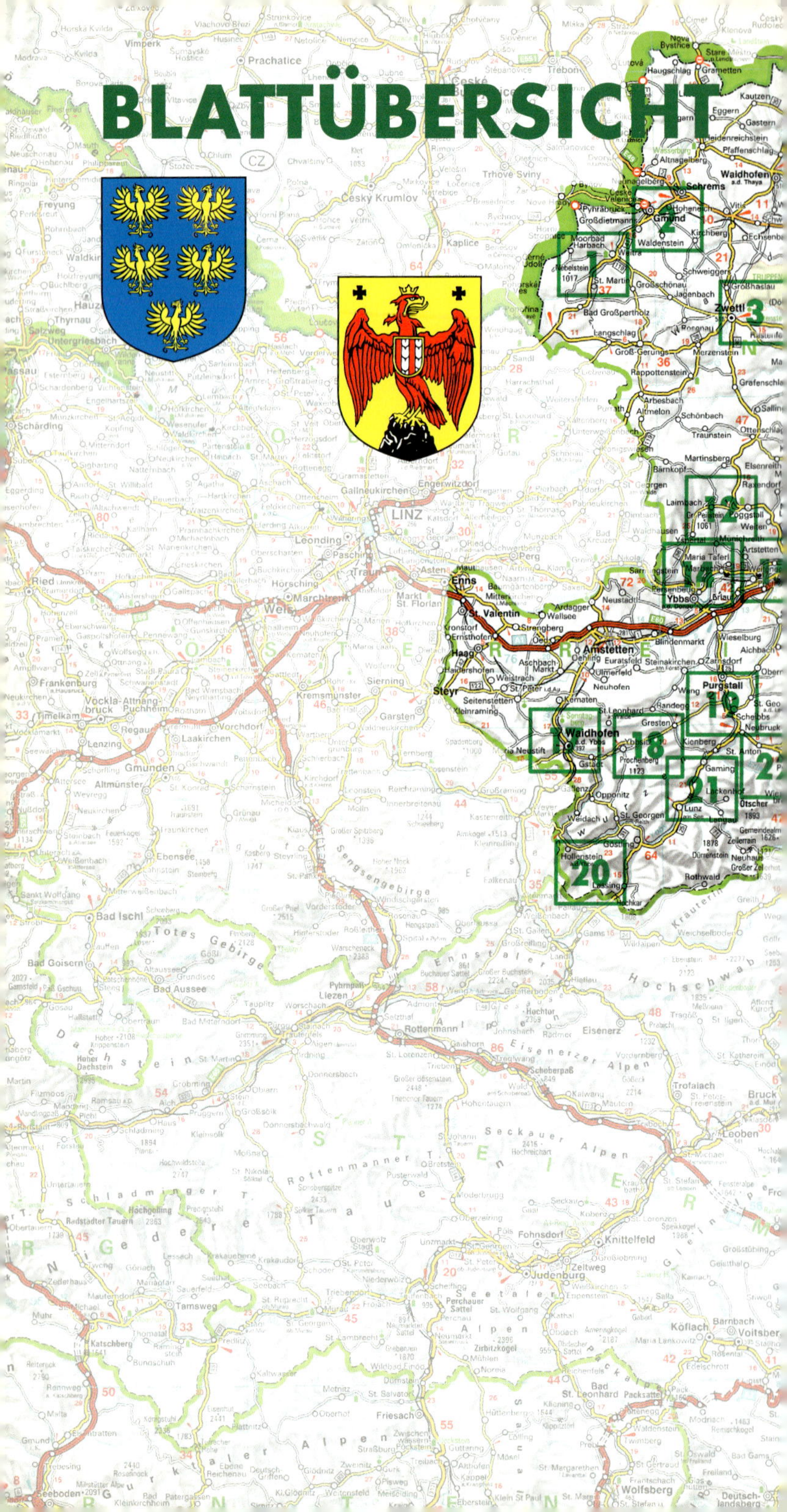

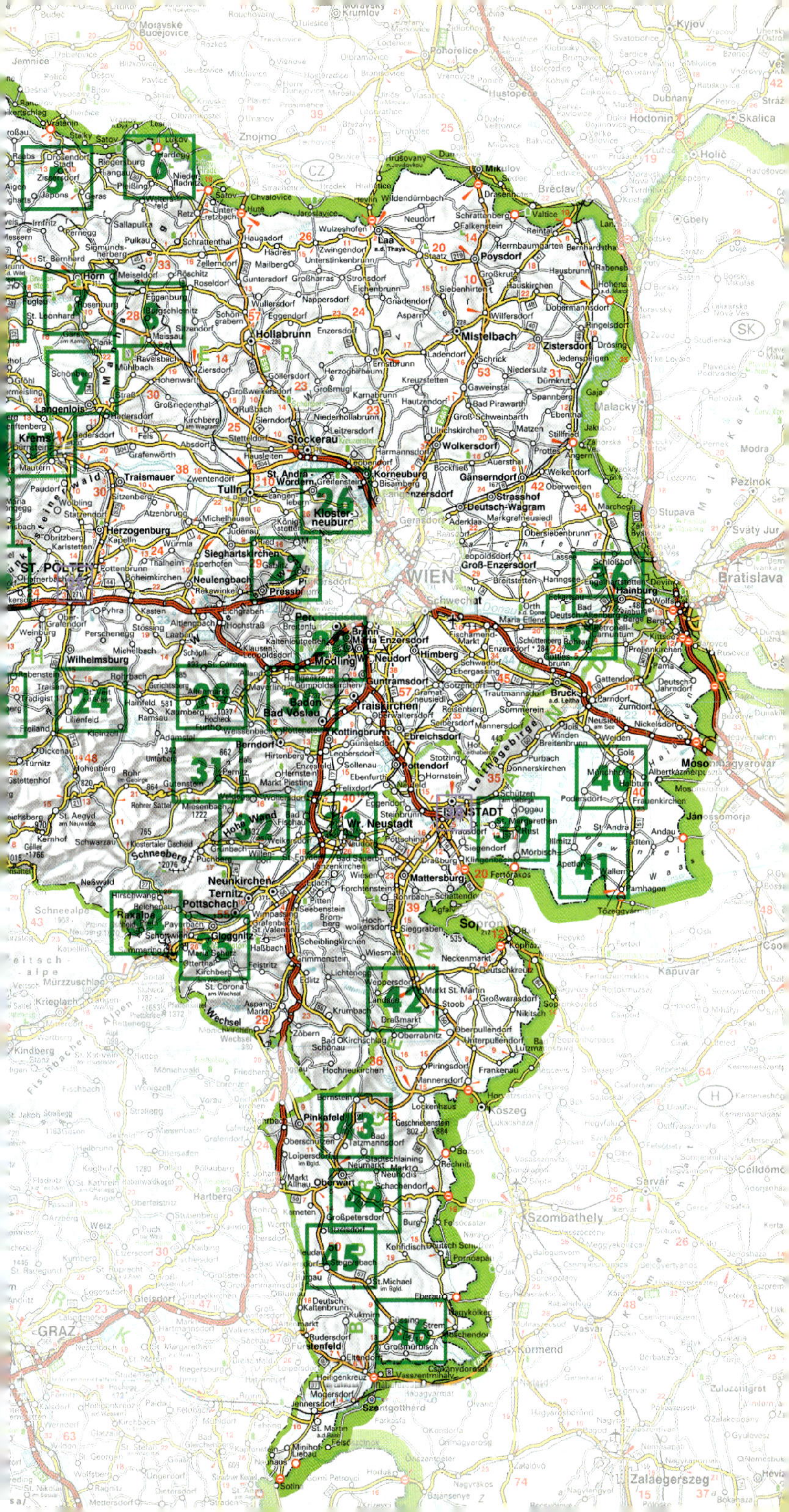
Moravské Budějovice
Jemnice
Znojmo
Mikulov
Břeclav
Hodonín
Skalica
Holíč
Kyjov
Pohořelice
Hustopeče
Dubnany
Valtice
Poysdorf
Laa a.d. Thaya
Mistelbach
Hollabrunn
Horn
Retz
Krems
Langenlois
Stockerau
Korneuburg
Tulln
Klosterneuburg
WIEN
Schwechat
Gänserndorf
Deutsch-Wagram
Wolkersdorf
Zistersdorf
Malacky
Stupava
Bratislava
Hainburg
Bruck a.d. Leitha
Mosonmagyaróvár
Jánossomorja
Neusiedl am See
Eisenstadt
Mattersburg
Sopron
Kapuvár
Wr. Neustadt
Neunkirchen
Ternitz
Pottschach
Gloggnitz
Mödling
Baden
Bad Vöslau
Traiskirchen
Pottendorf
Ebreichsdorf
Himberg
Berndorf
Neulengbach
Pressbaum
Sieghartskirchen
Traismauer
Herzogenburg
ST. PÖLTEN
Wilhelmsburg
Lilienfeld
Hainfeld
Schneeberg
Mürzzuschlag
Wechsel
Kindberg
Hartberg
Pinkafeld
Oberwart
Güssing
Fürstenfeld
Szentgotthárd
Kőszeg
Szombathely
Körmend
Vasvár
Sárvár
Celldömölk
Zalaegerszeg
Weiz
GRAZ
Gleisdorf
Jennersdorf
CZ
SK
H
3
6
8
9
1
24
26
27
28
29
30
31
32
33
34
35
36
37
39
40
41
42
43
44
45
46

ÜBERSICHTSKARTE FÜR ANREISEPLANUNG

Moravské Budějovice
Pohořelice
Kyjov
Znojmo
CZ
Mikulov
Břeclav
Hodonín
Skalica
Holíč
Hustopeče
Horn
Hollabrunn
Laa a.d. Thaya
Poysdorf
Mistelbach
Zistersdorf
SK
Malacky
Langenlois
Krems
Stockerau
Korneuburg
Wolkersdorf
Gänserndorf
Traismauer
Tulln
Klosterneuburg
Stupava
Pezinok
Herzogenburg
ST. PÖLTEN
WIEN
Schwechat
Bratislava
Hainburg
Neulengbach
Purkersdorf
Pressbaum
Perchtoldsdorf
Mödling
Wilhelmsburg
Bruck a.d. Leitha
Baden
Bad Vöslau
Berndorf
Mosonmagyaróvár
EISENSTADT
Wr. Neustadt
Neunkirchen
Ternitz
Mattersburg
Sopron
Mürzzuschlag
Gloggnitz
Kapuvár
Csorna
Kindberg
Pinkafeld
Kőszeg
Oberwart
Hartberg
Szombathely
Sárvár
Celldömölk
Weiz
Gleisdorf
GRAZ
Fürstenfeld
Körmend
Vasvár
Szentgotthárd
Zalaegerszeg
Hévíz
H

Legende · Legend · Légende

in Bau
Autobahn (in Bau)
Motorway (in construction)
Autoroute (en construction)

Fernverkehrsstraße, 4-spurig (Schnellstr.)
Dual carriageway
Route à chaussées separées

Straßen
(Keine Aussage über Befahrbarkeit mit Kfz.)
Roads, Routes

Fahrweg
(Keine Aussage über Befahrbarkeit mit Kfz.)
Carriage road, Chemin carrossable

Karrenweg, Fußweg, Steig
Bridle-path, foot path, trail
Sentier muletier, sentier escarpé

H.St. Bhf.
Normal-Schmalspurbahn
Normal gauge-narrow gauge railway
Chemin de fer à voie normale et à voie ètroite

Zahnrad-Standseilbahn
Rack railway, funicular
Chemin de fer à crémaillère, funiculaire

Seilschwebebahn
Funicular
Téléphérique

Sessellift
Chairlift
Télésiège

Schlepplift
Skilift
Remonte-pente

Materialseilbahn
Cable car for goods only
Téléphérique pour transport de matérial

Staats-Landesgrenze
State, provincial boundary
Frontière d'Etat, limite de provinces

Jugendherberge, Campingplatz
Youth hostel, camping site
Auberge de jeunesse, Terrain de camping

834
Markierter Weg-Markierungsnummer
Marked path-Marking number
Chemin signalisé Numero de marquage

Minder gut markierter (bez.) Weg
Insufficiently marked path
Chemin insuffisamment signalisé

Wanderweg-Kontrollstelle
Footpath-check point
Sentier-point de contrôle

Klettersteig
Fixed rope route
Voie équipée

Schiroute
Ski-track
Route de randonée à ski

Schutzhütte, Berggasthaus
Mountain cabin, mountain inn
Refuge, auberge de montagne

Hotel, Gasthof, Restaurant
Hotel, inn, restaurant
Hotel, auberge, restaurant

Jh.
Jagdhaus
Hunting lodge
Pavillon de chasse

Kirche, Kapelle
Church, chapel
Eglise, chapelle

Bildstock, Wegkreuz
Shrine, cross
Chapelle votive, calvaire

Bildbaum
Significant tree
Arbre à ex-voto

Schloss, Ruine
Castle, ruin
Château, ruine

Denkmal, Aussichtswarte
Monument, look-out
Monument, tour d'observation

Heilbad, Quelle
Spa, spring
Station thermale, source

Steinbruch, Höhle
Quarry, Cave
Carrière, Grotte

Kraftwerk, Elektrizitätswerk
Power plant, power station
Usine de force motrice, centrale électr.

Höhenpunkte
Altimetric points
Points culminants

Schiffanlegeplatz, Autobushaltestelle
Landing stage, Bus-stop
Débarcadère, Arrêt d'autobus

Flughafen, Flugplatz
Airport, airfield
Aéroport, aérodrome

Hallenbad, Schisprungschanze
Indoor swimming pool, ski-jumping
Piscine couverte, tremplin

Parkplatz
Parking-place
Place de stationnement

Radwanderrouten
Cycle-tours
Route pour cyclotouristes

Mountainbikerouten

Langlaufloipe
Cross country ski-track
Piste de ski de fond

1:50 000 (1 cm ≙ 500 m) Höhenlinienabstand 50-100 m

500 m 0 1 2 3 km

Schutzhütten und Berggasthäuser sind mit einem O bezeichnet. Es wird empfohlen, die Zugänglichkeit bzw. die Bewirtschaftung am Ausgangsort (Tal) zu erfragen.
Die Signaturen für Wege, Radrouten, Mountainbikerouten, Schirouten und Langlaufloipen in unseren Wanderkarten werden unter Mitwirkung alpiner Vereine, örtlicher Tourismusorganisationen und öffentlicher Stellen laufend aktualisiert; der Verlag übernimmt für die Übereinstimmung der Signaturen mit den örtlichen Verhältnissen bzw. für die Zugänglichkeit keine Gewähr. Berichtigungshinweise werden mit Dank entgegengenommen. Die Kartenthematik (Signaturen) geben keine Auskunft über die Schwierigkeit oder Gefahr der ausgewählten Route. Benützen Sie zur Planung Ihrer Tour unbedingt einschlägige Literatur (z. B.: Rother Führer) und erkunden Sie am Ausgangsort bei verläßlichen Informationsstellen die momentane Situation.

Huts and mountain inns are marked with a O. We recommended that you inquire into the accessibility, opening dates and facilities in the valley.
The symbols for paths, cycle- and mountainbike-tours, ski-tracks and cross-country ski runs are continually updated in co-operation with alpine clubs, local tourism offices and public agencies; the publisher offers no guarantee that the symbols on the map correspond to the local conditions and/or accessibility.
We welcome any information for corrections. The map scheme (symbols) provide no indication of the difficulty or danger of the indicated route. When planning an excursion, it is important to consult pertinent literature (e. g.: Rother Guide) and to inquire at reliable information sources in the nearest town.

Refuges et auberges de montagne sont indiqués par un O. Nous recommandons de se renseigner au lieu de départ (vallée) sur l'accessibilité, la garde des refuges et l'ouverture des auberges.
Les signes conventionnels pour chemins, routes pour cyclo- et mountainbiketouristes, routes de randonnées à ski et pistes pour skieurs de fond sont régulièrement actualisés sur nos cartes avec le soutien des associations alpines, des organismes touristiques locaux et des services publics; l'éditeur décline toute responsabilité quant à la conformité des symboles avec les situations locales et l'accessibilité des lieux.
Nous sommes reconnaissants pour toute information corrective. Les symboles ne renseignent pas sur le degré de difficulté ou de danger de la route choisie. Il est absolument nécessaire lorsque vous envisagez une randonnée d'avoir recours à un ouvrage spécialisé (par ex.: les guides Rother) et de vous renseigner au lieu de départ sur la situation actuelle auprès de sources d'information sûres.

Verzeichnis der Kartenblätter und illustrierten Wegbeschreibungen

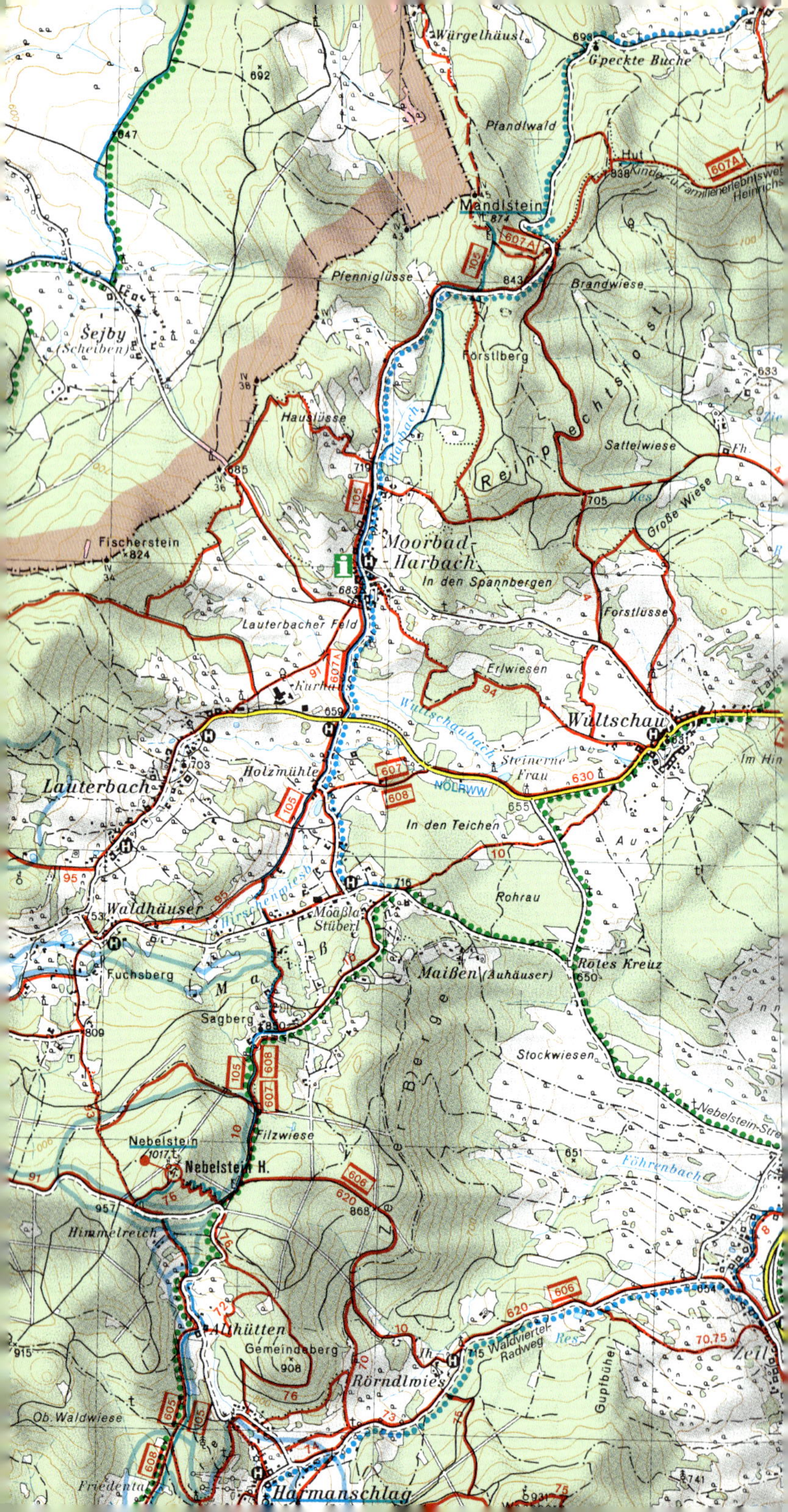

Würgelhäusl
G'peckte Buche
Pfandlwald
Hut
Kinder- u. Familienerlebnisweg
Mandlstein
607A
105
Pfenniglüsse
Brandwiese
Šejby
(Scheiben)
Förstlberg
Hauslüsse
Harbach
Reinpechtsforst
Sattelwiese
Große Wiese
Fischerstein
Moorbad-
Harbach
In den Spannbergen
Lauterbacher Feld
Forstlüsse
Erlwiesen
Kurhaus
Wultschau
Wultschaubach
Lauterbach
Holzmühle
Steinerne
Frau
NÖLRWW
In den Teichen
Rohrau
Waldhäuser
Hirschenwiesb.
Mößßla
Stüberl
Fuchsberg
Maißen (Auhäuser)
Rotes Kreuz
Sagberg
Stockwiesen
Nebelstein-Str.
Filzwiese
Nebelstein
Nebelstein H.
Föhrenbach
Himmelreich
Althütten
Gemeindeberg
Rörndlwies
Waldviertel-
Radweg
Gupfbühel
Zell
Ob. Waldwiese
Friedental
Harmanschlag

Blatt 1

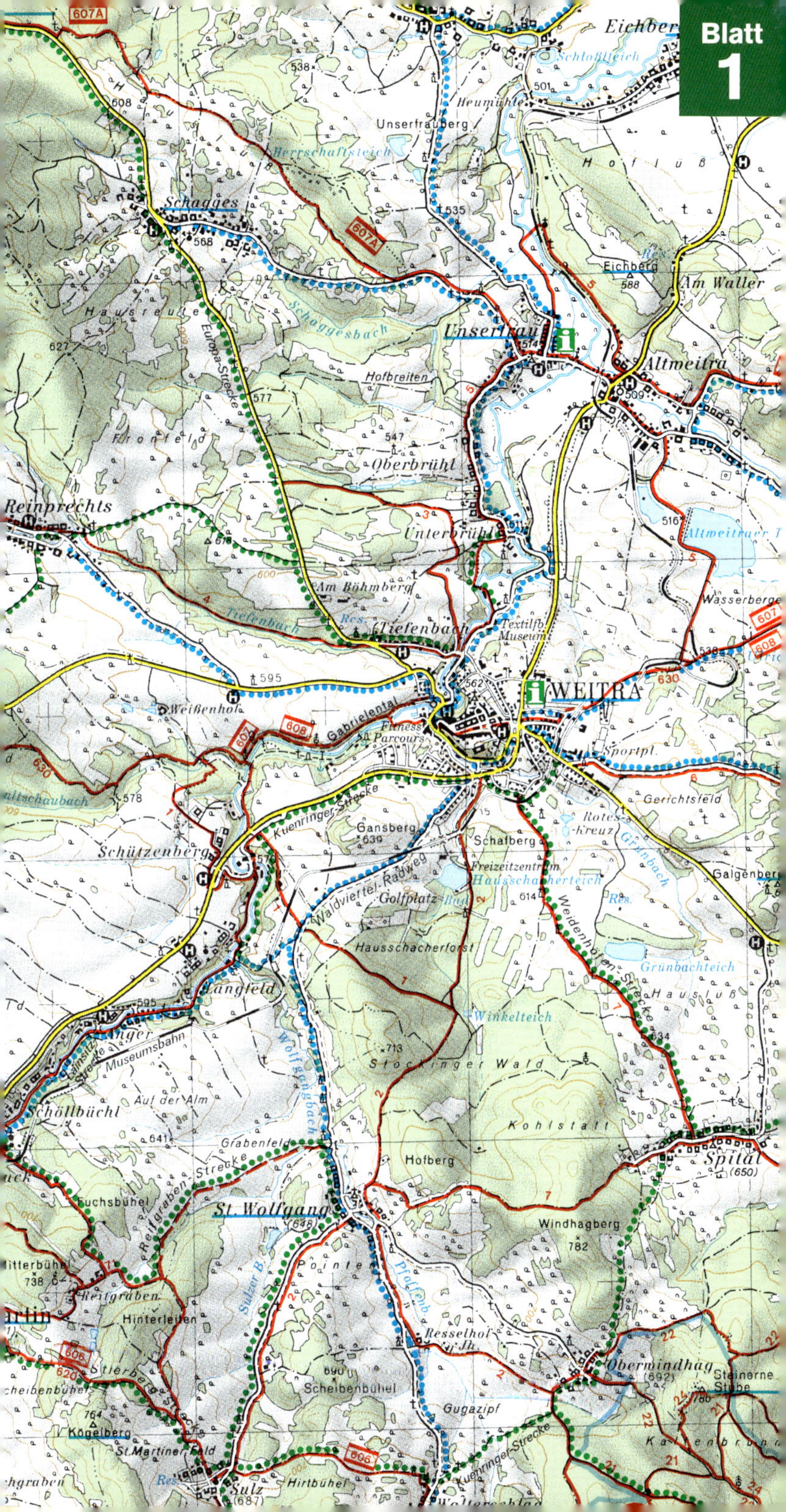

607A
Eichberg
Schloßteich
538
501
Heumühle
608
Unserfraubberg
Herrschaftsteich
Schagges
568
607A
535
Hofluß
Res.
Eichberg
588
Am Waller
Hausreute
Europa-Strecke
Schaggesbach
627
Unserfrau
514
Altmeitra
509
Hofbreiten
577
Frohnfeld
547
Oberbrühl
Reinprechts
618
Unterbrühl
511
516
Altmeitraer Teich
Am Böhmberg
600
Wasserberge
Tiefenbach
Res.
Tiefenbach
Textilfb. Museum
607
608
538
630
595
562
WEITRA
Weißenhof
607
608
Gabrielental
Fitness Parcours
Sportpl.
630
Altschaubach
578
Kuenringer Strecke
Gerichtsfeld
Gansberg
639
Schafberg
Rotes Kreuz
Grünbach
Schützenberg
576
Freizeitzentrum
Hausschacherteich
Waldviertel-Radweg
Golfplatz
Bad
614
Res.
Galgenberg
Weidenhofen Strecke
Hausschacherforst
Grünbachteich
Langfeld
Hausluß
595
Anger
Winkelteich
Museumsbahn
634
Wolfgangbach
713
Stockinger Wald
Auf der Alm
Schöllbüchl
641
Kohlstatt
Grabenfeld
Spital
(650)
Reitgraben Strecke
Hofberg
Fuchsbühel
St. Wolfgang
(646)
Windhagberg
782
Sulzer B.
Pointe
Pfaffenb.
Ritterbühel
738
Reitgraben
Hinterleiten
St. Martin
Resselhof
Obermindhag
(692)
Steinerne Stube
608
620
690
Scheibenbühel
Scheibenbühel
764
Gugazipf
Kuenringer Strecke
Kögelberg
St. Martiner Feld
606
Kaltenbrunn
Res.
Sulz
(687)
Hirtbühel

Blatt 1

WEITRA · MOORBAD HARBACH

Historische Altstadt von Weitra

In der nordwestlichen Ecke des Waldviertels liegt mit der alten Kuenringerstadt Weitra ein besonderes historisches Juwel, dessen Altstadt die Besucher geradezu um Jahrhunderte in die Vergangenheit führt. Bereits im 13. Jahrhundert erhielt Weitra das Stadtrecht. Hadmar II. von Kuenring gründete die Burgstadt, um seinen Herrschaftsbereich abzusichern und ein weiteres Glied in den Burgengürtel des oberen Waldviertels einzufügen. Heute ist der wehrhafte Charakter der Stadt gut ersichtlich und offenbart sich unter anderem in einer weitgehend intakten Stadtbefestigung mit dem noch erhaltenen Oberen Stadttor. Neben dem mächtigen Schloss (s. unten) lohnt innerhalb der Stadtmauern insbesondere die Pfarrkirche St. Peter und Paul eine eingehendere Betrachtung. Die sich zum Teil auf romanische Grundmauern stützende Kirche birgt in ihrem Inneren unter anderem einen sehr schönen Barockaltar von Johann Walser. Von besonderem Interesse sind darüber hinaus die reich bemalten Sgraffitohäuser am Rathausplatz (bes. Haus Nr. 13) und die älteste bestehende Brauerei Österreichs. In Weitra wird der wohlschmeckende „Gerstensaft" glaubwürdigen Quellen zufolge nämlich bereits seit 1321 gebraut.

(Information: Gästeinformation Weitra, Rathausplatz 1, A-3970 Weitra, Telefon: 02856/ 2998, Mail: waldviertel.incoming@utanet.at, Internet: www.tiscover.at/weitra)

Schloss Weitra

Das mächtige Schloss ist in die stattlichen Wehrmauern integriert und wacht so gleichsam über die nördlich befindliche Altstadt und die südlich des Schlosshügels gelegene Vorstadt. Nach einem älteren Vorgängerbau wurde das Schloss zwischen 1590 und 1606 in Auftrag von Wolf Freiherr von Wielroß völlig neu errichtet und stellt heute eines der besterhaltenen Bauwerke der Renaissance in Niederösterreich dar. Besonders lohnend ist ein Besuch des 1885 errichteten Schlosstheaters und des Arkadenhofes im Inneren der vierflügeligen Anlage.

(Information: Schloss Weitra, A-3970 Weitra, Mail: schloss.weitra@aon.at, Telefon: 02856/3311)

Moorheilbad Harbach

Fast schon an der Grenze zur Tschechischen Republik befindet sich das weithin bekannte Moorheilbad Harbach, welches sogar der Gemeinde Moorbad Harbach den heute gültigen Namen verlieh. In der Anlage steht die Verbindung von Therapie und Lebensqualität im Mittelpunkt, daher auch der offizielle Name: Kur-, Rehabilitations-, Stoffwechsel- und Lebensstilzentrum. Die Gäste können zwischen verschiedensten Programmen und Therapieformen wählen und sollen insbesondere durch Verknüpfung von Heilbad und Landschaft einen erholsamen Aufenthalt mit nachhaltig andauerndem Wohlbefinden verbringen können.

(Information: Moorheilbad Harbach, A-3970 Moorbad Harbach, Telefon: 02858/5255-0, Internet: www.moorheilbad-harbach.at)

Nebelstein

Der Nebelstein zählt mit seinen 1.017 Metern zu den höchsten Erhebungen des Waldviertels und ist ohne Zweifel dessen populärster Berg. Die weiten Wälder rund um den Gipfel laden zum Spaziergehen, Wandern oder Reiten ein und locken vor allem ältere Gäste und Menschen mit dem Bedürfnis nach Entspannung und Ruhe in diese abgeschiedene Landschaft. Bei einer Einkehr in der nahe des Gipfels befindlichen Nebelsteinhütte gelingt dies besonders gut. Vom Gipfel selbst genießt man schließlich die Aussicht ins tschechische Nachbarland und gegen Nordosten zu den mittelalterlichen Gemäuern von Weitra.

Waldviertler Textilstraße und Museum „Alte Textilfabrik"

Das Textilgewerbe hat im nördlichen Waldviertel eine lange und erfolgreiche Tradition. Um diese Tradition auch Besuchern auf anschauliche Art und Weise näher zu bringen, wurde die Waldviertler Textilstraße ins Leben gerufen. Diese verbindet verschiedene Museen und historische Gewerbestätten, darunter auch das bei Weitra ansässige

Museum „Alte Textilfabrik“. Weitere Museen befinden sich in Groß-Siegharts und Waidhofen a. d. Thaya. Neben den alten Industrieanlagen selbst, können Besucher Exponate der Industriegeschichte und der textilgewerblichen Arbeitsweise entdecken und betrachten.
(Information: ARGE Textilstraße, In der Brühl 13, A-3970 Weitra, Telefon: 02856/2973, Mail: museum.alte.textilstrasse@aon.at)

Waldviertler Schmalspurbahn

Die Waldviertler Schmalspurbahn Gmünd – Groß-Gerungs zählt zu den besonders bemerkenswerten und bei Bahnnostalgikern äußerst beliebten Eisenbahnstrecken in Niederösterreich. Zu einem guten Teil trägt die herbe Schönheit der Waldviertler Landschaft zu diesem Image bei, doch auch die zahlreichen Sonderfahrten mit alten Lokomotiven und Zugsgarnituren lassen das Herz jedes Eisenbahnliebhabers höher schlagen. Die Bahnlinie wurde in den Jahren 1902 bis 1903 eröffnet und hat eine wechselhafte Geschichte hinter sich. Seit der Einstellung des Regelbetriebes im Mai 2001 werden auf der Strecke an Wochenenden touristische Fahrten durchgeführt, wobei in Verbindung mit sogenannten Erlebnisbussen auch Rundfahrten für die ganze Familie angeboten werden. Ein möglicher Ausgangspunkt für derartige Fahrten ist die Kuenringerstadt Weitra, in der sich das Buchungsbüro der Waldviertlerbahn befindet.
(Information: Waldviertel – Incoming, A-3970 Weitra, Rathausplatz 1, Internet: www.waldviertlerbahn.at, Telefon: 02856/2998)

Stadttor Weitra *Stadtgemeinde Weitra*

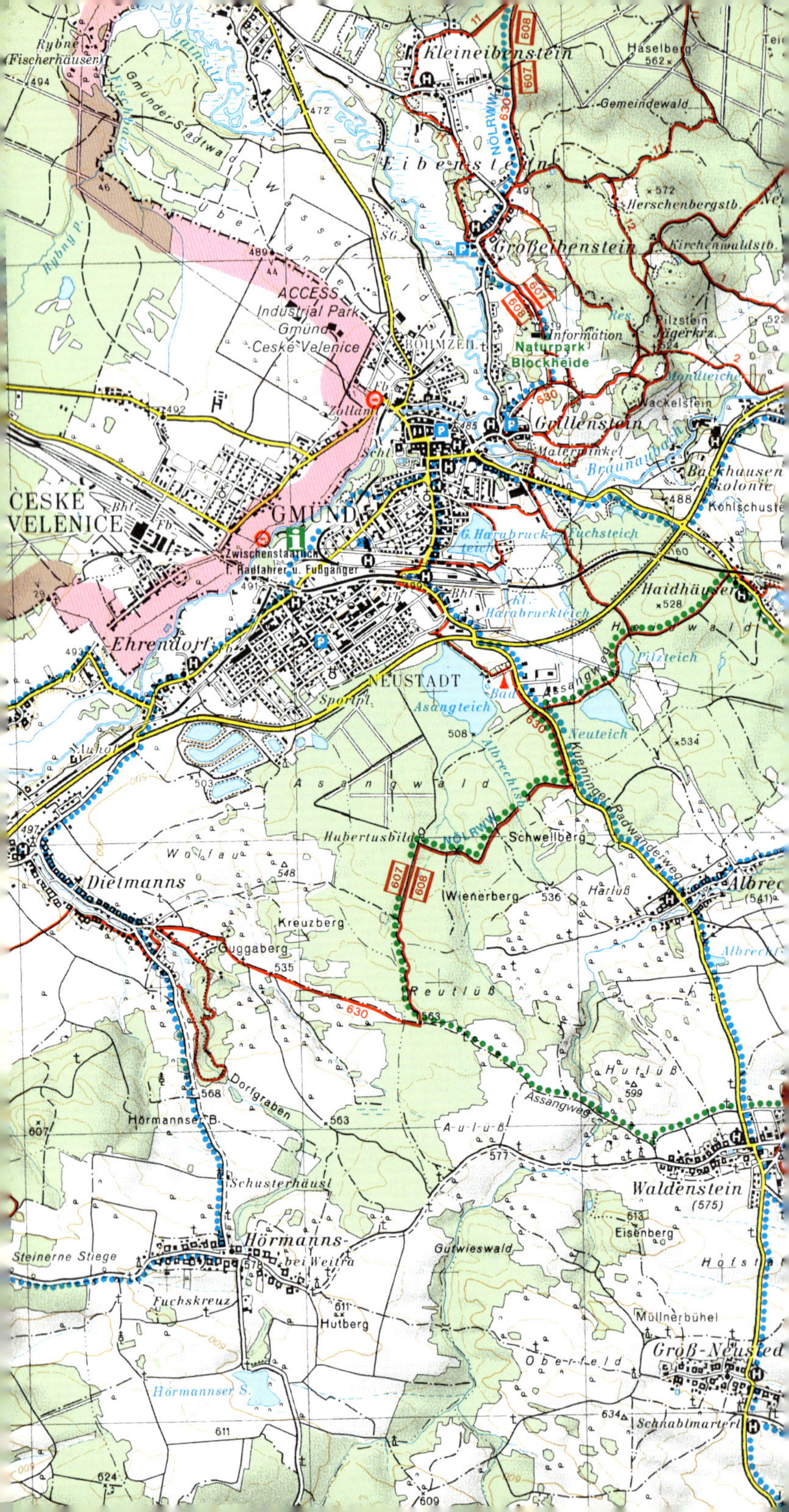
Rybné (Fischerhäusen)
Gmünder Stadtwald
Kleineibenstein
Häselberg
Gemeindewald
Eibenstein
Herschenbergstb.
Großeibenstein
Kirchenwaldstb.
Wasserfeld
Überländer
ACCESS
Industrial Park
Gmünd
České Velenice
BÖHMZEIL
Information
Naturpark
Blockheide
Pilzstein
Jägerkrz.
Mondteiche
Wackelstein
Zollamt
Gmünd
Grillenstein
Malerwinkel
Braunaubach
Backhausen
Kolonie
Kohlschuster
ČESKÉ VELENICE
GMÜND
G. Harabruckteich
Fuchsteich
Zwischenstaatlich
f. Radfahrer u. Fußgänger
Haidhäuser
Kl. Harabruckteich
Heidwald
Ehrendorf
NEUSTADT
Asangteich
Pilzteich
Sportpl.
Neuteich
Asangweg
Asangwald
Albrechtsb.
Kueringer Radwanderweg
Hubertusbild
Schwellberg
NÖLRWW
Dietmanns
Wolfau
Wienerberg
Harluß
Albrec
Kreuzberg
Guggaberg
Reutlüß
Hutlüß
Dorfgraben
Assangweg
Hörmannser B.
A-u-l-ü-ß
Waldenstein
Schusterhäusl
Eisenberg
Hörmanns-
bei Weitra
Gutwieswald
Hofstat
Steinerne Stiege
Fuchskreuz
Hutberg
Müllnerbühel
Groß-Neusted
Oberfeld
Hörmannser S.
Schnablmarterl
607
608
630
11
12

Blatt 2

SCHREMS
(532)
Hoflüß
Fuchsteich
Neu-Kottinghörmanns
Stb.
Schärdinger Granit
Heumühle
Moorbad
Herrenteich
Einschichten
Hoffentöckteich
Niederschrems
Ehrenhöbarten
Kleedorf
520
Steinbruchweg
Res.
Waldviertel-Radweg
Seilried
Schwarzabach
Neuhof
Pürbacher Säge
Reitteich
Mitterfeld
Hoheneich
(521)
Bad
Mitterteich
Holzteich
Blauer Spitz
Ullrichsteich
Teichbach
Purbacher Teich
Bhf. Pürbach-Schrems
Pürbach
(532)
Althöllteich
Amtwiesteich
Hoheneicher Wald
554
Karfreitagsteich
Hofstätten
Edlauteich
Spielbergerteich
Breitländerwald
Otterteich
Frauenteich
Herrenteich
Sportpl.
Nondorf
Johannahöhe
Erlbrunnfeld
Erlseefeld
Schönteich
SW Weinzettl
Hammerschmiede
Lehmfeld
Mühllüß
Ullrichs
(547)
Galgenfeld
Grafenteich
(550)
Mühlberge
Groß-Höbarten
(547)
Aubühel
Galgen
Fromberg
(550)
Rote Kapelle
563
Kindlstein
Abdecker
Ölberg
Froschau
Schachenwald
Wildschütz-kreuz
Zwerglhäusl
Stellplatz
Kirchberg
am Wald
Klein-Ruprechts
(581)
Fiedlerleiten
Öde Lüß
Waldlehrpfad
Sportpl.
Höllenstein
Schacherfeld
Feldberg
Weißenalbern
Res.
Tiergartenhäuser
Höllgraben
Grünbach
Grünbacher Feld
Hirtberg
Tiergarten
650
624

GMÜND · SCHREMS

Naturpark Blockheide

Gleich hinter Gmünd befindet sich der Naturpark Blockheide Eibenstein-Gmünd. Berühmt ist dieser vor allem aufgrund seiner von der Natur beeindruckend geformten und sagenumwobenen Granitblöcke. Besonders hervorzuheben sind in diesem Zusammenhang natürlich die im ganzen Land bekannten Wackelsteine. Daneben finden sich seltsame Gebilde, wie etwa der Pilzstein, der Christophorusstein, das Teufelsbett oder die Kobold- und Grillensteine. Ein 1,5 Kilometer langer Granitbearbeitungspfad vermittelt dem Besucher entlang von 25 Stationen Wissenswertes über die hier befindlichen Steinformationen und die Granitbearbeitung, vom Block bis zum fertigen Werkstück. Die Nutzung dieses Gesteins stellt in der Region bis heute einen wichtigen Wirtschaftsfaktor dar.

Auf einer Fläche von insgesamt über 100 Hektar wird das Bild des Naturparks Blockheide zudem von Birkenhainen, Rotföhren und Heidekraut bestimmt. Eine Landschaftsform wie sie hier herrscht, kann man erst wieder in skandinavischen Ländern finden. Bei einem Spaziergang durch den Park kann man sich auch entlang des sogenannten Marienkäferweges orientieren. Dieser führt durch bäuerliche Landschaft, über Felder und Wiesen zu den Restbiotopen des Naturparks. Wissenswertes über diese, vom Menschen noch nicht zur Gänze beeinträchtigten Lebensräume wird an Holztafeln erläutert. Steinhaufen oder Hecken entpuppen sich hier zu äußerst bedeutenden Zufluchtsorten für viele Pflanzen und Tiere. Dieser etwa sechs Kilometer lange Pfad ist in gut zwei Stunden zurückzulegen. Will man jedoch alles ganz genau wissen und will man vor allem auch die entlang des Weges gestellten Aufgaben lösen, sollte schon ein wenig mehr Zeit eingeplant werden.

Neben wandern und spazieren gehen, kann man im Naturpark auch hervorragend speisen. Das Schutzhaus Blockheide bietet dem Feinschmecker beliebte Waldviertler Spezialitäten. Das Restaurant befindet sich nahe des Aussichtsturms, von dem aus man eine herrliche Rundsicht über den Park genießen kann.

(Information: Verein Naturpark Blockheide Eibenstein-Gmünd, Schremser Straße 6, A-3950 Gmünd, Internet: www.blockheide.gmuend.at, Telefon: 02852/52506)

***NP Blockheide** ÖW/Schoen*

Altstadt von Gmünd

Ähnlich wie Zwettl und Weitra erlangte die Stadt Gmünd zur Zeit der Kuenringer-Herrschaft große Bedeutung als Grenz- und Zollposten gegen Böhmen. Eine weitere Ähnlichkeit besteht im strikt planmäßigen Aufbau der Stadt, der nach dem Gründungsakt Hadmar II um 1200 bis etwa 1250 stattfand. 1217 wird Gmünd erstmals urkundlich erwähnt, 1255 bekommt es ein Stadtgericht, 1278 einen Markt. Die innere Marktsiedlung auf der nach Norden und Osten abfallenden Felsterrasse konnte ihr mittelalterliches Stadtbild gut bewahren. Für einen Rundgang empfiehlt es sich, der Sigismundgasse entlang Richtung Norden zu gehen, bis man auf den Stadtplatz gelangt. Weiter nördlich schließt der Kirchenplatz mit Pfarrkirche und Pfarrhof an. Die Pfarrkirche St. Stephan diente ursprünglich sogar als Befestigungspunkt, der – von einem romanischen Ostturm ausgehend – um 1215 durch gotische Zubauten zu einer dreischiffigen Anlage erweitert wurde. Geht man nun zurück auf den Stadtplatz, entdeckt man schnell, wofür die Gmünder Altstadt berühmt ist – die „Sgraffito-Häuser", die sich aus der Spätgotik und Renaissance erhalten haben. Am Ende des Stadtplatzes stößt man direkt an das im 15. und 16. Jahrhundert umgebaute Schloss, ein Bau des Stadtgründers Hadmar II (1213 erwähnt). Seit 1859 ist das Schloss im Besitz der Familie Habsburg-Lothringen, heute sind darin Wohnungen untergebracht. Im Schlosspark befindet sich ein Palmenhaus aus dem Jahre 1858.

(Information: Stadtgemeinde Gmünd, A-3950 Gmünd, Internet: www.gmuend.at, Telefon: 02852/52506-500)

Stadt-, Glas- u. Steinmuseum

Das städtische Museum von Gmünd ist in drei große Teilbereiche gegliedert. Diese sind namentlich das Stadtmuseum mit Exponaten der sehr abwechslungsreichen Stadtgeschichte, das Glasmuseum mit einer Ausstellung über die Geschichte der Glaserzeugung im niederösterreichisch-tschechischen Grenzgebiet sowie das Steinmuseum mit einer bedeutenden Sammlung alter Steinerzeugnisse, welche die kulturgeschichtliche Bedeutung der Region widerspiegeln. Eine besondere Attraktivität besitzen die zahlreichen Glasexponate der jüngeren Zeit im Glasmuseum, welche die Mannigfaltigkeit des heute noch im Gmünder Raum ansässigen Glaskunstgewerbes zeigen.

(Information: Glasmuseum Gmünd, Stadtplatz 34, A-3950 Gmünd, Internet: www.gmuend.at, Telefon: 02858/5255-0)

Märchenhain Malerwinkel

Der besonders für Kinder attraktive Märchenhain Malerwinkel ist ein Erlebnis-Museum der besonderen Art. Hier stehen verschiedenste Märchen und deren Geschichten im Mittelpunkt des Interesses. Der bunte Bogen spannt sich von der Märchenwelt der Gebrüder Grimm über ein Kasperltheater zum Selberspielen bis zu einem Märchenwald-Lehrpfad. Eine Teddybärenschwimmschule und eine kleine Zwergenwelt verzaubern vor allem die jüngsten Besucher.

(Information: Stadtgemeinde Gmünd, A-3950 Gmünd, Internet: www.gmuend.at, Telefon: 02852/52728)

Heimatmuseum Schrems

Das kleine Heimatmuseum der Stadtgemeinde Schrems wurde 1966 gegründet und zeigt vor allem Exponate zur Stadtgeschichte, zur Textilindustrie und zu geologischen Themen wie dem bekannten Schremser Granit. Ein weiterer Teil der Sammlung befasst sich mit bäuerlichem Gerät der Region aus Gegenwart und Vergangenheit.

(Information: Heimatmuseum Schrems, A-3970 Weitra, Mail: museum.alte.textilstrasse@aon.at, Telefon: 02856/2973)

Pfarr- und Wallfahrtskirche Hoheneich

Die östlich der Stadt Gmünd liegende Gemeinde Hoheneich verfügt mit der Pfarr- u. Wallfahrtskirche zur unbefleckten Empfängnis über ein barockes Kunstkleinod. Der bekannte Baumeister Andreas Zach errichtete das Bauwerk in den Jahren 1776 bis 1784. Es handelt sich dabei um einen Zentralbau mit ovalem Kuppelraum und klassizistischer Ausstattung. Eindrucksvoll ist der Hochaltar von 1780 mit einem mächtigen Stuckmarmoraufbau. Wesentlich älter ist hingegen die gotische Gnadenstatue (um 1480). Eine Legende rankt sich um die sogenannte Mirakeltür, welche während der protestantischen Zeit zugemauert wurde und sich dann auf wunderbare Weise vor einer versammelten Menge böhmischer Wallfahrer geöffnet haben soll. Das Spitzbogenportal dieser Tür ist noch heute erhalten.

(Information: Katholisches Pfarramt Hoheneich, Marktplatz 93, A-3945 Hoheneich, Internet: www.hoheneich.at, Telefon: 02852/52395)

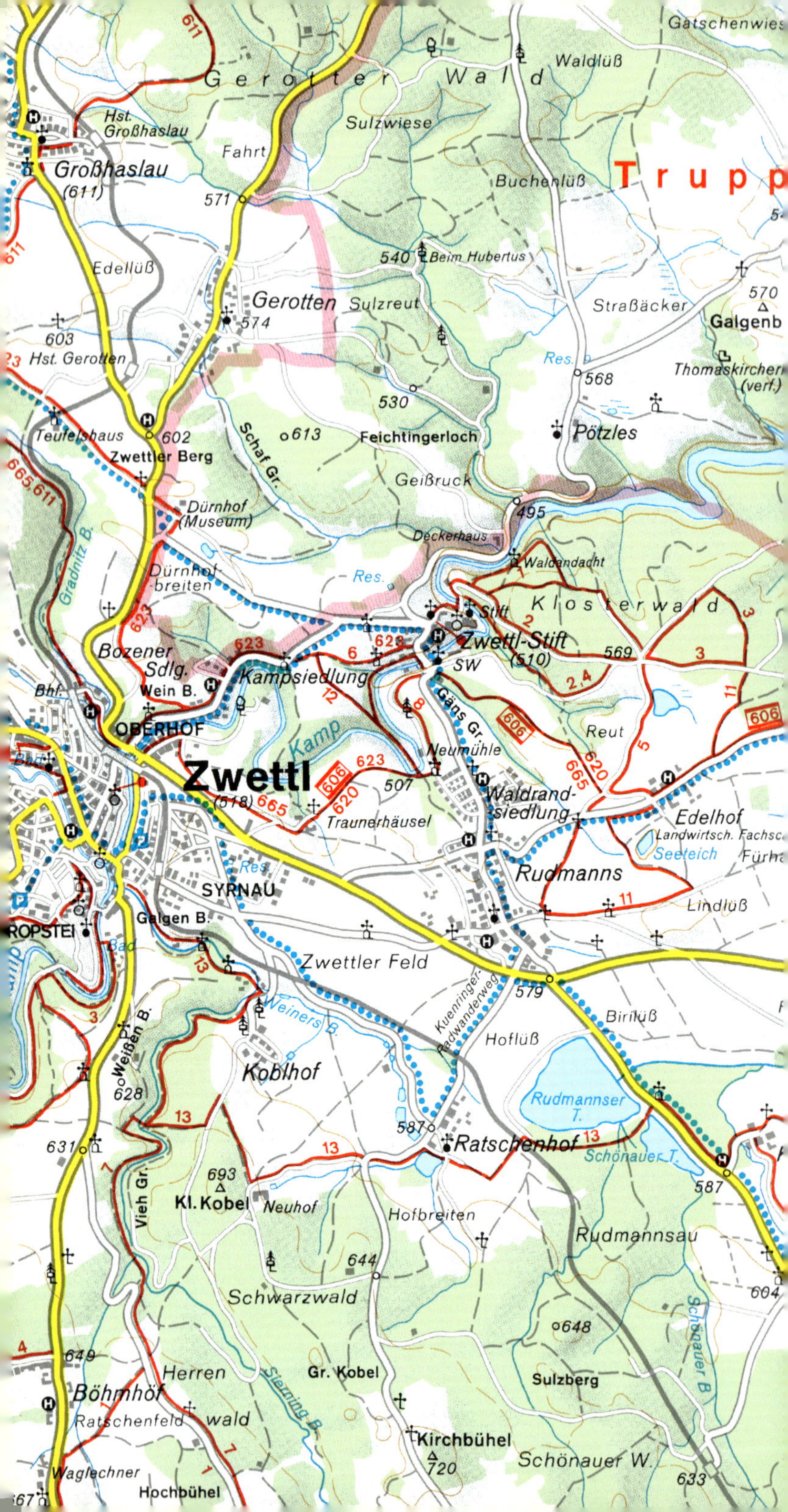

Gatschenwies
Waldlüß
Gerotter Wald
Hst. Großhaslau
Großhaslau (611)
Sulzwiese
Fahrt
Buchenlüß
Trupp
571
540 Beim Hubertus
Edellüß
Gerotten 574
Sulzreut
Straßäcker
570
Galgenb
603
Hst. Gerotten
Res.
568
Thomaskirchen (verf.)
530
Teufelshaus
602
Schaf Gr.
613
Feichtingerloch
Pötzles
Zwettler Berg
665,611
Geißruck
495
Dürnhof (Museum)
Deckerhaus
Gradnitz B.
Waldandacht
Dürnhof-breiten
Res.
Stift
Klosterwald
Bozener Sdlg.
623
Zwettl-Stift (510)
569
Kampsiedlung
SW
Bhf.
Wein B.
OBERHOF
Gäns Gr.
606
Reut
Kamp
Neumühle
Zwettl (518)
665
620
507
Waldrand-siedlung
Edelhof
Landwirtsch. Fachsc
Traunerhäusel
Seeteich
Fürha
Res.
SYRNAU
Rudmanns
Lindlüß
ROPSTEI
Galgen B.
Bad
Zwettler Feld
Kuenringer-Radwanderweg
579
Weiners B.
Birilüß
Weißen B.
Hoflüß
Koblhof
628
Rudmannser T.
587
631
Ratschenhof
Schönauer T.
587
693
Kl. Kobel
Neuhof
Vieh Gr.
Hofbreiten
Rudmannsau
644
Schwarzwald
604
648
649
Herren
Gr. Kobel
Sulzberg
Schönauer B.
Böhmhöf
Ratschenfeld
wald
Sierning B.
Kirchbühel
Waglechner
720
Schönauer W.
Hochbühel
633

Blatt 3
Dietreichser Bühel
Kroisenteich
Sandholz
Weiden Gr.
567
Plött B.
Dietreichs (verf.)
nübungsplatz
558
Pointlüß
Wartäcker
Kühbach (verf.)
Sonnleiten
Söllitz (verf.)
Plöttbachlüß
544
Stb.
537
531
Stb.
Lange Lüß
Niederplöttbach (verf.)
Riemerhof
Spielberg
546
548
Döllersheim (verf.)
Aufeld
565
Urlaubsmarterl
547
525
Flachauer T.
503
Einsiedel
665
Wölten B.
Am Be
Flachau
Fh.
Wölten
Lüß
Bruckmühlfeld
Mitterreith (545)
Gsellgericht
535
542
606
620
526
Kolmhütte
Weitengraben
Waldlüß
Ottensteiner-Stausee
578
Reuthofried
Mühlfeld
Schacher
545
602
Friedersbach
13
Kroten B.
Frieders B.
606
665
620
560
Hofbreiten
584
Res.
Sp.Pl.
Kirchengrabenfeld
496
Susannafeld
Siebenwirth
Eschagraben
Kleinschönau
Hauslüß
625
583
14
574
14
Hutbühel
Eschabruck
Purzelkamp
Wolfsberg (564)
Oberwaltenreith
Steinfeld
Wolfsmühle (verf.)
627
626
Kuenringer-Radwanderweg
Sprögnitz
Stein
Meierhof
Lämmerberg
Werschenschla

Blatt
3

ZWETTL · OTTENSTEINER STAUSEE

Stift Zwettl

Drei Kilometer östlich der Stadt Zwettl liegt das kunsthistorisch interessante Zisterzienserkloster Zwettl. Von Hadmar I von Kuenring 1137 gegründet, wurde das Stift zunächst vom Mutterkloster Heiligenkreuz betreut. Eine Waldlichtung, der Ort der Stiftsgründung, sollte namensgebend für Stift und Stadt werden – Lichtung wird im Alt-Slawischen mit „svetlá“ übersetzt. Auf eben jener Lichtung am oberen Kamp soll sich mitten im Winter 1137 eine grünende Eiche befunden haben, was Hadmar zu seiner Stiftung veranlasste. Eine steinerne Brücke über den Kamp zeugt heute noch von jener längst vergangenen Zeit. Das Kloster entwickelte sich im 13. Jahrhundert zu einer der bedeutendsten Kulturstätten Österreichs, allen voran die Buchproduktion verschaffte den Zwettler Zisterziensern hohes Ansehen. Die erhaltene „Zwettler Bärenhaut“ von 1311 stellt ein eindrucksvolles Beispiel dieser Reputation dar. Mitten im krisengeplagten 14. Jahrhundert ging man an den Neubau der romanischen Klosterkirche. Das heutige Erscheinungsbild des Stiftes geht im Wesentlichen auf die barocke Umgestaltung durch Matthias Steinl und den Prandtauer-Schüler Josef Munggenast zurück. Der Bildhauer Steinl und der Baumeister Munggenast zeigten sich beide verantwortlich für die eindrucksvolle Westfassade der Kirche, die mit ihrem 90 Meter hohen Turm einzigartig im deutschen Barock ist. Die überlebensgroßen Steinfiguren stammen aus der Werkstatt Steinls: Über dem Hauptportal befinden sich die Abbilder der Stifter Hademar I und Heinrich IV von Kuenring, in der Mittelnische jene des Ordensgründers Bernhard. Im mächtigen Giebel weisen die Monumentalfiguren der Erzengel Michael (der Teufelsbezwinger) und Raphael (mit Kind) auf die Macht der Heiligen hin. Der Turm wird von einer Riesenstatue des Christus-Salvator aus der Werkstatt des Wieners Johann d'Ambrosy (1727) bekrönt. Die Altarbilder stammen von hochrangigen Künstlern wie Paul Troger, Martino Altomonte und Martin Johann („Kremser“) Schmidt. Am Orgelchor haben sich in den Hochfenstern 22 Glasmalereien der Gotik erhalten. Aus der übrigen Klosteranlage sticht das Kapitelhaus und der älteste Kreuzgang Österreichs hervor.
(Information: Stift Zwettl, A-3910 Zwettl, Internet: www.stift-zwettl.at, Telefon: 02822/550)

Ottensteiner Stausee

Der Kamp durchfließt die Region zuerst von West nach Ost, um anschließend gegen Süden zu drehen und bei Krems in die Donau zu strömen. Der Fluss gilt noch heute als einer der urtümlichsten und schönsten Österreichs, seine manchmal jedoch zerstörerische Kraft offenbarte sich im Hochwasser des Jahres 2002. Im Blickpunkt der Öffentlichkeit stand damals auch das Kraftwerk bei Ottenstein. Dieses befindet sich schon außerhalb des Kartenblattes. Das Bett des Flusses war nach dem Bau des Kraftwerks viel zu klein, weshalb sich oberhalb der Staumauer ein stark mäandrierender See in die Landschaft ergoss. Dieser Rückstau wird vor allem von Wassersportlern, Anglern und Ausflüglern genützt und gilt als eines der „Freizeitmekkas“ des mittleren Waldviertels. Der Teil oberhalb von Mitterreith gehört zum Truppenübungsplatz Allentsteig, welcher für nicht-militärische Personen grundsätzlich tabu ist.

Museum Dürnhof

Das Museum für Medizin-Meteorologie im Dürnhof nördlich von Zwettl ist weltweit einzigartig. Schon das Museumsgebäude selbst ist einen Besuch wert. Es befindet sich bereits seit rund 800 Jahren am heutigen Standort und wurde bis in das 20. Jahrhundert als Meierhof verwendet. Eine romanisch-gotische Kapelle zeugt noch von der langen Geschichte des Bauwerkes. Auf rund 800 Quadratmetern Schaufläche im Inneren werden heute zahlreiche Exponate zur Alchimie, Klimatherapie, Geomantie und Wetterbeobachtung gezeigt. Dabei werden auf durchaus wissenschaftliche Art und Weise diverse Heilmethoden dargestellt und ihre Wirkung auf den Menschen thematisiert. Besucher können sich über die Auswirkungen des Wetters auf die Gesundheit und das Wohlbefinden erkundigen, daneben stehen auch mystisch-religiöse Heilmethoden unserer Vorfahren sowie die der Gegenwart im Mittelpunkt des Interesses. Im 8.000 Quadratmeter großen Schaugarten können Heilpflanzen studiert und probiert werden, für ewige Zweifler gibt's daneben einen „Wünschelruten-Testpfad“.
(Information: Museum Dürnhof, A-3910 Zwettl-Dürnhof, Telefon: 02822/53180)

Altstadt von Zwettl

Zwettl, 1139 erstmals urkundlich erwähnt, entstand auf einem Felsplateau zwischen den Flüssen Kamp und Zwettl. Von der dörfischen Altsiedlung des Frühmittelalters ist nichts mehr erhalten, die heutige „Burgstadt" stammt aus dem späten 12. Jahrhundert. 1200 wurde der Kuenringer-Siedlung das Stadtrecht verliehen. Bemerkenswert am ehemaligen Stadtbild ist vor allem der dreieckige Hauptplatz, der heute in einen Quadrat- und einen Straßenplatz unterteilt ist, von denen rippenförmige Querstraßen zu den zwei Ausfallstoren und zur noch intakten Ummauerung führen. Neben dem bekannten Zisterzienserstift Zwettl bietet auch die Altstadt Sehenswürdigkeiten. Die Pfarrkirche etwa besitzt in ihren Grundmauern noch romanische Bausubstanz. 1490 wurde die Anlage stern- und netzrippengewölbt, durch zwei Seitenkapellen und einen konventionellen 5/8-Chor erweitert. Zur selben Zeit entstand der Westturm – dessen Obergeschosse in neugotischem Stil 1854 errichtet wurden – sowie der achteckige Dachreiter über dem Chor. Zwischen 1681 und 1682 kam es im Zuge der ersten Barockisierungsphase zu den Emporen in den Seitenschiffen, Mitte des 18. Jahrhunderts traten reiches Stuckwerk und eine neue Kanzel hinzu. Aus der Zeit der Kuenringerherrschaft stammt die Probsteikirche, die im Hochmittelalter als Pfarrkirche diente. Vor allem das hölzerne Scheingewölbe aus dem frühen 18. Jahrhundert ist baugeschichtlich wertvoll. Die benachbarte Probstei besitzt noch ein schönes Sandsteintor mit dem Wappen des baufreudigen Probstes Ferdinand von Albrechtsburg (frühes 18. Jahrhundert).
Die Pestsäule nahe der Kampbrücke entstand ebenfalls um 1720. Von einem sechseckigen Podest erhebt sich in klassischem dreigeschossigen Aufbau eine Puttenkette, an der Spitze thront die Heilige Dreifaltigkeit. Ein architektonisches Juwel stellt das 1307 erbaute Rathaus dar. Auch als „gemaltes Haus" bekannt, steht es an der Spitze der mittelalterlichen Wohnhäuser, seine Fassade schmücken unzählige Wandmalereien. Eine weitere Besonderheit stellt der aus der Giebelfront hervorspringende Turm dar. Heute befindet sich hier das Bezirksgericht. Folgt man der Klosterstraße, gelangt man zum Haus Nummer 5 und damit zu einem der wertvollsten Barockhäuser der Stadt, in dessen Räumen das Stadtmuseum seinen Sitz gefunden hat.
(Information: Stadtgemeinde Zwettl, Gartenstr. 3, A-3910 Zwettl, Telefon: 02822/503-0, Mail: stadtamt@zwettl.gv.at, Internet: www.zwettl.gv.at)

***Ottenstein, Stausee und Burg** ÖW/Grünert*

Dürrmais
Fratings
Felsenberg
593
Halter Gr.
Stb.
578
Riegers (verf.)
Hochfeld
Felsenberg (verf.)
Gollers B.
Hutbigl
Niederberg
Truppenübungsplatz
Sauackerwald
Krähenleiten
Mestreichs (verf.)
479
Goller
Thaures (verf.)
489
478
Teichfeld
501
Winkler
Pötz B.
Mühl B.
Huppert
Museum für Alltagsgeschichte
554
Thaures B.
Thaureser Gr.
Mitterweg
Totenweg
478 Loibenreith (verf.)
Buch
518
3
Kittingermühle
Schwarzenreith (verf.)
Kittingerhöhe
564
Beim Runden Marterl
Töbernitz B.
496
Brunn Gr.
Kleinraabs
Eichhorns (verf.)
581
Steinbigl
571
Nondorfer Höhe
Bergfeld
551
Steinfeld
Raabsmühle
511
Teichstüberl
Nondorf (503)
5
Badeteich
Nondorfer B.
Im Moos
4
3,5
Franzen (535)
4,5
Grenzfeld
Bergfeld
Krumauer Steig
Reut
Heidfeld
542
Stolzenbergen
Schlotein B.
Bergäcker
Triftäcker
Wetzlas
557
Buchberg
547
606
Trapel
507
R. Schwarzenberg
525
Breinleiten
550
Reichhalms
Schl. Wetzlas
620
Schmerbach am Kamp
Seeleiten
Teufelskirche
Steinäcker
Schmer B.
Mühlfeld
Dobrastausee
Wetzlas B.
Johannesbreiten
506
Metzen
Kienberg
Richtermaiß
531
Waldhäusel
R. Schwarzenöd
517
Mühlhörndl
Frauenluckn
R. Dobra
438
552
Kr. W.
Dobrasperre
Kern
Jh.
Babenberger Radwanderweg
Kamphütten
1. Waldviertler Radschaukel
Unterdobra-waldhütten
Dobra Gr.
Gernitz B.
Riesen B.
605
Müllerleiten
Schöberl B.
Schöberlberg
Kalkberg
618
557
Schwarz B.
Spitzriegel B.
Krumauer
Hausriegel
Kellerbrunn
Spitzriegel

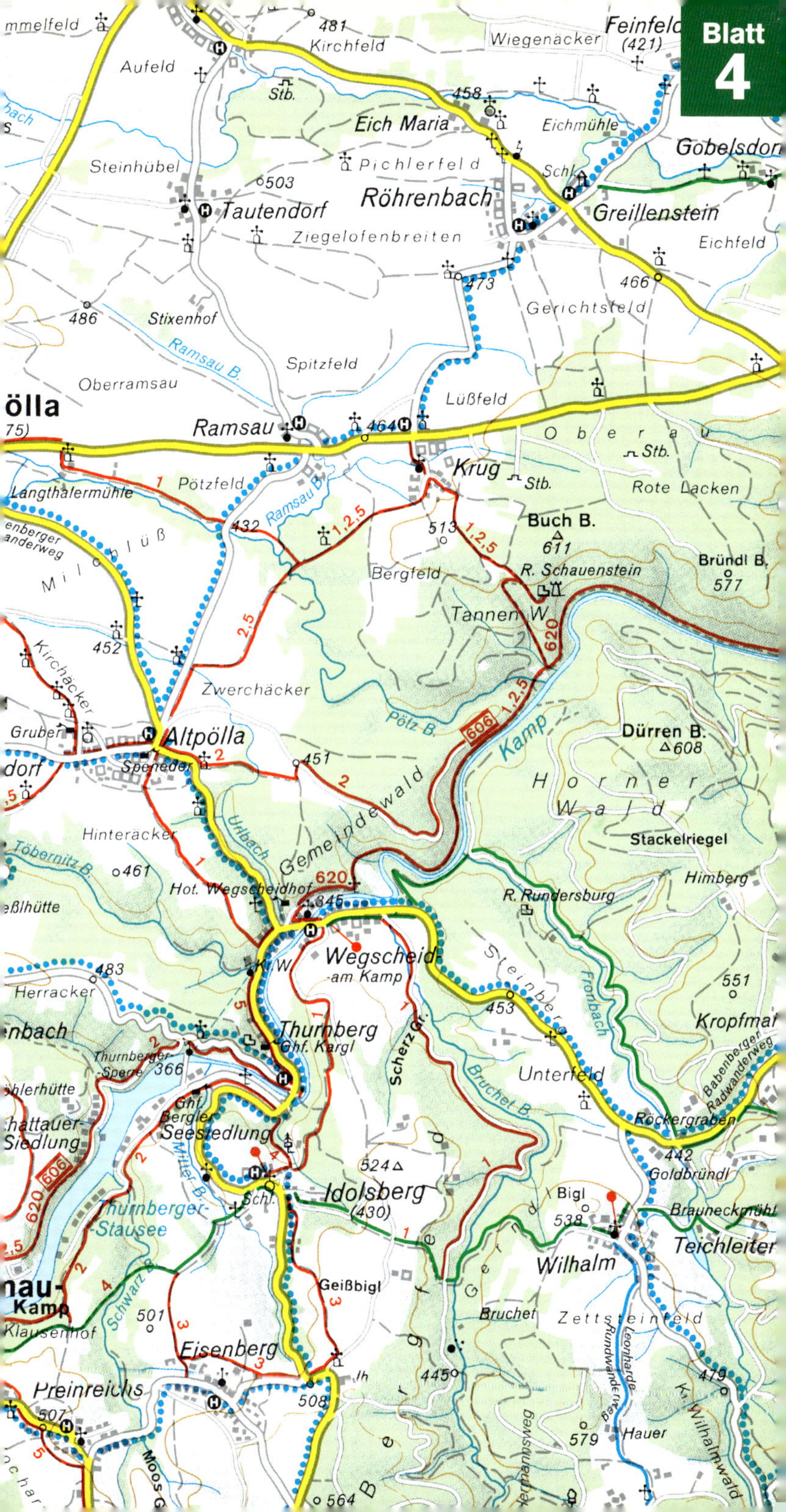

Blatt 4
Feinfeld (421)
Wiegenäcker
Kirchfeld
Aufeld
Stb.
Eich Maria
Eichmühle
Gobelsdorf
Steinhübel
Pichlerfeld
Tautendorf
Röhrenbach
Schl.
Greillenstein
Ziegelofenbreiten
Eichfeld
Stixenhof
Gerichtsfeld
Ramsau B.
Spitzfeld
Oberramsau
Lüßfeld
Ramsau
Oberau
Krug
Pötzfeld
Langthalermühle
Rote Lacken
Buch B.
Bergfeld
R. Schauenstein
Bründl B.
Tannen W.
Zwerchäcker
Pölz B.
Kamp
Dürren B.
Altpölla
Speneder
Horner Wald
Gemeindewald
Hinteräcker
Stackelriegel
Urlbach
Himberg
Hot. Wegscheidhof
R. Rundersburg
Wegscheid am Kamp
Herracker
Steinberg
Frombach
Thurnberg
Ghf. Kargl
Scherz Gr.
Unterfeld
Thurnberger-Sperre
Bruchet B.
Babenberger Radwanderweg
Ghf. Bergler
Seesiedlung
Röckergraben
Goldbründl
Idolsberg (430)
Bigl
Brauneckmühle
Thurnberger-Stausee
Teichleiten
Wilhalm
Geißbigl
Bruchet
Zettsteinfeld
Klausenhof
Eisenberg
Preinreichs
Hauer
Wilhalmwald

Blatt 4

KRUMAU AM KAMP

Märchenturm in Burg Krumau

Der alte Markt Krumau zählt mit seinem hübschen Ortsbild, der Lage am Stausee des Kamps und den zahlreichen alten Burgen und Ruinen in der Umgebung zu den reizvollsten Ausflugszielen des Kamptals. Besondere Beachtung verdient die alte Burg Krumau im Nordosten des Ortes. Nach der starken Zerstörung im 17. Jahrhundert und dem anschließenden Verfall wurde die Burg erst in den 1970-er Jahren wiederhergestellt und dient heute als Heimstätte des, besonders für Familien mit Kindern höchst interessanten, Märchenturms. Die Exponate dieses einzigartigen Museums reichen von Kostümpuppen über verschiedenste Märchenszenen, Zauberei, Hexen und Geister bis zu bekannten Gestalten aus der Vergangenheit wie dem lieben Augustin oder dem Lügenbaron Münchhausen. Die an der Waldviertler Märchenschloss-Straße gelegene Burg kann gegen Voranmeldung besichtigt werden.

(Information: Burg Krumau, Gemeinde Krumau, A-3543 Krumau am Kamp, Telefon: 02731/8230)

Dobra-Stausee und Ruine Dobra

Der Stausee von Dobra gehört zur Speicherkette entlang des mittleren Kamplaufes und zählt wie seine „Geschwister", der Thurnberger- und der Ottensteiner Stausee, zu den beliebtesten Wassersportgebieten des Waldviertels. Beherrscht wird der See von der erst kürzlich instandgesetzten Ruine Dobra, welche sich auf einer schmalen Halbinsel nördlich des Sees erhebt. Diese ehemalige Kuenringerburg verfiel wie viele ihrer Nachbarburgen nach ihrer Blütezeit, konnte jedoch dank des Einsatzes des Vereines „Pölla Aktiv" vor dem völligen Verfall gerettet werden. Heute ist die Burg wieder begehbar. Vom revitalisierten Bergfried aus genießt man, wie die Ritter des Mittelalters, eine hervorragende Aussicht auf die wunderbare Landschaft der Umgebung.

(Information: Verein „Pölla Aktiv", A-3549 Dobra, Telefon: 02988/6220 oder 6525)

Burg in Krumau *Gemeinde Krumau*

"Frauenluckn"-Höhle

Südöstlich von Schmerbach befindet sich am Nordabhang des Kamptals die „Frauenluckn", eine der eher seltenen Höhlenformationen im Granitland des Waldviertels. Der etwa zwei Kilometer lange Weg von Schmerbach bis zum Höhleneingang ist gut ausgeschildert (Weg Nr. 5). Wer möchte, kann auch einen Umweg über den Weitwanderweg Nr. 606 gehen und so die beiden Ruinen Schwarzenberg und Schwarzenöd besichtigen. Die Höhle selbst befindet sich mitten im kristallinen Schiefergestein, was normalerweise eine Höhlenausbildung im Gegensatz zum weicheren Kalkgestein der Kalkalpen wesentlich erschwert. Der Zugang zur Höhle wird durch Halteseile gesichert. Frühere Bewohner – und von denen gab es, Höhlenfunden zufolge, eine ganze Menge – mussten sich den Zugang wohl auch auf sehr beschwerlichem Wege bahnen. Die zahlreichen Fundstücke lassen vermuten, dass die Höhle bereits in der Altsteinzeit, also vor rund 40.000 Jahren, besiedelt war. Hobbyarchäologen kommen also hier auf jeden Fall auf ihre Kosten.

(Information: Schmerbach am Kamp, A-3594 Schmerbach am Kamp, Telefon: 02988/6220, Mail: gemeinde.poella@wvnet.at)

Museum für Alltagsgeschichte

Das „erste österreichische Museum für Alltagsgeschichte" im beschaulichen Ort Neupölla wurde anlässlich der 700-Jahr-Feier des Dorfes im Jahre 1997 gegründet. Nicht das Besondere sondern das durchwegs Alltägliche wird hier öffentlich gemacht, das Museum soll daher vor allem das Alltagsleben der bäuerlichen Bevölkerung während der letzten 300 Jahre interessierten Besuchern offenbaren. Manch einer wird sehr erstaunt sein, wie viel sich in dieser Zeit geändert hat und wie beschwerlich, doch durchaus nicht ohne Reiz, das tägliche Leben in der Vergangenheit vonstatten ging. Im ehemaligen Wohntrakt des Gebäudes wird der Zeitraum bis 1850 thematisiert. Dass die Weberei auch in diesem Teil des Waldviertels ein wichtiger Nebenerwerbszweig war, beweisen die Schaustücke in der Wohnstube. Interessant ist die Rauchküche mit originalgetreuer Ausstattung aus der Zeit um die Wende vom 19. zum 20. Jahrhundert. Am Dachboden wird das bäuerliche Leben mit verschiedenen Geräten, welche allesamt schon viele Jahrzehnte auf dem „Buckel" haben, nachgezeichnet. Eine neuere Errungenschaft des Museums ist der Nachlass des Schuhmachermeisters Josef Krammer aus Neupölla (1904 – 1988), dessen ehemalige Werkstätte kurzerhand ins Museum verlegt wurde.

Im gleichen Gebäude wurde von der Gemeinde Pölla ein Kulturhof eingerichtet, der für verschiedenste Veranstaltungen und Aktivitäten genutzt wird.

(geöffnet: 1. Mai bis 26. Oktober, Sonn- und Feiertag von 14-16.30 Uhr sowie für Gruppen nach Anmeldung, Information: Erstes Österreichisches Museum für Alltagsgeschichte, Neupölla 10, A-3593 Neupölla, Telefon: 02822/53180)

Ruine Schauenstein

Die Burgruine Schauenstein befindet sich rund einen Kilometer südöstlich des Ortes Krug am Nordufer des tief eingeschnittenen Kamps. Sie ist Teil einer Burgenkette, die entlang des Kamps von der Rosenburg bis Lichtenfels reicht und zur Verteidigung des Babenbergerreiches gegen die Bedrohung aus Böhmen errichtet wurde. Nach ihrer Errichtung im 12. Jahrhundert fiel Burg Schauenstein 1476 den kaiserlichen Truppen zum Opfer, da sich ihr Besitzer mit dem gegnerischen Ungarnkönig Matthias Corvinus verbündete. Nach dem Wiederaufbau wurde die Burg 1672 abermals zerstört und verfiel anschließend zur Ruine. Trotz diesem steten Verfall zählt Ruine Schauenstein heute zu den eindrucksvollsten Bauwerken im mittleren Kamptal und lohnt einen Besuch. Vor allem durch die Gründung des Vereines "Rettet Schauenstein" im Jahre 1987 entwickelte sich die Ruine zu einem beliebten Ausflugsziel. Der Verein begann damit, die Ruine zu sanieren und für die Öffentlichkeit zugänglich zu machen. Der stattliche Bergfried aus der 2. Hälfte des 13. Jahrhunderts wurde zu einer Aussichtswarte ausgebaut. Der Schlüssel zum Bergfried ist im Haus Krug Nr. 15 (Freisinger Alois), im Hotel "Wegscheidhof" in Wegscheid und im Gasthaus Speneder in Altpölla erhältlich. Die Ruine selbst ist nicht versperrt und kann frei betreten werden. Der Eintritt von etwa 1,50 Euro gilt nur für den Bergfried.

(Information: Verein „Rettet Schauenstein", Obmann Josef Gabler, A-3593 Krug, Telefon: 02988/6220)

Seefeld
495
Mühlgrabenfeld
460
Trabersdorf
Hofäcker
Golfplatz
434
Autendorf
Bad
607
630
Überländ
Aufeld
Kober Gr.
Bergäcker
Zabernreith
(488)
Primmersdorf
380
Robes Gr.
NÖLRWW
Hofmühle
Steinlüss
17
Zötting
529
Zöttingbreite
Schreckenstein
Schafler B.
376
Thayatal Radwanderweg
Riegelfeld
6a
6
Pfaffen Gr.
Hessen Gr.
484
Goldhahn
Eibenstein
(407)
381
459
Reith
448
Unter-Pfaffendorf
Schachen B.
Reither B.
16
Sittisholz
Lehsteinmühle
Milch Gr.
Hirschbühel
487
Landschauhübel
Silbersteig
Tannholz
Zettlitz B.
Bauernfeind
485
Käferäcker
Landschaftsschutzgebiet
Rollsteine
Unter-pfinnigsteigmühle
Kranz Gr.
Ober-
386
507
Zettlitz
479
Thaya
Haidlmühle
Kirchleiten
Brunngraben B.
Hoffeld
387
Teufelskirchen
Schradern
487
Wollmersdorf
500
Himmelreich
Zettenreith
(515)
Pfandlteich
Pfingstäcker
506
Siedlung
Schweinburg
(499)
517
Pyhrahof
Lüßfeld
Edeläcker
Herrschaftsbreiten
Kirchfelder
Goslarn
517
Unterthumeritz
460
532
Ober-thumeritz
Scheibenfelder
Schirnfeld
Sabathenreith
Wolfäcker
519
Weiherfeld
525
Japons
525
494
Hirschen Gr.
Mittlere
Steinäcker
Thumeritz B.
Jodlmoos Gr.
Weiherberg
518
Steinberg
Obere Saß
Wenjapons
531

Blatt 5
Drosendorf-Stadt
(423)
Drosendorf-Altstadt
387
475
607
Urlaubsmarterl
Galgenberg
Dorfgraben
Heinrichsreith
468
462
Stálky
472
Mauthäusl
Aufeld
Stalleker Feld
Unterholz
630
Thumeritz B.
452
Schmales Feld
Wolfsbach
Vartlüß
453
457
486
459
Lindgraben
402
Hirschbergmühle
Galtersberg
NÖLRWW
456
471
Pigringfeld
Bründl B.
Kottauner B.
475
Wolfsbacher Feld
450
Maria Schnee
452
Hagen
Zulüß
472
Buchberg
Kottauner Feld
Zissersdorf
(475)
481
Arzberg
487
485
Dürrental
Saßfeld
Kottaun
Thayatal Radwanderweg
481
Langähren
463
Geraser Feld
Lüß
Geißfeld
Hufnagelfeld
428
Finstermühle
Mittermühle
Hartfeld
Eichmühle
Johannesthal
435
463
Hufnagel B.
494
Thumeritz B.
510
Bei der Aussicht
Langer-Teich
Burgerfeld
Sportpl.
Reismühle
Naturpark Geras
470
Heilkräutergarten
Jh. Ernestreith
492
Wildgehege
Hubertus H.
Geras
(460)
Stift
Stein T.
Oberhof T.
Kreuzberg
513
Waldbad
Erholungszentrum
Res.
519
Goggitsch B.
477
Edlersee
493
Winkeläcker
Überland
Pfaffenreith
Pieger B.
470
Steidlmühle
Fugnitz B.
506
490
Mühlfeld
501
Schirmannsreith
Landschaftsschutzgebiet
Geraser Feld

Blatt 5

DROSENDORF · GERAS

Drosendorfer Altstadt

Die mit nur rund 500 Einwohnern zu den kleinsten Städten Österreichs zählende Altstadt von Drosendorf (nicht zu verwechseln mit dem östlich davon gelegenen Vorort Drosendorf-Altstadt) konnte ihr wehrhaftes Erscheinungsbild bis in die heutige Zeit bewahren. Drosendorf wurde Ende des 12. Jahrhunderts als typische Burgstadt planmäßig gegründet. Bereits um 1240 wurde die Siedlung erstmals als Stadt bezeichnet und geriet in landesfürstlichen Besitz. Die einstige Wichtigkeit der Stadt als Grenzposten zu Mähren belegt auch die historische Belagerung Drosendorfs durch Ottokar II Prûemysl im Jahr 1278. Als Grenzfestung bedurfte die Stadt umfassender Befestigungsanlagen, die heute noch größtenteils erhalten sind. Die 1750 Meter lange Stadtmauer wurde im 14. und 15. Jahrhundert zusätzlich durch einen äußeren Mauerring mit zehn Türmen verstärkt. Betritt man die Stadt heute durch das Horner Tor, gelangt man zunächst durch die Hornerstraße auf den dreiecksförmigen Hauptplatz mit Dreifaltigkeits- und Prangersäule. Im Zentrum des Hauptplatzes erhebt sich die dem Heiligen Martin geweihte Stadtkirche, die ihr Erscheinungsbild als spätgotische Hallenkirche trotz Barockisierung bewahrt hat. Das Rathaus, ein weiteres Drosendorfer Schmuckstück, gehört als Repräsentationsbau natürlich auch auf den Hauptplatz und besticht dort insbesondere durch seine farbenprächtige Fassade. Dieser alte Bau wurde zwar bereits 1542 von der Stadt erworben, die Sgraffiti an der Fassade entstammen jedoch dem 20. Jahrhundert. Von der Südseite des Hauptplatzes gelangt man auf den benachbarten Schlossplatz. Das urkundlich im 12. Jahrhundert erwähnte Schloss beherbergt heute eine Bildungsstätte der Landwirtschaftskammer. Kehrt man vom Schlossplatz Richtung Horner Tor zurück und biegt von dort in die Bürgerspitalgasse mit eher dörflichem Charakter rechts ein, so gelangt man auf Nummer 11 zum ehemaligen Bürgerspital mit dem Heimatmuseum. 1536 vom Schlossherrn Johann Mrakesch gegründet, vereint das Spital mittelalterliche Vorgängerbauten und eine freistehende Spitalskapelle im Norden. Sehenswert ist außerdem das revitalisierte Bäckerhaus aus dem 16. Jahrhundert in der Horner Straße. Außerhalb der Stadtmauern und jenseits des Thumeritzbaches steht im Ortsteil Drosendorf-Altstadt die Pfarrkirche Peter und Paul. Aus der spätgotischen Staffelkirche (erste Hälfte des 16. Jahrhunderts) entstand ein barocker Kirchentypus mit in die Fassade integriertem Westturm und einem eingezogenen Chor. Der Name des Ortes Drosendorf-Altstadt deutet auf die einstige Bedeutung der heute dörflich wirkenden Siedlung hin, welche schon im 12. Jahrhundert von der planmäßig angelegten Stadt Drosendorf abgelöst wurde.

(Information: Stadtamt Drosendorf, Hauptplatz 1, A-2095 Drosendorf, Telefon: 02915/2213)

Stift Geras

1153 stiftete Graf Ulrich II von Pernegg das Prämonstratenser Stift Geras, doch bereits 1176 wurde das Stift zum ersten Mal zerstört, ein Geschehen das sich 1230 durch die Kuenringer sowie im 15. Jahrhundert durch die Ungarn und Hussiten wiederholte. Im Zuge des Dreißigjährigen Krieges wurde Geras geschlossen, erst durch eine zunehmende Marienverehrung Ende des 17. Jahrhunderts erlebte das Stift eine Renaissance, die sogar die Klosterreform von Joseph II überlebte. Im Nationalsozialismus als „Umsiedlungslager“ verwendet, erfuhr es in jüngster Zeit unter Leitung von Abt Angerer eine Revitalisierung als Veranstaltungszentrum mit weit über die Grenzen des Waldviertels hinausgehendem Bekanntheitsgrad. Das heutige barocke Erscheinungsbild der Kirche geht im Wesentlichen auf Joseph Munggenast zurück, der die Anlage zwischen 1736 und 1740 errichtete. Bedeutend ist außerdem Paul Trogers Deckenfresko im Marmorsaal von 1738 (dargestellt ist die wunderbare Brotvermehrung), sowie Josef Winterhalters Fresko im Bibliothekssaal. Die Bibliothek umfasst 30.000 Bände, darunter kostbare Inkunabeln aus dem 14. und 15. Jahrhundert. Die Marienverehrung in Geras schlug sich vor allem in der Einrichtung der Stiftskirche nieder. Am Hochaltar befindet sich das Herzstück des Marienkults, das Altarbild der „Lieben Frau von Geras“. Das Stift dient heute nicht nur als überregionale Sehenswürdigkeit ersten Ranges sondern auch als Veranstaltungs- und Aktivitätszentrum. Besonders Kunst und Handwerk werden hier mit zahlreichen Kursen und Ausstellungen Interessierten näher gebracht.

(Information: Stift Geras, A-2093 Geras , Telefon: 02822/53180)

Naturpark Geras

Im Naturpark Geras kann man Natur und Kultur hautnah erleben. Bereits beim Betreten wird dies deutlich. In den Park gelangt man über einen Streichelzoo, der eigens für Kinder errichtet wurde. Der etwa 140 Hektar große Naturpark beherbergt in seinen großzügig angelegten Gehegen an die 150 Wildtiere und über ein Dutzend unterschiedlicher Wildarten. Unter ihnen finden sich Dam- und Muffelwild, Hirsche, Auerochsen, Wildschweine und viele mehr. Genauso trifft man hier auf den ein oder anderen Hasen oder kann ein scheues Reh aus einiger Entfernung beobachten. Eigens angelegte Biotope stellen den Lebensraum für unzählige Fische dar. Singvögel, Fasane und Bussarde ziehen ihre Kreise über den Köpfen der Besucher. Durch den Park geht es auf Wanderwegen und Steigen, entlang von Alleen, zwischen Bäumen hindurch und über Schilffelder. Diese Art der Begehung macht den Besuch zu einem Naturerlebnis der ganz besonderen Art. Ein Aussichtshügel am Langen Teich bietet eine wunderbare Sicht über einen Großteil des Parks. Zu den Erlebnispunkten innerhalb des Parks zählt unter anderem die Hubertuskapelle. Diese erreicht man vom Eingang über die Vogelbeerenallee. Sie stellt mehr oder weniger den zentralen Ausgangspunkt des Naturparks dar. Von hier aus kann man zum Beispiel über die Winterlindenallee zu den Mufflons und Hirschen oder über die Eschenallee zu den Wildschweinen gelangen. Die ebenfalls von hier ausgehende Hainbuchenallee führt zum Jägersteig, die Stieleichenallee in den nördlichen Teil des Parks. Auf Anfrage werden vom Park außerdem Erlebnis- und Abenteuerführungen geboten. Bei einer solchen Tour kann der Besucher zum Beispiel das Stift und den dort befindlichen, zum Kloster gehörenden, Kräutergarten besichtigen.

(Information: Naturpark Geras, Horner Bundesstraße B 4, A-2093 Geras, Telefon: 02912/240)

Drosendorf, Rathaus *Patrik Hierner*

475
U rozhledny
472
470
535
Langenwiesenfeld
Faschingwiese
Saumaiß
Fellingwaldäcker
8
630
Fh. Felling
Res.
Bründl G
Felling
(439)
NÖLRWW
476
Dunkelkopf
487
Buchgraben
8
607
Felling B.
Burgrecht
485
Hüttlstraße
Schl.
449
Grünwiesenfeld
437
Zollhaus
Riegersburg
Fellinger Grund
474
Kastenberg
Fellinger Höhe
454
Kohlgraben
Res.
Märchen - Sagen - Mythen - Radweg
440
Edinental
Scheibengrund
462
Kreuzberg
Lochwiesenberg
Mallersbach
343
408
Schindberg
448
Stockwiesen
Pleißinger Tal
Hugnitz
Hohe Su
466
Riegersburger B.
Mallers B.
Rosental
Hoher Berg
Forsthausallee
493
Heufurther B.
Fh. Rosenthal
472
463
Spitzmaiß
Pecher Gr.
Ram
Schmaler Grund
367
Heufurth
Familien-Radweg
Hartberg W.
Halterberg
486
Edinenhauptallee
489
Kühberg
480
Sausteig
Lienerberg
Hasen Gr.
Kirchensteig
Tiergarten
Leymühle
Pleißing B.
Hart
466
393
Damhirsch-gehege
427
Fronsburger Bründl
1,2
Am Tabor
2
Johannesfeld
Fronsburg
Fugnitz
Schl.
Sulzwald
403
Hummerfeld
403
Hartbrücke
Märchen - Sagen - Mythen - Radweg
470
Fronsburger Feld
1
Familien-Radweg
1,2
Legl
442
Buchäcker
Aufeld
Pfutzendorfer B.

Blatt
6
Čížov
(423)
434
Klaperův p.
Na vyhlídce
454
6-Städte-Reise Radweg
Nationalpark Thayatal-Radweg
0520
432
359
U kapličky
410
447
Lukov
(416)
Vinohrad
Grund
nicht ganzjährig 8–20h
Zwischenstaatlich
nur für Radfahrer
u. Fußgänger
Hardegger Warte
Hardecká vyhlídka
392
Lukovská horka
420
416
Einsiedlerfels
Maxplateau
(309)
Hardegg
290
630
Bad
424
382
Henner
Ochsen Gr.
Gáliš
404
Vraní skála
409
607
8
419
Stockmaiß
Bossen Gr.
378
Umlauf
Jh.
Kreuzmaiß
Thayatal Radwanderweg
Kurze Marter
Gerichtsberg
458
Thaya
Nový hrádek
370
Tannenwald
Lange Marter
405
Schwarzwald
271
Schafschwemme
447
432
406
Merkersdorf
Kajabach
Jägerlacke
456
430
Brennholz
Jägerkrz.
R. Kaja
Sagteich
455
Grenzallee
630
Kajarevier
453
Neuh.aus Iweg
St. Hubertus
426
Merkersdorfer Feld
Karlslust
St. Elisabeth
416
St. Josef
Semmelfeld
6-Städte-Reise Radweg
442
Wolfsteich
Waschbach
Jh. Ziegelofen
392
427
Hetzhaus
(Jh.)
Lohfeld
413
Richterkrz.
Fiedlerteich
Johanneskrz.
Brennholz
SW
Ürner
420
Niederfladnitz
(410)
Bocksdorfer Teich
Res.
Edelsee
472
Grenzkrz.
429
Fuchsgrab
NÖLRWW

HARDEGG · NATIONALPARK THAYATAL

Schloss Riegersburg

Riegersburg ist ein Stück barocker Schlossbaukunst im nördlichsten Waldviertel. Eine Burg sucht man jedoch vergebens. Dabei wurde eine solche Riegersburg bereits 1427 erstmals in einer Urkunde erwähnt, welche den Status der mittelalterlichen Feste als Lehen der Grafen von Hardegg belegt. Graf Sigmund von Hardegg erwarb die Feste 1568 und ließ sie zu einem Wasserschloss umbauen. Dieses Schloss hat mit der heutigen Anlage jedoch so gut wie nichts mehr zu tun, da das 1730 in den Besitz des Grafen Friedrich von Khevenhüller gekommene, durch widrige Umstände jedoch bereits verfallene Schloss, nach Plänen des Hildebrandt-Schülers Franz Anton Pilgram bis 1770 gänzlich neu errichtet wurde. Damals wurde auch die Einrichtung des Schlosses gänzlich erneuert, was in den 1960-ern sogar zur Einrichtung einer Außenstelle des Museums für angewandte Kunst führte. Ausgestellt sind Möbelstücke des 16. bis 19. Jahrhunderts, die teils aus den Beständen des Wiener Museums stammen. Einzigartig in Österreich ist die Schlossküche aus dem 18. Jahrhundert, deren Geräte heute noch funktionstüchtig sind. Das Schloss ist Austragungsort unterschiedlichster Konzerte und Veranstaltungen und wird von der Familie Pilati – direkten Nachkommen der Khevenhüller – verwaltet.

(geöffnet: 1. April bis 15. November täglich 9-17 Uhr, August 9-19 Uhr, Information: Schloss Riegersburg, A-2090 Riegersburg, Telefon: 02916/332 bzw. 400)

Hardegg – Österreichs kleinste Stadt

Bei einem Besuch von Hardegg vermag sich kaum jemand vorzustellen, dass diese kleine Ansiedlung zwischen Burgberg und Thaya schon um 1300 das Stadtrecht erhielt. Tatsächlich handelt es sich um die kleinste Stadt Österreichs, wobei die Einwohnerzahl schon seit geraumer Zeit auf unter 100 gesunken ist. Nur durch großzügige Eingemeindungen verlor Hardegg den Titel der kleinsten Stadtgemeinde an das tirolerische Rattenberg. Völlig beherrscht wird die Stadt heute, wie schon zur Stadtgründung, von der großen Burganlage über der Thaya. Die Größe der Burg zeugt noch heute von der Angst vor feindlichen Einfällen aus Böhmen, denen man mit der Anlage begegnen wollte. Von Anfang an waren wesentliche Teile der Stadt in die Befestigungsanlagen der Burg integriert, etwa die auf einer Felsterrasse gelegene romanische Pfarrkirche St. Veit, die vom tiefer gelegenen Pfarrhof ursprünglich nur über eine Holzleiter erreichbar war. Unterhalb der Burg und des Pfarrbezirks erstreckt sich die Altstadt. Die Häuser der Hauptstraße wurden zwar im 16. und 17. Jahrhundert angelegt, jedoch im 19. Jahrhundert weitgehend verändert. Erhalten hat sich auf Hauptstraße Nr. 15 die ehemalige Mühle mit Resten gotischer Fensterwände. Nördlich des Burgberges befindet sich die „Vorstadt“ mit den ehemaligen Quartieren der Kleinhäusler.

(Information: Stadtgemeinde Hardegg, Pleissing 2, A-2083 Pleissing, Telefon: 02948/8450)

Nationalpark Thayatal

Das Thayatal, eines der schönsten Durchbruchstäler Europas, beherbergt seit den späten 1990-er Jahren einen kleinen aber besonders feinen Nationalpark an der tschechischen Grenze. Mit dem jenseits der Thaya anschließenden tschechischen Nationalpark verfügt die Region somit über ein bedeutendes Naturschutzgebiet von großem landschaftlichen Reiz. Verantwortlich dafür sind besonders günstige „Standortfaktoren“ für die unterschiedlichsten Tiere und Pflanzen. Zumeist muss man weitere Strecken zurücklegen, um eine derartige Artenvielfalt, feststellen zu können. Hier aber wechseln sowohl das optische Erscheinungsbild der unterschiedlichen Lebensräume, als auch die dort befindlichen Pflanzen- und Tierarten nach kürzesten Distanzen. Dies ist vor allem auf die herrschenden chemischen und physikalischen Gegebenheiten sowie die Sonneneinstrahlung zurückzuführen. Im Westen und Norden des Parks, also in den eher schattigen Gebieten, sind Buchen stark vertreten. Hier findet man aber genauso Ahornbäume, Ulmen und Eiben. Seidelbast, Sauerklee und Türkenbund gedeihen in den unteren Schichten dieser Waldregionen. Eine Besonderheit stellt unter anderem das Weiße Waldvögelein dar. Die trockeneren und wärmeren Hänge werden von Eichen und Hainbuchen dominiert. Finden kann man hier unter anderem Pimpernuss und Muschelblümchen. Neben der Pflanzenwelt des Nationalparks ist auch eine Exkursion in die faszinierende Tierwelt des Thayatals sehr zu empfehlen. Besondere Erwähnung verdienen gefährdete Tierarten wie der Fischotter, der Schwarzstorch oder die sonnenliebende Smaragdeidechse. Ein Spaziergang durch das Gebiet des Nationalparks Thayatal stellt auf jeden Fall ein genauso abwechslungsreiches, wie lehrreiches Erlebnis dar.

(Information: Nationalpark Thayatal, Hauptstraße 55, A-2082 Hardegg, Telefon: 02949/7005-0)

Ruine Kaja

Östlich des kleines Ortes Merkendorf verbirgt sich im Wald auf einem steilen Felssporn die äußerst romantische Burgruine Kaja. Gott sei Dank wurde das verfallende Gemäuer ab 1870 wiederaufgebaut und nicht seinem Schicksal überlassen. Dadurch kommen wir heute in den Genuss, eine typische mittelalterliche Burg mit Bergfried und Palas sowie weithin sichtbarem Torturm besichtigen zu können. Gegründet wurde die Burg im 12. Jahrhundert als Verteidigungsanlage gegen aus Böhmen stammende Gegner des Herrscherhauses. Damit diente sie dem gleichen Zweck wie die benachbarten Befestigungsanlagen von Hardegg und Drosendorf.

(geöffnet: 1. Mai bis 26. Oktober an Samstagen, Sonn- u. Feiertagen von 10-17 Uhr oder gegen tel. Voranmeldung, Information: Heribert Donnerbauer, A-2082 Merkersdorf bei Hardegg, Telefon: 02949/8255)

Ruine Kaja Patrik Hierner

Steinbigl
363
Im Lohnfeld
Wh. Windburn
Zgl. Großburgstall
Lind Gr.
Frauenhofen
(320)
Kl. Taffa
Taffa
Weizgraben
378
Strögen
Pfarrhof
332
342
Kuhberg
328
Strögener Mühle
Klosterradweg
In der Teuf
Lange Äcker
Am Tobel
Eckenstein
Böhmerstall
353
Die Rast
Kamptalradwanderweg
Im See
338
Schienerweis
Kilian Krz.
Hutbigl
411
Körnerfeld
365
Hirschenhöl
408
Altenburg
Burgerwiesen
Gsofer
345
324
Käferbigl
Mühlfeld
Jh.
Stift Altenburg
388
Stranzl
Tiergarten
Försterbach
Soldatenkreuz
Stranzlbach
Panzenholz
606
453
In der Sulz
620
Hutecek
Umlaufberg
352
Fischlehrpfad
268
265
Rauschermühle
266
Froschhof
Krw.
Schl. Rosenburg
Ghf. Mann
Ödes Schloß
354
Kamp
Hängender Stein
Ententeich
Graslhöhle
Wh.
290
Bründlleiten
Schöntalgraben
634
gelb
Kamplüß
Etzmannsdorf
am Kamp
Wanzenau
Kotbach
Stallegg
399
429
Wachtbigl
453
496
Ghf. Hagmann
Waldlüß
Lüß
658
Marchfeld
Hofbigl
Waldviertel-Radwanderweg
Höllgraben
451
Steinäcker
Mostbutt'n
407
Gansbach
Kotbach
Rundwanderweg
Leonharder
Wolfshof
429
Eichenleiten
307
Loiwelsöd
Schmalhoferbigl
Hirschbach
Garser Straßenfeld
461
Steiner
531
507
386
Goldb
Steinbruch
Donnerreith
Aschauer
500
448
Schanzberg
437
Burgholz
Steinerne Stiege
R. Schimmelsprun

Blatt 7
Breiteneich
(330)
Schneiderberg
Abbrand
Hst. Breiteneich-bei Horn
Sportpl.
Im Grund
Silber Gr.
Jäger Krz.
419
452
Eichberg
Bhf.
Horbarthmuseum
Im Gmoos
Breiteneicher B.
Schl.
356
Galgen B.
310
Friedhof
338
Sieben Joch
Oberer Molder Berg
Ob. Steinpa
434
Lüßfeld
343
Götzenbühel
Taurer Krz.
Sandhölzl
311
Bründl Kpl.
Maria-Dreieichen
(381)
348
Reutberg
287
Einsatz Gr.
Taffatal
Weinhals-marterl
Landmaschinen-schule
Cholerafriedhof
Rinnen
Res.
302
Mold
Hst. Mold
Taffafeld
278
315
Unterer Molder Berg
Steinriegel
Grafenmarterl
317
Zigeuner G
Sacherbach
Gänsäcker
Tafel Krz.
631
663
4
4,3
Im Tobel
299
Zaingrubbach
268
Hufbühel
Lausgraben
Reithölzl
319
Mühlreichs
Rotes Krz.
Fräulein Gr.
Winkeltal
Zaingrub
(299)
Breitl
Res.
Mittelfeld
Rotes Kreuz
354
Breiten
Mörtersdorf
329
294
Kamegg
Postlberg
342
Postln
Mühlwegfeld
345
Mariabründlkapelle
253
Tachgruben
Loibersdorf
375
Manigfall
299
Rottenbrunn
Lettenfeld
288
Gars am Kamp
(256)
Frauenäcker
Nonndorf-bei Gars
Teichfeld
Berg W.
Runsen
268
Teichwiesenb.
Bertha-v.-Suttner-Radwanderweg
Maierscher B.
Res.
Kotzendorf
Stb.
291
Stranitzberg
Hamerlingwarte
355
Teichwiesen
278
Atzbigl
Edelfeld
Hintermühlweg
Marital

HORN · ALTENBURG

Wallfahrtsbasilika Maria Dreieichen

Wie es einer Wallfahrtsbasilika geziemt, liegt jene von Maria Dreieichen weithin sichtbar über dem Horner Becken. Die Geschichte des Wallfahrtsortes Maria Dreieichen beginnt mit der Anbringung eines Gnadenbildes auf einer dreistämmigen Eiche an der Straße von Horn nach Eggenburg durch den Horner Kürschnermeister Matthias Weinberger. Das Bild wurde durch einen Brand zerstört, kurz darauf jedoch wiedererrichtet. Da die Pilgerströme zunahmen, ließ Graf Hoyos um 1700 eine Einsiedelei zur Betreuung des Bildes errichten, 1730 folgte ein Kapellenbau und 1744 schließlich der Neubau einer Kirche, die seit 1957 sogar Basilika ist. Die Kapelle wird seitdem als Schatzkammer genutzt. Wie Maria Taferl ist auch dieser Bau nicht wie üblich geostet, sondern dehnt sich entlang der Nord-Süd-Achse aus. Die monumentale Südfassade erstreckt sich über drei Geschosse, im Zentrum steht Leopold Fahrmachers Plastik der dreistämmigen Eiche mit dem Gnadenbild, die von den Heiligen Petrus und Paulus

Stift Altenburg *Patrik Hierner*

flankiert wird. Im Innenraum verewigten sich einige der wichtigsten Barockmaler Österreichs: Paul Troger inszenierte 1752 in der Kuppel die „Himmlische Glorie", im Chorbereich malte Johann Hauzinger 1760 eine Verherrlichung Mariens; über dem Musikchor befindet sich Johann Bergls „Überführung der Bundeslade" von 1768. Martin Johann („Kremser") Schmidt und Johann Bergl schufen weiters einige Altarbilder.

(Information: Pfarramt Maria Dreieichen, A-3744 Maria Dreieichen, Telefon: 02982/8253)

Die Rosenburg

Die Rosenburg ist wohl die bekannteste Burganlage Niederösterreichs. Die Burg war in frühester Zeit Sitz eines Ministerialengeschlechts, um 1175 wurde ein Goczwin von Rosenberg genannt. Zweck der Anlage war die Überwachung der Nordgrenze Österreichs zu Böhmen, von wo nach Abwehr der Magyaren durch die Babenberger die größte Gefahr drohte. Die Lage der Burg im verkehrsmäßig wichtigen Kamptal sorgte für eine frühe Blütezeit. Im 16. Jahrhundert entwickelte sich die Region um Horn und die Burg unter der Herrschaft der Familie Grabner zu einer Hochburg des Protestantismus, es erfolgte der Ausbau zu einem prächtigen Renaissanceschloss. Die Burg ging 1610 sogar in den Besitz der protestantischen Stände über. 1614 erfolgten umfassende Erweiterungen sowie die Anlage des berühmten Turnierhofes, in dessen Arkaden sich Fragmente barocker Wandmalereien erhalten haben. Nach den Zerstörungen des Dreißigjährigen Krieges erfolgte eine Renovierung der Gebäude, sowie die Anlage eines großen Ziergartens östlich des Turnierhofes. Eines der großartigsten Renaissancedenkmäler befindet sich im Nordosttrakt der Burg: der Prunksaal aus dem frühen 17. Jahrhundert mit reichem Stuck- und Groteskendekor. Nördlich davon liegt die Bibliothek, deren prachtvolle Holzkassettendecke im deutschen Manierismus ebenfalls aus dieser Zeit stammt. Auf der Rosenburg werden im Sommer Festspiele veranstaltet, im Turnierhof lassen sich im Rahmen von Freiflugvorführungen Raubvögel wie Falken und Adler bewundern, die im Mittelalter zur Jagd abgerichtet wurden.

(geöffnet von Anfang April bis Ende Oktober, Information: Renaissanceschloss Rosenburg, Rosenburg 1, A-3573 Rosenburg, Telefon: 02982/2303)

Stift Altenburg

Das Benediktinerstift in Altenburg verdankt sein heutiges prächtiges Erscheinungsbild den besten Barockkünstlern Österreichs. Sie waren es, die das mittelalterliche und schon ziemlich verwahrloste Kloster Ende des 17. bis zur Mitte des 18. Jahrhunderts zu einem der Hauptwerke des österreichischen Barock ausgestalteten. Insbesondere die Fresken von Paul Troger, Johann Jakob Zeiller und Josef Munggenast verdienen die längere Anreise in das abgelegene Waldviertler Dörflein. Außer in der Stiftskirche selbst sind sie vor allem im großartigen Bibliothekssaal zu bewundern. Doch nicht nur Freunde sakraler Kunst und der Malerei kommen in der Benediktinerabtei auf ihre Kosten, auch für Musikliebhaber lohnt sich ein Besuch: Die Aufführungen der weithin bekannten Altenburger Sängerknaben stehen das ganze Jahr über am Programm des Stiftes.

(ganzjährig geöffnet, Information: Benediktinerstift Altenburg, A-3591 Altenburg, Telefon: 02982/3451)

Naturjuwel Kamptal

Das Kamptal bei Rosenburg zählt zu den eindrucksvollsten Flusslandschaften Mitteleuropas. Das harte Granitgestein widersetzte sich da und dort selbst den unvorstellbar großen Erosionskräften des Wassers und ermöglichte so das durch zahlreiche Schleifen und tiefe Einschnitte charakterisierte Gepräge des Kamplaufes südlich von Altenburg. Ein Besuch dieser kulturhistorisch bedeutenden Region sollte daher nicht ohne einen Abstecher zu ihrem bedeutendsten Naturjuwel beendet werden. Am besten nähert man sich dem großen Umlaufberg mit der markantesten Kampschleife über den Weitwanderweg Nr. 606 aus Richtung Altenburg oder über den am Kamp entlangführenden Wanderweg Nr. 620 von Rosenburg aus. Ein Fischlehrpfad nahe der Rauschermühle zeigt uns die vielfältige Fauna des Flusses. Von der früheren Bedeutung des Flusstales zeugt hingegen das zusehends verfallende „Öde Schloss" am kleinen Umlaufberg, welches entlang des Wanderweges besichtigt werden kann.

Eggenburg
(329)
Stb.
Untersteinparz
409
Stammersdorf
Stockern B.
375
Urzeitradwanderweg
5
Wieshof
Im Wieshof
Latein
Donati
Lettenfeld
324
Bildeiche
Moosgraben
423
Scheffelstein
Höllern
Roseneck
404
370
Schl.
Res.
Bad
Krahuletz Museum
Hochfeld
Bhf.
Ledermannmühle
Kalvarie
Hubertuskreuz
Res.
Kühnring
(372)
Florianibründl
426
Urtlbach
Kremserfeld
371
375
Armenseelenkrz.
Galge
401
Harras
Weiherfeld
373
Scheibenberg
405
Barbara Kpl.
Aue
Untreu
404
Sonnwend B.
411
Zogelsdor
Steinmetzhaus
Aufeld
Heidfeld
432
Mitterfeld
381
402
Bertha-v.-Suttner-Radwanderweg
Reinprechtspölla
(408)
Seegraben
Schmalz
402
Brunnwiesen B.
Großer Hergott
Wasser-Schl.
Gäns
Schmida
Burgsch
(376
Matzelsdorf
(410)
393
Rossberg
412
Böhmäcker
Loiblkrz.
404
Rames
Hörfeld
Grund
Eigen
Linc
Sonnholz
425
Gemeinde B.
430
Mitterfeld
385
Res.
Res.
412
Amelsdorf
397
Sachsendorf
Sonndorf
Schleinitz
1
Ladenträrk B.
Seekreuz
Wiesent
See
432
Eichberg
452
413
2
Gumping
(415)
Naturschutzgebiet
Kühbrunn
458
Kühberg
Kaltenbrunn
Amethyst-Zentrum
Waldlehrpfad
Schl.
Reikersdorf
434
Raanfeld
Maissau
(341)
Schleinzer Maiß
Klosterbigl
414
Winterwies B.
441
Weinviertel Radwanderweg
435
Heide
474

Blatt 8
Heidweingärten
Schmidafeld
Wiesenfeld
Bertha-v.-Suttner-Radwanderweg
Schl.
Weißes Krz.
Klein-Reinprechtsdorf
Stoitzendorf
271
5
Schmida
295
269
288
289
Hollerberg
Radwanderweg
Weinviertel
Auf der Heid
Kogelstein
336
303
Kogelberg
Steinberg
285
266
Grafenberger B.
Wartberg
284
Stubenberg
Vitusberg
414
408
Kpl.
Grafenberg
(306)
312
Kirchenberg
Hst. Grafenberg
301
351
Galgenberg
Hühnerbühel
1
329
Winkelfeld
287
280
Etzmannsdorf
-bei Straning
Lange Lüße
Grundgraben
Krotenberg
Sauberg
378
277
380
Geissberg
276
Lettenfeld
Hst.
292
Bei den Zwei Kreuzen
Straning
Sportpl.
Aumühle
Birkingberg
Feldsatz
Straning B.
Hintere Heide
387
341
Oberhohenstein
304
Naschendorf
276
Stb.
Gänsgraben
Stb.
Taubenberg
Wolfgraben
Sportpl.
Schl.
406
Limberg
(288)
Niederschleinz
(256)
246
Würfelmaiß
Bhf. Limberg-Maissau
Schleins B.
341
283
Mitterlüsse
Oberdürnbach
327
Hoher Rain
Haseneck
Weinviertel Radwanderweg
Schmale Lüsse
Schatz
294
272
325
Am-Haltergraben
Unterdürnbach
331
Weiten B.
Schl.
Adlerfeld
Dürnbach
Veiglberg
Parisdorf
Hochfeld
281
316
Mitterfeld
280
Minichhofner Feld
304
Paris B.
Weigensdorf
258
Veiglberg
Lettenfeld
302

EGGENBURG · MAISSAU

Wasserschloss und Karner in Burgschleinitz

Das Wasserschloss Burgschleinitz wurde als Burganlage bereits im 11. Jahrhundert erstmals urkundlich genannt und war einst Stammsitz eines lokalen Herrschergeschlechtes. Nach der Einnahme und Zerstörung der Burg durch kaiserliche Truppen erfolgte ab dem 16. Jahrhundert die Wiederherstellung und der Ausbau zu einem Wasserschloss. Über die Grafen von Kuestein gelangte das Bauwerk in den Besitz der Freiherren von Salzenhofen und ist noch heute in Familienbesitz. Nachdem der Burggraben lange Zeit trocken lag, wurde 1974 der ursprüngliche Zustand eines Wasserschlosses durch die Flutung des Grabens wiederhergestellt. Auch wenn das Schloss innen nicht besichtigt werden kann, lohnt alleine die Außenansicht mit dem typischen Erscheinungsbild eines monumentalen Wasserschlosses den Abstecher nach Burgschleinitz. Letzteres gilt auch für den gotischen Karner neben der Pfarrkirche St. Michael. Dessen Untergeschoss stammt aus dem 12. Jahrhundert, seit seiner aufwendigen Restaurierung im Jahr 2000 ist das alte Bauwerk in neuer Frische zu bewundern.
(Information: Gemeinde Burgschleinitz-Kühnring, Burgschleinitz 13, A-3730 Burgschleinitz, Telefon: 02984/2653)

Steinmetzhaus Zogelsdorf

Zwischen Burgschleinitz und Eggenburg wartet Zogelsdorf mit einem kleinen Museum über das Steinmetzgewerbe auf. Hier werden aber nicht nur verschiedene Steinmetzprodukte ausgestellt, das Museum beschäftigt sich vielmehr in erster Linie mit den besonderen geologischen Verhältnissen, die zur Entwicklung der ausgedehnten Sandsteinformationen um Eggenburg geführt haben. Das sogenannte Eggenburger Meer dehnte sich vor rund zwanzig Millionen Jahren in dieser Region aus und hinterließ in einer flachen Bucht den wertvollen Zogelsdorfer Sandstein. Dieser ist praktisch frei von Klüften und daher besonders gut für das Steinmetzgewerbe geeignet. Selbst wer noch nie in Zogelsdorf war, hat vermutlich schon einmal Gebäudeteile aus Zogelsdorfer Sandstein gesehen. Gute Chancen dafür bieten sich zum Beispiel an den Gebäuden der Wiener Ringstraße.
(geöffnet: 1. April bis 15. November an Samstagen, Sonn- u. Feiertagen, Information: Steinmetzhaus Zogelsdorf, Zogelsdorf 25, A-3730 Burgschleinitz, Telefon: Gemeindeamt 02984/2653)

Der Wartberger Kirchenberg

Hoch über dem kleinen Markt Wartberg erhebt sich in Richtung Süden der Wartberger Kirchenberg mit seiner sehenswerten Pfarrkirche zum Heiligen Leonhard. Die dominierende Lage über dem Ort verleiht dem Sakralbau Erhabenheit und eine majestätische Ausstrahlung. Das Innere der im 14. Jahrhundert errichteten Kirche wird durch die barocken Zu- und Umbauten des 17. und 18. Jahrhunderts geprägt. Zwischen Kirche und Markt ziehen sich Keller und Presshäuser den Hang hinunter. Einige davon stammen noch aus dem 18. Jahrhundert, worauf auch diverse Inschriften an den Eingängen hinweisen.

Mittelalter und Erdgeschichte in Eggenburg

In Eggenburg befindet man sich auf höchst geschichtsträchtigem Boden. Die erdgeschichtliche Bedeutung als Standort eines ausgedehnten Binnenmeeres wurde bereits beim Steinmetzhaus Zogelsdorf kurz erwähnt. Noch heute kann man die Überreste dieser phantastischen Unterwasserwelt in und um Eggenburg bestauenen. Am besten tut man das im bereits 1902 eröffneten Krahuletz-Museum, wo die dortige prähistorische Sammlung ausgiebig über „eine Milliarde Jahre Waldviertel" informiert.
Weit weniger weit zurück liegend und uns doch uralt vorkommend breitet sich das MIttelalter in der Stadt vor unseren Augen aus. Eggenburg zählt zu den am besten erhaltenen mittelalterlichen Kleinstädten Österreichs. Die Besichtigung der wichtigsten Gebäude, zu denen zweifellos die stattliche Stadtpfarrkirche St. Stephan mit ihren romanischen Türmen, die zum Teil schön bemalten Bürgerhäuser am Hauptplatz und das Redemptoristenkloster am östlichen Altstadtrand gehören, lässt sich auf einem kurzen Spaziergang wunderbar verbinden. Nicht versäumen sollte man einen solchen auf

der historischen und unglaublich gut erhaltenen Stadtmauer, die zu den wenigen begehbaren ihrer Art in Mitteleuropa zählt.
(Information: Tourismusverband Eggenburg, Krahuletzplatz 1, A-3730 Eggenburg, Telefon: 02984/3400)

Amethyst-Stadt Maissau

Das kleine Städtchen Maissau birgt zwar trotz seiner mehr als 600-jährigen Stadtgeschichte (Stadterhebung 1380) keine baulichen Sehenswürdigkeiten überregionaler Bedeutung, doch lohnt sich ein Besuch. In erster Linie verantwortlich dafür ist der Amethyst, der um Maissau zu finden ist und der Stadt zu ihrem neuen werbewirksamen Beinamen „Amethyststadt" verhalf. Der Halbedelstein kommt am nahen Manhartsberg in größerer Zahl vor und nicht wenige Familienspaziergänge waren von einem überraschenden Fund eines glitzernden Amethysten gekrönt. Wer sich einmal als Hobby-Schürfer versuchen möchte, der kann in den meisten gastronomischen Betrieben, im Amethystbüro oder am Gemeindeamt spezielle Schürfpässe erhalten, für Familien gibt es sogar besondere Angebote. Am Manhartsberg entsteht zur Zeit ein eigenes Amethyst-Zentrum mit Schaustollen, Lehrpfad und einigem mehr. Der Spatenstich dafür erfolgte im Mai 2002. Im Sommer 2003 soll das Amethyst-Zentrum als Kristallwelt und Erlebnispark eröffnet werden.
(Information: Stadtgemeinde Maissau, Franz-Gilly-Gasse 7, A-3712 Maissau, Telefon: 02958/82271-0 bzw. Maissauer Amethyst GmbH, Franz-Gilly-Gasse 3, A-3712 Maissau, Telefon: 02958/82271-33, Internet: www.maissau.at)

***Eggenburg** Karl Donner*

Reisertwald
Grub
Eichet
Kellerwald
Stiefern B.
Reisert 440 Fh.
Völker
Fh.
Spern
467
Sandleiten
Krückl
Pirawies
Pfarrwald
Langföhren
Kleings
497
Fahn B.
Beim Kreuz
436
Hinterturn
Schmalz
502
Baderleiten
Augraben
Oberreith
348
Teicht
Hausberg
Rotes Kreuz
Arche Noah
Schl.
380
Schiltern
Burgstall
425
Stadelbreiten
Neuwald
R. Kronsegg
334
Kronsegg
Breitenfeld Krz.
382
Laaberg
Reitberg
416
Lachberg
Karlsberg
Dachsberg
470
Kohlleiten
Schiltern B.
Krückl
289
Neumühle
Schatten
Mittelberg
(426)
Fahnberg
Loiser Heide
377
Fahnberg
Pfennigstein
Lois B.
Loiser B.
381
Spießberg
426
Spießberg Gr.
Auf der Setz
393
265
Sirnitz B.
323
Steinmaßl
Ametsberg
Auberg
347
Kuckuckberg
240
Hochstraßl
Brunnader
Golfplatz
321
315
336
Lengenfeld
363
Weinträgerin
Warerwiesen
Fuchsloch
Im Breiten Reis
Schottergrube
Riedl
375
382
Satzen
Hochsatzen
Stratzing
Krems
606
609

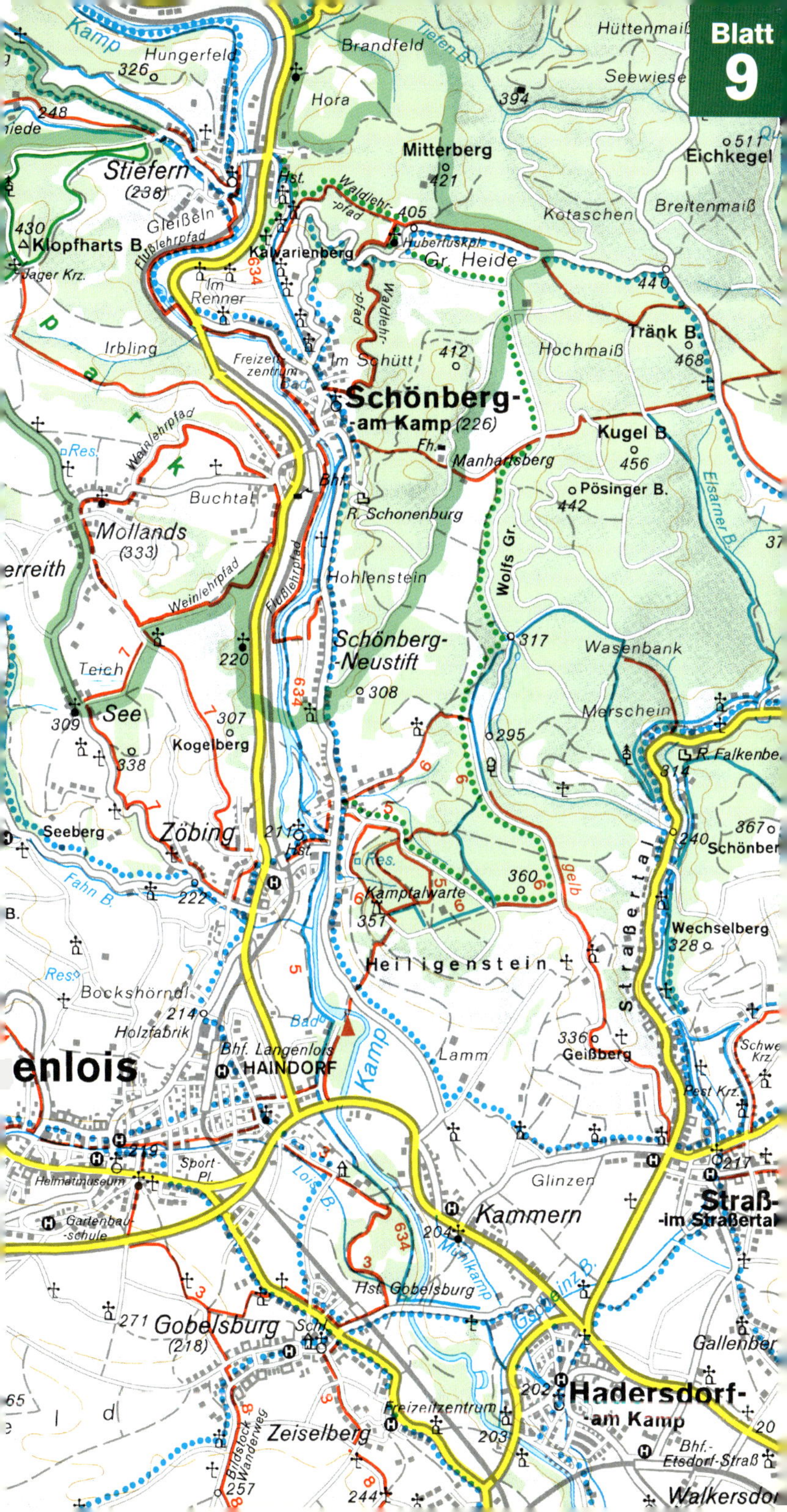

Blatt 9
Kamp
Hungerfeld
326
Brandfeld
Tiefen B.
Hüttenmaiß
Seewiese
394
Hora
248
Mitterberg
421
511
Eichkegel
Stiefern
(238)
Hst.
Waldlehr-pfad
Gleißeln
405
Kotaschen
Breitenmaiß
430
Klopfharts B.
Flußlehrpfad
Kalvarienberg
Hubertuskpl.
Gr. Heide
Jager Krz.
634
Im Renner
440
Waldlehr-pfad
Tränk B.
468
Irbling
Hochmaiß
412
Freizeitzentrum
Bad
Im Schütt
Schönberg-
-am Kamp (226)
Weinlehrpfad
Kugel B.
Fh.
Manhartsberg
456
Res.
Bhf.
Pösinger B.
442
Buchtal
R. Schonenburg
Elsarner B.
Mollands
(333)
Wolfs Gr.
Hohlenstein
erreith
Weinlehrpfad
Flußlehrpfad
220
Schönberg-
-Neustift
317
Wasenbank
Teich
308
Merschein
See
307
309
295
Kogelberg
R. Falkenbe
338
314
Seeberg
Zöbing
211
Hst.
367
240
Schönber
gelb
Res.
360
Fahn B.
222
Kamptalwarte
351
Straßertal
Wechselberg
328
B.
Heiligenstein
Res.
Bockshörndl
214
Bad
Holzfabrik
Lamm
336
Geißberg
Schwe Krz.
enlois
Bhf. Langenlois
HAINDORF
Kamp
Pest Krz.
219
Sport-Pl.
Heimatmuseum
Glinzen
217
Loisb.
Kammern
Straß-
-im Straßertal
Gartenbau-schule
204
634
Mühlkamp
Hst. Gobelsburg
Gscheinz B.
271
Gobelsburg
(218)
Schl.
Gallenber
65
d
Freizeitzentrum
202
Hadersdorf-
-am Kamp
Bildstock Wanderweg
Zeiselberg
203
20
Bhf.-Etsdorf-Straß
257
244
Walkersdor

LANGENLOIS

Schlossfestspiele Langenlois in Schloss Haindorf

Das malerische Schloss Haindorf, auch „Unteres Schloss“ genannt, wurde bereits im Spätmittelalter erstmals urkundlich erwähnt. Noch nicht ganz so lange liegt es zurück, dass das Land Niederösterreich das bereits stark verwahrloste Schloss im Jahre 1973 erwarb und es ihm anschließend eine Renovierung angedeihen ließ. Seit den 1980-er Jahren dient es vor allem dem Hotelbetrieb. Seine besondere touristische Anziehungskraft verdankt es jedoch nicht seinen alten Gemäuern sondern den ab 1996 jährlich auf dem Programm stehenden Schlossfestspielen Langenlois. Dabei werden jeweils bekannte Operetten aufgeführt, die in das Angebot des gesamt-niederösterreichischen Operettensommers integriert sind.

(Information: Schlossfestspiele Langenlois BetriebsGesmbH, Rathausstraße 2, A-3550 Langenlois, Telefon: 02734/3450, Fax: 02734/3450-15)

Ruine Kronsegg

Für Freunde von Burgen und Ruinen bietet das Waldviertel ein wahres Eldorado mit unzähligen Ausflugsmöglichkeiten. Eine der unbekannteren Ruinen ist sicherlich jene von Kronsegg bei Schiltern. Bei ihr besticht auch weniger das Gebäude selbst als vielmehr die idyllische Lage inmitten ausgedehnter Wälder nahe des Kronsegger Stausees. Burg Kronsegg wurde 1280 erstmals urkundlich erwähnt und hatte seine Blütezeit als

Langenlois *Bild Archiv Ursin Haus*

mittelalterlicher Sitz vom 13. bis zum 16. Jahrhundert. Nach den Zerstörungen durch die Schweden währen des Dreißigjährigen Krieges wurde die zuvor stattliche Burg zur Ruine.
(Information: zugänglich von Ostern bis Ende Oktober 10-18 Uhr, Telefon: 02734/2000-0)

Ausflugsfahrten mit der Kamptalbahn

In unserer stressgeplagten Zeit sind Reisen in die Vergangenheit für viele Menschen ein wohltuender Ausgleich. Wie sonst kann man es sich erklären, dass alte, von neueren und weit schnelleren Verkehrsmitteln längst überholte, Kleinbahnen wie die Kamptalbahn so viele Liebhaber und Freunde finden. Gerade die Bahn durch das landschaftlich so großartige Kamptal stellte zu Beginn des 20. Jahrhunderts die Initialzündung für den damals schon recht bedeutenden Fremdenverkehr in dieser Region dar. Wirtschaftlich war das neue Verkehrsmittel für das Tal lebensnotwendig. Heute ist das alles anders: Die Straße hat die Schienen ersetzt und auf der alten Bahnstrecke verkehren Nostalgiezüge, die vom Österreichischen Club für Diesellokgeschichte mit viel Zuneigung und Einsatz betrieben werden. Eisenbahnfreunde kommen auf der Strecke zwischen Hadersdorf am Kamp und Sigmundsherberg auf jeden Fall auf ihre Kosten. Vorbei an alten Dörfern, Weingärten, Ruinen und entlang der vielen Flussschleifen entdeckt man eines der schönsten Gebiete des Waldviertels auf besonders beschauliche Art und Weise.
(Information: Österreichischer Club für Diesellokgeschichte, Jakob-Pich-Siedlung 22, A-3494 Hadersdorf am Kamp, Telefon: 02735/5596 Internet: www.oecd.at)

Straß im Straßerthale – höchstprämierte Weinbaugemeinde Österreichs

Es gibt Orte, denen sieht man auf den ersten Blick an, wovon ihre Bewohner leben und welche Quelle des Wohlstands sprudelte oder in besonders günstigen Fällen noch heute fließt. Zu diesen gesegneten Ortschaften zählt der alte Markt Straß im Straßerthale, dessen 700-jährige Geschichte aufs Engste mit dem Weinbau verbunden ist. Straßer Qualitätsweine genießen weltweit hohes Ansehen und haben bereits unzählige Auszeichnungen erhalten. Diese haben dazu beigetragen, dass Straß heute als höchstprämierte Weinbaugemeinde Österreichs gilt. Wer einen edlen Tropfen österreichischen Rot- oder Weißweines genießen möchte, ist hier bestens aufgehoben. Jene, die aber nicht nur kosten wollen sondern auch die Herstellung des Weines näher kennen lernen möchten, sollten sich das Weinbau- und Fassbindereimuseum ansehen. In der vollständig eingerichteten Werkstatt eines Fassbinders sind zahlreiche Exponate dieses beinahe ausgestorbenen Handwerkes zu sehen.
(Information: Fassbinderei- und Weinbaumuseum Straß, Langenloiser Straße 199, A-3491 Straß im Straßerthale, Telefon: 02735/3153)

Naturpark Kamptal-Schönberg

Der Naturpark Kamptal-Schönberg befindet sich im Unteren Kamptal nahe der Ausläufer des Manhartsberges und nimmt eine Fläche von etwa 2.500 Hektar ein. Das Bild des Naturparks wird von den Flussauen des Kamps geprägt. Daneben wird das Gebiet von Weinbergen und Waldhängen, Trockenterrassen und Felsen dominiert. Wasser, Wein und Wald – diese drei Schlagwörter beschreiben den Naturpark Kamptal-Schönberg am schnellsten und wohl auch am treffendsten. Entsprechend dieser Komponenten wurden je ein Fluss-, ein Wein- sowie ein Waldlehrpfad angelegt. Ersterer verläuft entlang des Kamptalradweges und lässt sich somit ohne weiteres befahren. Im weiteren Verlauf sind jedoch wieder die Wanderer gefragt. Durch die Weinriede westlich des Kamps bis zum „Stoamandlkeller" führt der Weinlehrpfad. Hier lassen sich hervorragende Weine der Gegend verkosten. Am Rand des Manhartsberges verläuft schließlich der Waldlehrpfad und führt dabei durch artenreiche Wälder.
Der Naturpark zählt unter anderem zu den „Important Bird Areas" Österreichs, was heißt, dass dieses Gebiet für die Erhaltung und den Schutz seltener oder gefährdeter Vogelarten besonders bedeutend ist. Es sei noch erwähnt, dass dieser Park im Jahr 1998 als „Naturpark des Jahres" ausgezeichnet wurde.
(Information: Naturpark Kamptal-Schönberg, Wiener Straße 113a, A-3571 Gars am Kamp, Telefon: 02735/3153)

Weisses Krz.
Lindeck
Teufelskanzel
Burg Hartenstein
Kastenbreiten
Purkersdo
Jugendgästehs.
Hirnäcker
Harrau
Galgenfeld
Els
Kremstal-radweg
Grundfeld
Maigenmühle
Ghf. Kuhtreiber
Dankholz
Steinriegel
Els Steinbruch
Steinparz
Marbach
Arzwiesen
Klein-Heinrichschlag
Dankholzer B.
Marbach a.d. Kleinen Krems
Rammerstein
Birkmühle
Mangmühle
Planinz
Königsmühle
Kremstalradweg
Koppenhof
Klemmermühle
Kremsleiten
St. Johann
Pfaffleiten
Gänshof
Königsmühle
Kalkgrub
Kalkgruber Gr.
Maißfe
Großheinrichsc
Rotwandfeld
Himberger Mühl B.
Hametfeld
Am Berg
Himberg
Hochparzfeld
Neuhäusl
Gschwendt
Habruckbreiten
Trastall B.
Hamethof
Trittings
Pöllafeld
Schoberhof
Wernhies
Purgstall
Habruck
Binderkreuz
Langeshof
Hutbühel
Trastallhof
Mitterfeld
Fohra
Hubhof
Blocherleiten Gr.
Bengelbach
Buchfeld
Pfarrberg
Wolfsberg
Wolfenreith
Höllerhof
Höller B.
Fohraberg
Strebitzfeld
Bengel B.
Reutwiesen
Tanneck
Eichberg
Otzbach
Ranna B.
Im Meierhof
Oberranna
Kirchberg
Huthof
Burg Ranna
Jausenstat.
Unterranna
Dopperl
Buchberg
Wolfsbühel
Hauswiesen
Niederranna
Mühldorf
Ötz
Sackgraben
Aichberg
Radlbach
Trenninghof
Trenning
Muthstall
Musang
Ritzlinggraben
Hofl
Negscheid
Lahnhof
Elsarn am Jauerling
Setzber
Hasenhof
Trenninggraben
Laaben
Povat
Thurn
Vogelleitengupf
Zornberg
Vießling

Blatt 10
Nöhagen
(620)
Peist
Schwaigkopf
Kremstalradweg
Ingerlgraben
gelb
Ostra
Dachsberg
572
Hochstraß
621
Maigen
Weinzierl
a. Walde
(647)
Stixendorf
(570)
633
Hochstraß
Veiglberg
Steinäcker
Geige
Burgstall
Jh.
Kruckersteig
Birat
Feigelberg
Seewiesen
Hagen
654
Schmalhans
Wolfshofriegel
Saurüssel
Nägelparz
In der Grub
Pfaffenmaiß
678
Hamet
Rachelfeld
Helmheldin
Schleifer B.
Grubbach
Simbach Gr.
Schildhütten
647
Weitenberg
Im Schild
Schutzhaus
am Seiber
Altmannsleiten
Jh.
512
601
Seiber
686
Achleiten
Cholera Krz.
Kuhberg
Totenmann
Seiberer B.
Sportpl.
Grub B.
Mosinghof
Vorderseiber
Bhf.
382
224
448
Leinen Gr.
Weißenkirchen
i.d. Wachau
Heiglhtt.
gelb
Buschandlwand
741
Postolern
Ritzling B.
Mosing Gr.
Geißberg
Bichlpoint
Kollmitz
366
St. Lorenz
Höhberg
Weinweg
Joching
202
373
Mittereck
Hst. Wösendorf-Joching
Unterkienstock
Mieslingb.
Wösendorf
i.d. Wachau
(207)
595
Atzberg
Hirschwand
612
Hochrain
Ober-
kienstock
Hirschwand-
steig
653
Seekopf
Meurersteig
671
Michaelerberg
rot
St. Michael
Rotes Tor
Mieslingtal
211
Rührsdorfer S.
Unterstandshtt.
Adelehtt.
512
Herrnplatzl
618
Spitz
223
Bhf.
Bad
Bacharnsdorf
Mitterarnsdorf
Schl.
Schl.
206
Gr. Bolzenber
Ghf.
Zeller
Hofarnsdorf
Brunntal
Römerweg
Kupfertal
Dürren
Turkentor
Zeilingmaißhöhe
334
Donaubrücke
Donauradweg
Venedig
652

SPITZ · WEISSENKIRCHEN

Gudenushöhle und Hartenstein

Was wäre ein Besuch des idyllischen Kremstales ohne Besichtigung des absoluten Top-Highlights. Die Gudenushöhle verdient dieses Prädikat zurecht, schließlich gehört sie zu den berühmtesten Höhlen Österreichs. 1884 war die Entdeckung des prähistorischen Wohnplatzes eine archäologische Sensation. Durch einen damals nur rund 90 Zentimeter hohen Einstieg gelangten die Forscher in das Felsenloch und entdeckten neben unzähligen paläontologischen Fundstücken wie Mammutzähnen und Wollnashornknochen von Menschen bearbeitete Faustkeile. Damit war der Beweis erbracht, dass dieses Gebiet schon vor rund 50.000 bis 100.000 Jahren besiedelt war. Gemeinsam mit den Mammutherden zogen damals Neandertaler durch das südliche Waldviertel und nutzten die, rund acht Meter über dem Flussbett der Kleinen Krems liegende, Höhle als Wohnstandort. Neueste Grabungen lassen sogar auf eine Besiedelung vor rund 180.000 Jahren schließen, womit die Höhle einen der ältesten besiedelten Plätze Mitteleuropas darstellt.
Unweit der Höhle erhebt sich mit der Burg Hartenstein eine weitere Attraktion des Kremstales. Die zwar schon im 12. Jahrhundert erstmals erwähnte, vor rund 100 Jahren jedoch in neugotischem Stil gründlich umgebaute Burganlage befindet sich heute im Besitz eines Hight-Tech-Konzerns und kann daher nur von außen besichtigt werden.

Burg Ranna

Wer die Wachau besucht, sollte hin und wieder auch einen kleinen Abstecher riskieren und wird dabei auf allerlei Sehenswertes in ihrem Hinterland stoßen. Eine solche Abkehr von den üblichen Touristenpfaden führt bei Spitz in das Tal des Spitzer Baches nach Mühldorf. Dort sieht man schon von weitem die stattliche Burg Ranna an den bewaldeten Hängen des Jauerlings. In ihrem Inneren verbirgt die, heute als gastronomischer Betrieb geführte, Burg ein echtes Waldviertler Kunstjuwel. Die dem Heiligen Georg geweihte Burgkirche stammt aus der romanischen Epoche und wurde Anfang des 12. Jahrhunderts errichtet. Damit gehört sie zu den ältesten ihrer Art im südlichen Waldviertel. Bemerkenswert ist sie neben ihrem Alter vor allem aufgrund ihres seltenen Bautypus mit einem Hauptschiff, zwei Querschiffen, zwei Vierungstürmen und einer westseitigen Krypta. Die mit zu den ältesten österreichischen Kreuzgratgewölben zählende Decke und besonders die halb im Kirchenraum versenkte Krypta sind weitere Hauptanziehungspunkte des kleinen Gotteshauses. Nach der Besichtigung empfiehlt sich noch die Einkehr auf der Gaststättenterrasse, um die eben gewonnen Eindrücke auf sich wirken zu lassen.
(Information: Burg Ranna, Ranna 1, A-3622 Mühldorf, Telefon: 02713/8221)

Spitzer Impressionen

Die Marktgemeinde Spitz zählt zu den Hauptanziehungspunkten der Wachau, dementsprechend stark frequentiert ist der Ort auch während der Hauptsaison. Das hat auch seine guten Gründe: Kaum wo finden sich in der Wachau auf engstem Raum so viele Sehenswürdigkeiten wie hier. So zum Beispiel der Tausendeimerberg, dessen Name schon viel von seiner Bedeutung verrät. Spitz ist eines der Zentren des Weinbaus in Niederösterreich und der Besuch eines typischen Wachauer Heurigens gehört in Spitz zum guten Ton. Neben dem Wein hat die Schifffahrt auf der Donau die Spitzer zu wohlhabenden Marktbürgern gemacht. Daran erinnert noch heute das sehenswerte Schifffahrtsmuseum im nördlich des Ortszentrums am Spitzer Bach gelegenen Erlahof. Aus kunsthistorischer Sicht gesehen, ist zweifellos die Pfarrkirche St. Mauritius das wertvollste Objekt der touristischen Begierde. Die stattliche gotische Hallenkirche weist ein besonders markantes Charakteristikum auf: Der erst später (um 1500) angebaute Chor ist rund 20° versetzt zum Langhaus errichtet worden. Im Inneren überzeugen vor allem die im 14. Jahrhundert hergestellten Schnitzfiguren der Emporenbrüstung und der Hochaltar des Kremser-Schmidt aus dem 18. Jahrhundert mit seinem Altarbild, welches das Martyrium des Kirchenpatrons ergreifend wiedergibt. Unbedingt unternehmen sollte man in Spitz einen kleinen Spaziergang durch das überaus reizende Ortszentrum mit seinen alten Marktbürgerhäusern, dem Rathaus und dem alten Schiffsmeisterhaus. Eine Aufzählung aller sehenswerten Gebäude würde hier

allerdings zu weit führen. Etwas abseits des Ortes liegt das aus diversen Fernsehserien berühmte „Rote Tor" von dem sich ein einmaliger Blick auf den gegenüberliegenden Tausendeimerberg und das sich darunter erstreckende Spitz genießen lässt. Selbst der Teufel scheint diesen Anblick genossen zu haben, denn der Überlieferung nach hielt er sich des Öfteren in Spitz auf und vermerkte mit Missmut, dass immer mehr Wallfahrer zum Grab des Heiligen Albinus in der nahen Kirche von St. Johann am gegenüberliegenden Donauufer pilgerten. Um diesen Pilgerstrom zu unterbinden, sollte eine Mauer die Donau abschließen. Das „Teufelswerk" blieb jedoch nur Stückwerk und so ragt die Teufelsmauer bei Spitz noch heute als eindrucksvolle Felsformation gegen den Himmel.
(Information: Tourismusverein Spitz, Mittergasse 3, A-3620 Spitz a. d. Donau, Telefon: 02713/2363, Mail: info@spitz-wachau.at, Internet: www.spitz-wachau.at)

Sankt Michael und die „Sieben Hasen"

Die an Wehrbauten und alten Kirchen gesegnete Wachau besitzt mit der Pfarrkirche Sankt Michael zwischen Wösendorf und Spitz ein besonderes „Schmuckkasterl", welches dank der Lage direkt an den Haupttouristenstrecken von Straße, Bahn und Radweg einen großen Bekanntheitsgrad erlangen konnte. Die spätgotische Filialkirche ist der Nachfolgerbau eines bereits im Jahre 987 erwähnten Gotteshauses. Sankt Michael gilt damit als älteste Pfarre der Wachau. Die heutige Kirche birgt in ihrem Inneren ein frühbarockes Kreuzgratgewölbe und Gemälde des berühmten Wachauer Künstlers Martin J. Schmidt (Kremser-Schmidt). Bekannt ist die Kirche jedoch vor allem wegen ihrer rätselhaften Tonplastiken am Dachfirst des Chores, die im Volksmund als die „Sieben Hasen von Sankt Michael" bezeichnet werden. Innerhalb der die gesamte Kirche umgebenden und bestens erhaltenen Wehrmauer befindet sich noch der aus dem späten 14. Jh. stammende Karner mit mittelalterlichen Mumienresten in den Vitrinen.
(Information: Tourismusverein Spitz, Mittergasse 3, A-3620 Spitz a. d. Donau, Telefon: 02713/2363, Mail: info@spitz-wachau.at, Internet: www.spitz-wachau.at)

Weißenkirchen *Marktgemeinde Weißenkirchen*

Kremstalradweg
Wolfsholz Gr.
Reichau B.
Reichau Gr.
Reichau
Kobel
Senftenbergeramt
Hiesberg
582
581
Gachtal
gelb
606
427
Reichaueramt
Stögerriedel
677
589
Weißes Krz.
Ostra
Verlies
Küh Gr.
Brenntal
543
Steinbachtal
Nesselleiten
402
Stein B.
Rotes Krz.
356
Au Gr.
Jh.
Rosengrund
Floriani Krz.
449
Sandl
Weiglwarte
723
Sandlbauer
528
Augrabler
Falkenwände
Emberger
Pummer Krz.
519
Dürnsteiner Waldhütten
Bärenloch
Jägerberg
561
Rotes Krz.
Tiefental
Heudürr
Wachauer Höhenweg
500
Fh. Rehstein
456
Scheibenhof
339
Schildhütten
Heudürr Gr.
Höllstell
Schreiber B.
Watstein
Im Schild
Frauengärten
Pfaffental
Vogelberg
546
Fesslhtt.
Hengelw
512
Achleiten
Sp.Pl.
DONAU
Pritzenau
Kanzel
564
Starhemberg-Warte
In der Klaus
Rührsdorf
Vogelbergsteig
Talgraben
Schloßberg
Mahntal Gr.
Loiben Gr.
Biratalwand
Rossatz
(225)
Ruine
Loiben B.
413
Bhf.
Venedigau
209
Dürnstein
Bhf. Dürnstein-Oberloiben
Waldandacht
Jackerlweg
Hst. Un
Franzosen Dkm.
St. Lorenz
Mugler
515
Unterloiben
(203)
Rossatzbach
Bad
Sportpl.
Helenenhtt.
Unterstandshtt.
Türkentor
Oberloiben
(192)
595
Opferstein
Toter B.
454
Rührsdorfer Rotes Krz.
Römerturm
Hohe Wand
RW01, RW03
Ferdina
370
Hirschwand
Hirschwand-steig
See Gr.
Pemexel
508
Windstal Gr.
Gochelberg
Rossatz B.
418
Pülnhof
Rotes Krz.
Stickelsteig
Unterstandshtt.
Adelehtt.
618
653
Schoberstein
Windstal Gr.
513
606

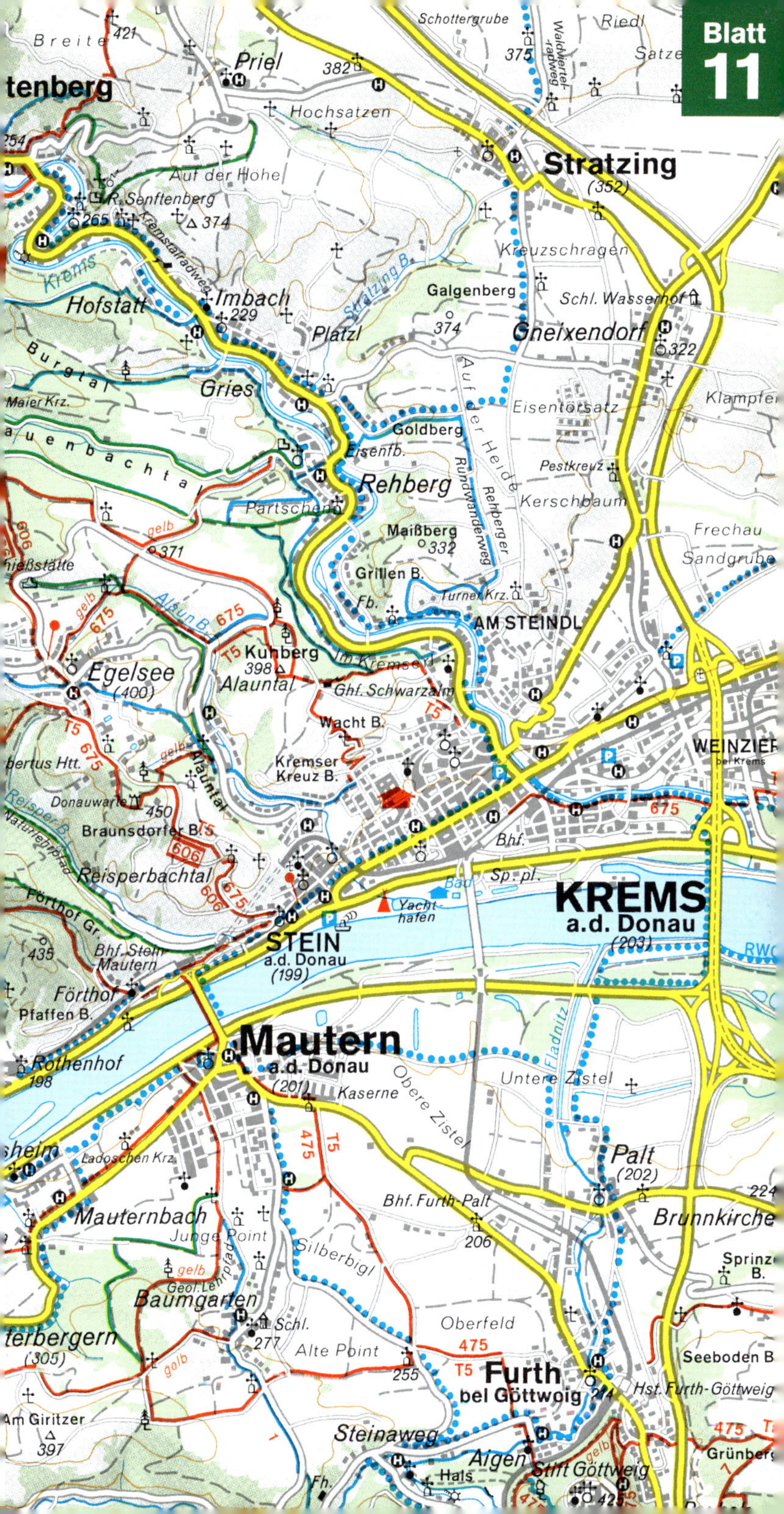

Blatt 11
Breite
421
tenberg
Priel
382
Schottergrube
375
Waldviertel-radweg
Riedl
Satze
Hochsatzen
Stratzing
(352)
Auf der Höhe
R. Senftenberg
265
374
Kremstalradweg
Krems
Hofstatt
Imbach
229
Stratzing B.
Galgenberg
374
Kreuzschragen
Schl. Wasserhof
Gneixendorf
322
Platzl
Burgtal
Maier Krz.
Gries
Auf der Heide
Eisentorsatz
Klampfer
Goldberg
Eisenfb.
Rehberg
Rundwanderweg
Rehberger
Pestkreuz
Kerschbaum
Partschen
Frechau
Sandgrube
Maißberg
332
gelb
371
Grillen B.
Turner Krz.
Fb.
AM STEINDL
Alsun B.
675
Kuhberg
398
Im Kremsern
Egelsee
(400)
Alauntal
Ghf. Schwarzalm
T5
Wacht B.
bertus Htt.
Alauntal
Kremser Kreuz B.
WEINZIER
bei Krems
Donauwarte
450
Braunsdorfer B.
606
Reisperbachtal
Bhf.
Sp. pl.
Bad
Yacht-hafen
KREMS
a.d. Donau
(203)
RW
Förthof Gr.
435
Bhf. Stein Mautern
STEIN
a.d. Donau
(199)
Förthof
Pfaffen B.
Mautern
a.d. Donau
(201)
Kaserne
Obere Zistel
Untere Zistel
Fladnitz
Rothenhof
198
Ladoschen Krz.
475
Palt
(202)
224
Mauternbach
Bhf. Furth-Palt
206
Brunnkirche
Junge Point
Silberbigl
Sprinz B.
gelb
Geol. Lehrpfad
Baumgarten
Schl.
277
Oberfeld
terbergern
(305)
Alte Point
255
Furth
bei Göttweig
Seeboden B
Hst. Furth-Göttweig
Am Giritzer
397
Steinaweg
Aigen
Stift Göttweig
Hals
Grünberg
Fh.
425

Blatt 11

KREMS · DÜRNSTEIN

Krems-Stein – historische Doppelstadt mit Flair

Alle Sehenswürdigkeiten der beiden Städte Krems und Stein nur einigermaßen erschöpfend wiederzugeben, würde alleine ein ganzes Buch füllen. Keine andere Stadt in Niederösterreich vermag mit derartig vielen Kunstschätzen und malerischen Altstadtwinkeln aufzuwarten wie die historische Doppelstadt an der Donau. Wer wenig Zeit hat, sollte sich auf das Wesentlichste konzentrieren. In der westlich gelegenen Teilstadt Stein sind das die historischen Straßenzüge und Plätze (besonders die Steiner Landstraße und der Rathausplatz), die Pfarr- und Frauenbergkirche sowie die gut erhaltene Stadtbefestigung mit den ebenso erhaltenen Stadttoren. Wie die große Nachbarstadt gründete sich der Wohlstand von Stein auf dem hervorragenden Standort am Ausgang der Wachau. Stein entwickelte sich alsbald als wichtiger Umschlagplatz für Salz und verfügte mit Krems schon im 13. Jahrhundert über einen gemeinsamen Richter und Stadtrat. Dennoch verstanden sich die Steiner stets als von Krems unabhängige Städter und verloren die kommunale Eigenständigkeit erst durch die endgültige Eingemeindung im 20. Jahrhundert.

Die Altstadt von Krems verfügt ebenso wie jene von Stein über eine Fußgängerzone namens „Landstraße", über hervorragende Kirchen und Bürgerhäuser und über eine gut erhaltene mittelalterliche Stadtstruktur. Wahrzeichen der Stadt ist das Steiner Tor, das

Dürnstein in der Wachau *Cornelia Paris*

den westlichen Stadteingang bildet. Ebenso unbedingt sehenswert sind die große Pfarrkirche St. Veit mit mehreren Kunstwerken des Kremser-Schmidt, die nahe, etwas erhöht gelegene, Frauenberg oder Piaristenkirche, die Gozzoburg und der Dominikanerplatz mit ehemaligem Kloster, Museum und Kirche.
(Information: Austropa Verkehrsbüro Krems, Undstraße 6, A-3500 Krems, Telefon: 02732/82676, Mail: austropa.krems@netway.at, Internet: www.Tiscover.com/Krems)

Dürnstein – Perle der Wachau

Die Überschrift mag manchem Spitzer, Kremser oder Weißenkirchner etwas vor den Kopf stoßen, doch punkto internationaler Bekanntheit ist Dürnstein wohl wirklich die Perle unter den Schmuckstücken der Wachau. Die Stadtansicht von der gegenüberliegenden Donauseite mit dem farbenprächtigen Turm der Stiftskirche und der sich den Berg hinaufziehenden Ruine Dürnstein zählt nicht ohne Grund zu den am häufigsten fotografierten und publizierten Ansichten Österreichs. Doch nicht nur aus der Ferne, auch aus der Nähe verblüfft die Kleinstadt (unter 500 Einwohner in der Altstadt) mit zahlreichen Sehenswürdigkeiten. Die schon erwähnte Ruine Dürnstein thront kühn auf einem felsigen Abhang über der Stadt. Diese Lage vermag sogar den spärlichen Überresten der einst von Richard Löwenherz als Gefangener „bewohnten" Burg Eindruck und Reiz zu verleihen. Ein wahrhaftes Kunstwerk höchster Güte ist die Kirche Mariä Himmelfahrt, einst Stiftskirche des ehemaligen Augustiner-Chorherrenstiftes. Der neu renovierte Kirchturm leuchtet im schönsten Hellblau, innen ist die Kirche eine Ansammlung barocker Pracht. Weitere Sehenswürdigkeiten innerhalb der altehrwürdigen Stadtmauern sind das alte Rathaus sowie verschiedene Tavernen und Winzerhäuser, die teils noch aus dem 16. und 17. Jahrhundert stammen (zum Beispiel die Kuenringer Taverne gegenüber dem Rathaus).
(Information: Fremdenverkehrsverein Dürnstein-Loiben, A-3601 Dürnstein i. d. Wachau, Telefon: 02711/200)

Stift Göttweig

Gibt es eine idealere Lage für ein Kloster als hoch oben auf einem Hügel, weithin sichtbar über der Landschaft thronend, mit wuchtigen Wehrmauern ausgestattet und als markantes Zeichen die östliche Grenze der weltbekannten Kulturlandschaft Wachau setzend? Wie auch immer man diese Frage beantworten mag, all das trifft auf das Benediktinerstift Göttweig jedenfalls zu. Dabei ist es nur ein Torso jenes gewaltigen Klostergebäudes, das noch im 18. Jahrhundert auf den Plänen der besten Architekten jener Zeit aufschien. Die erhöhten Steuern für die Finanzierung der Erbfolgekriege Maria Theresias verhinderten den Bau der ursprünglich geplanten Anlage, doch auch das Realisierte ist gewaltig und dabei künstlerisch filigran zugleich. Bekanntestes Schauobjekt ist die Kaiserstiege im nordwestlichen Teil der Anlage mit ihrem Deckenfresko von Paul Troger. Die Kirche selbst ist kunsthistorisch gesehen unvollkommen, das soll heißen, dass sie wie der gesamte Stifskomplex nicht zur Gänze realisiert wurde und in Teilen als Verlegenheitslösung dennoch eine großartige Sehenswürdigkeit darstellt. Am stärksten offenbart sich das in der beinahe schon klassizistisch anmutenden Fassade mit ihren Doppeltürmen.
(Information: Benediktinerstift Göttweig, A-3511 Furth bei Göttweig, Telefon: 02732/85581-231, Mail: tourismus@stiftgoettweig.at, Internet: www.stiftgoettweig.at)

Hoch über der Wachau – Aussichtswarten bei Dürnstein

Luftige Höhen werden ja generell gerne aufgesucht, wenn es darum geht, Gesamteindrücke von Landschaften zu sammeln oder zu verstärken. In besonderem Maße trifft das auf die Aussichtswarten um Dürnstein zu, denn von dort oben zeigt sich die Wachau von ihrer schönsten Seite. Das Band der Donau schimmert im Sonnenlicht, die Terrassen mit den unzähligen Weinreben liegen unterhalb des Betrachters und von gegenüber grüßen die alten Winzerorte am rechten Donauufer. Nicht umsonst wurden gleich mehrere Warten errichtet, die sich übrigens hervorragend auf einem hoch über dem Tal dahinziehenden Höhenweg erwandern lassen. Von West nach Ost sind das die Weiglwarte am Sandl (723 m), die Starhembergwarte oberhalb der Ruine Dürnstein (564 m) und die Donauwarte südlich von Egelsee (450 m).
(Information: Fremdenverkehrsverein Dürnstein-Loiben, A-3601 Dürnstein i. d. Wachau, Telefon: 02711/200)

Alt Siedlung
Schl.
Hanslteich
Gutenb
(858)
Glashütte
Neue Siedlung
940
606
22
943
962
Bärenwand
Ödteich
836
608A
Naturdenkmal Ysperklamm
Ysperklamm
Neudeck
935
Radwanderweg Waldviertelweg
gelb
Jäge
923
1004
Klafter B.
Kronreith
Kaltenberg
Ochsenstrauß
1022
Gemei
Pfefferreith
Wh. Forellenhof
551
915
Winkl
Hirschenstein
Oedhof
Ratschen Gr.
Pernsoll
Schindler
Hasla
963
Wimberg
922
Graben
Grub.
Voglhof
Geißb
881
R. Wimburg
Wim
Windpaß
Dörfles
Dörfl
85
Ried
Pyhra
Gutscherhof
Pichl
608
Siebendürfting
Grubhof
Wimberg
626
Ölmühle
641
Pisching
(516)
Gmaining
Weghäuser
Höf
Gutenbach
60
Trumerhäuser
NÖLRWW
Wögri
Fuchsreith
Au
65
Haide
572
Tarsch
Stangles
Brandstatt
Auhof
Ostrong
Parming
512
624
Reith
506
Kammerbach
746
Stößelberg
Au
Schneidermauer
Hinterholz
Prägarten
Hegerhaus
708
Kl. Peilstein
Ysper tal
Türkenreith
Am Brand
1061
Hofedl
Hinterlug
Gr. Peilstein
Kapelleramt
496
Nächst-
Münichreith
Schl.
566
Katzenstein
963
Rorregg
Altenmarkt
Jh.
Waldlehr-pfad
Walkersberg
560
Jh.
Weißenlehen
993
Ysper
(504)
Fischerlehen
Maierhof
Surbichl
753
Neue Welt
Altenmarkt
im Yspertal
498
Kehrbach
Pichl
Kaiserstein
935
Ostrong
Prannleithen
Gemeindehäuseln
697
780
Bernhof

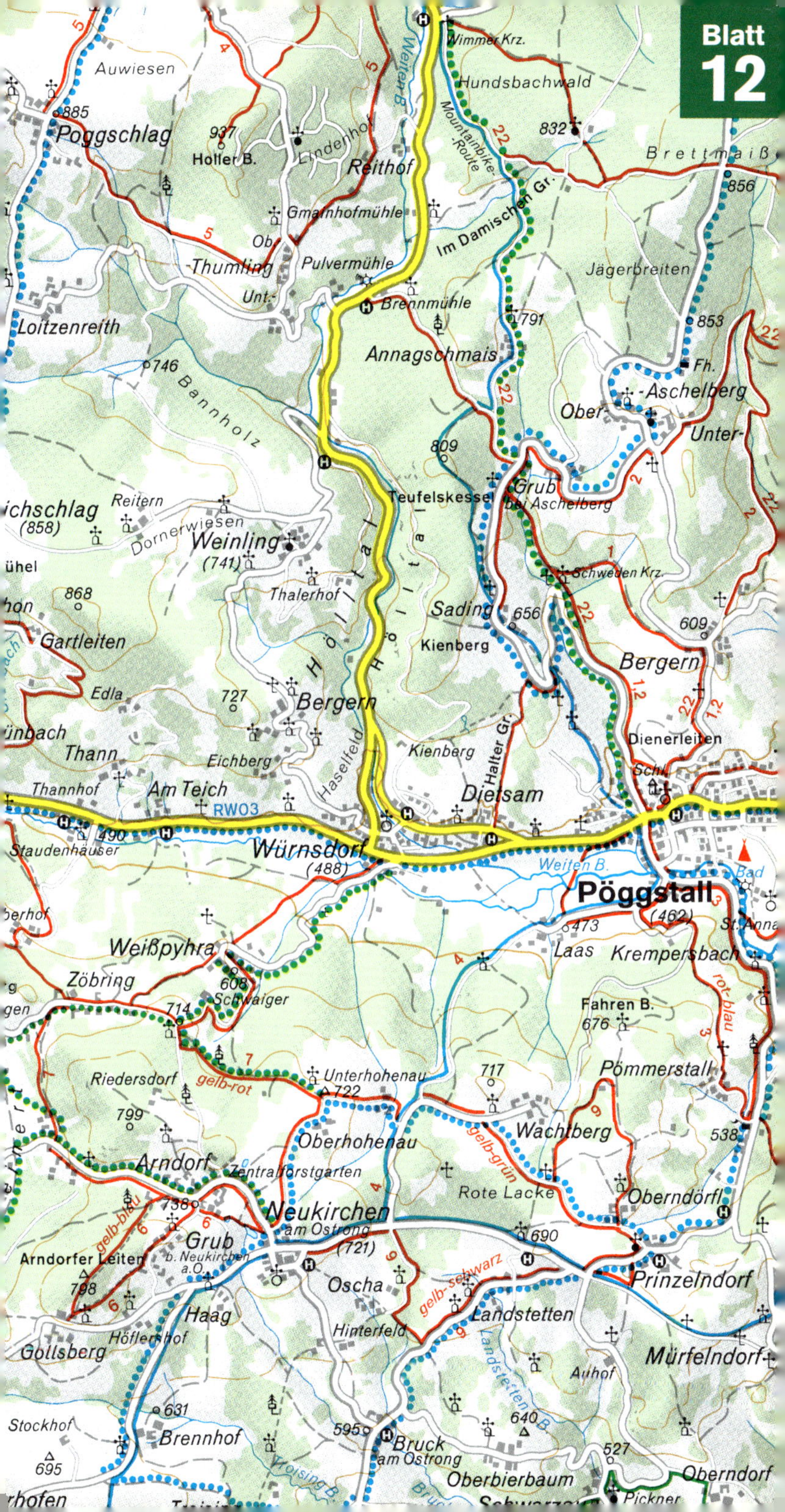
Blatt
12
Auwiesen
885
Poggschlag
937
Holler B.
Lindenhof
Reithof
Weiten B.
Wimmer Krz.
Hundsbachwald
Mountainbike-Route
832
Brettmaiß
856
Gmainhofmühle
Ob.
Thumling
Unt.
Pulvermühle
Brennmühle
Im Damischen Gr.
Jägerbreiten
Loitzenreith
791
853
Annagschmais
Fh.
746
Bannholz
Aschelberg
Ober-
Unter-
809
Teufelskessel
Grub bei Aschelberg
ichschlag
(858)
Reitern
Dornerwiesen
Weinling
(741)
Thalerhof
Schweden Krz.
Höllental
868
Gartleiten
Sading
656
Kienberg
609
Bergern
Edla
727
Bergern
Thann
Eichberg
Kienberg
Halter Gr.
Dienerleiten
Haselfeld
Thannhof
Am Teich
RW03
Dietsam
Schl.
490
Staudenhäuser
Würnsdorf
(488)
Weiten B.
Bad
Pöggstall
(462)
St. Anna
473
Laas
Krempersbach
Weißpyhra
608
Schwaiger
Zöbring
714
rot-blau
Fahren B.
676
Riedersdorf
Unterhohenau
722
gelb-rot
717
Pömmerstall
799
Oberhohenau
Wachtberg
538
gelb-grün
Arndorf
Zentralforstgarten
Rote Lacke
Oberndörfl
738
gelb-blau
Neukirchen am Ostrong
(721)
690
Grub b. Neukirchen a.O.
Arndorfer Leiten
798
Oscha
gelb-schwarz
Prinzelndorf
Haag
Landstetten
Höflerhof
Hinterfeld
Gollsberg
Mürfelndorf
Landstetten B.
Auhof
631
640
Stockhof
Brennhof
595
Bruck am Ostrong
527
695
Oberbierbaum
Oberndorf
Pickner

Blatt 12

YSPERTAL · PÖGGSTALL

Die Ysperklamm

Die Ysperklamm zählt zu den landschaftlich eindrucksvollsten Klammen in Niederösterreich. Die Ysper überwindet hier einen Höhenunterschied von rund 300 Metern und stürzt in Kaskaden von den Anhöhen des Weinsberger Waldes in die weite Tallandschaft des Yspertals bei Pisching. Der Zugang erfolgt etwa 2 Kilometer nordwestlich von Pisching beim Gasthaus Forellenhof. Die Gesamtlänge der Klamm beträgt gut 1,5 Kilometer. Aufgrund des sehr stark ausgeprägten Höhenunterschiedes sind dafür rund 45 Minuten Gehzeit zu veranschlagen. Für den Rückweg kann man einen etwas leichteren, aber weit weniger schönen Forstweg oberhalb der Klamm benutzen, wobei das letzte Stück am Klammausgang wieder mit dem Anstieg identisch ist. Besonders schön sind die Granitblöcke, welche sich häufig über dem Bachbett aufgetürmt haben und stellenweise den Blick auf den Fluss verdecken. Mehrere Holzsteige und Leitern überwinden dabei die schwierigsten Stellen. Besonders der obere, steilere Abschnitt verlangt dem Besucher einiges an Ausdauer ab, doch entschädigen die beeindruckenden Wasserfälle und Kaskaden für die Mühe. Am oberen Ende der Klamm weitet sich die Landschaft zu einem ausgedehnten Forstgebiet. Eine kleine Tafel erinnert an den einst sich dort erstreckenden Ödteich. Dieser wurde im 16. Jahrhundert angelegt und diente als Wasserspeicher für die Holztrift in der Ysperklamm. Diese Art des Holztransports kam um 1929 zum Erliegen; 1956 brach der Damm des Deichs. Er wurde nie wieder aufgebaut, weshalb heute ein von Bäumen und allerlei Wildblumen bewachsener Talboden das einstige Gewässer ersetzt.

(Information: Tourismusverband Ysper-Weitental, Altenmarkt 100, A-3683 Yspertal, Telefon: 07415/676725, Mail: info.yw@wvnet.at, Internet: www.tiscover.at/ysper-weitental)

Sankt Anna im Felde

Freunde alter Kirchenbauten finden bei Pöggstall ein wahres Juwel auf freiem Felde. Der Name dieses alten Mauerwerks lautet nicht umsonst Sankt Anna im Felde und betitelt die ehemalige Pfarrkirche von Pöggstall, die jedoch schon 1810 zugunsten der Kirche von Schloss Rogendorf das Pfarrkirchenrecht verlor. Anschließende Plünderungen und das Fehlen jeglicher Gegenmaßnahmen ließen die Kirche beinahe verfallen. Dank aufwändiger Restaurierungen und der ab 1972 wiedererteilten Messlizenz gewann das Gotteshaus jedoch viel von seinem alten Glanz zurück. Insbesondere der um 1330 errichtete Chor und diverse Fresken werden Kulturinteressierte für den kleinen Abstecher entlohnen.

Pöggstall – ein Markt, ein Schloss und viele Museen

Es gibt nur wenige Orte in der Größe von Pöggstall, die mit einer derartigen Fülle an Museen und Kulturdenkmälern aufwarten können. Vielleicht liegt es daran, dass in dieser scheinbar gottverlassenen und weitab von den Zentren dieses Landes liegenden Gegend die Menschen schon immer auf die Kultur ihren Wert gelegt haben – eine Tatsache die sich unter anderem auch in sehenswerten Schlössern und Kirchen offenbart. Zentrum des Marktes ist unzweifelhaft das Schloss Rogendorf in Pöggstall, dessen Gebäude für sich schon einen Abstecher wert sind. Man sollte sich daher zumindest einige Stunden Zeit nehmen, um die Gemäuer von Schloss Rogendorf zu durchstreifen und die Museen der Marktgemeinde zu besuchen. Wer sich für Bienen interessiert, wird am Imkerei-Museum des Imkervereines nicht vorbei gehen. Die kleine aber feine Ausstellung zeigt in vier Räumen das Imker-Gewerbe einst und jetzt in all seinen Facetten. Besonders für Kinder interessant ist das Märchenmuseum, welches immerhin aus 10 Räumlichkeiten besteht und wo beginnend von historischen Kasperltheatern über alte Puppen aus aller Herren Länder bis hin zu einer Teddybärenmacherschule alles vertreten ist, was Kinderherzen höher schlagen lässt. Weniger kinderfreundlich und richtig schaurig wird es anschließend im Heimatmuseum von Pöggstall mit der angeschlossenen, vollständig eingerichteten Folterkammer. Neben den im Bergfried ausgestellten Folterwerkzeugen bilden historische Gegebenheiten sowie die Wirtschaft von Pöggstall einen Schwerpunkt der heimatkundlichen Sammlung. Nicht im Hauptgebäude des Schlosses, sondern im besonders eindrucksvollen, zwischen 1530 und 1540 errichteten Rondell, befindet sich das Museum für Rechtsgeschichte. Das

Rondell stellt eine einzigartige Besonderheit des Schlossbaues im Waldviertel dar. Es handelt sich um ein kreisrundes Vorwerk des Schlosses mit Sgraffiti und Schießscharten. Der Durchmesser dieses wehrhaften Bauwerks beträgt immerhin 50 Meter. Das etwas makabre, aber durchaus beachtenswerte Museum für Rechtsgeschichte im Rondell hat sich als Schwerpunkt ausgerechnet die historischen Todesstrafen gewählt. Verlässt man das Museum, weiß man wie weit fortgeschritten das heutige Rechtssystem im Vergleich zur historischen Gesetzgebung ist und das vermittelt immerhin ein gutes Gefühl. Abschließend kann man sich noch den schönen Künsten widmen. Eine Ausstellung (die Traunfellner-Dokumentation) zeigt das Leben und Wirken des einheimischen Künstlers Prof. Franz Traunfellner.

(geöffnet: Imkereimuseum: tägl. 9-17 Uhr, Märchenmuseum: April bis Oktober, Dienstag bis Sonntag 9-17 Uhr, Museum für Rechtsgeschichte u. Heimatmuseum: April bis Oktober, Dienstag bis Sonntag 9-17 Uhr, Juli und August Donnerstag 9-19 Uhr, Information: Schloss Rogendorf, A-3650 Pöggstall, Telefon: Imkereimuseum 0664/1618944, Märchenmuseum 02758/2387, Heimatmuseum und Folterkammer 02758/2349, Museum für Rechtsgeschichte 02758/3310, Internet: www.poeggstall.at)

Der Große Peilstein – Hausberg des südlichen Waldviertels

Hochgebirge existieren im Waldviertel bekanntlich keine, doch dem Himmel nahe kommen kann man auch in tausend Meter Höhe – so zum Beispiel am Gipfel des Großen Peilsteins (1.061 m), dem höchsten Punkt des Ostrongs. Dieser bewaldete Höhenzug teilt das Yspertal von der östlich anschließenden Hochebene und dient Einheimischen und Gästen als ideales Naherholungsziel. Der Große Peilstein selbst zählt zu den höchsten Erhebungen nördlich der Donau in Niederösterreich und kann auch von Familien problemlos „bestiegen" werden. Besonders lohnt sich eine Wanderung entlang des Höhenkamms zwischen Kaiserstein und Peilstein sowie der Abstieg über den Kleinen Peilstein in Richtung Laimbach.

***Ysperklamm** Patrik Hierner*

Naturpark Jauerling-Wachau
Gut am Steg
Elferkogel
Teufelsma
Odreut
Koppensteiner
395
Zwölferkogel
Hirschenkogel
656
Dürrta
827
Thurnleiten
740
Dürreck
947
Marbach
Heuweg
545
Hausberg
Schweineck
Platzl
Kremser H.
Süßreut
605
Theresien H.
907
Erlreut
Schwallenbach
(212)
Jauerling
Naturpark-Ghf.
960
767
Benking
Schwallenbach
Oberndorf
Mitterndorf
Im Sommerl
Jauerling-warte
960
870
Grub
Burgstock
Ghf. Bergfried
791
Grubkogel
Jh.
843
Jauerling Gipfelh.
Breitleiten
gelb
Atmanns B.
Im Anger
753
Wiesmannsreith
625
Jh. Dianahütte
Nußberg
Jh.
755
Steinzeit-museum
Willendorfer B.
gelb
Wiesenbach
764
Jh.
Gießhübl
1 gelb
1 gelb
Weißenstein
Jh. Hubertushütte
Willendorf
- in der Wachau
Klaftergraben
Birleiten
655
Jh.
Haberg
2
2b
Frauenbründl
Hinterberg
Groisbac
Jh.
gelb
1
gelb
(217)
855
Katzental
Stickelberg
Köfering
Thalham
Weinberg
690
Rosenmühle
332
545
2 Groisbach
Zeißing
Buchberg
Maria Laach
- am Jauerling
Grubmühle
618
2
Einödbach
604
1
Schleinkhof
Eichberg
495
gelb
Friedersdorf
591
Kalkberg
Neustift
Märchenwald
Jh.
2
545
Klafter B.
Litzendorf
Hof
Hubhof
1
3b
2
Bh
Wh.
507
Bartmühle
Aggsbach
-Markt
3
Seeb
611
gelb
Buchbachhof
Schlaubing
(214)
Kalkofen
Baumgart-mühle
1 gelb
Schildgraben
3a
3
Edelberg
513
313
Krumme Hand
Endlingbach
Zintring
gelb
gelb
1
Glatzberg
482
498
1
Ghf. Merkl
488
Jh.
Bernreut
Hart
gelb
Stegmaier
gelb
Grubwiesen
Haintal
Bürstling B.
Donauleiten
14
213
Grimsing B.
Kienberg
414
Breier Kg.
Stein Gr.
Moosberg
Bürstling B.
Blashaus G
Im Wört
Weißenstein
gelb
Bründl Gr.
13
Moosing
Grimsing
Hoh
Kreuzanger
Burgkirche
Gossam
Hst.
Am Hohen Stein
Käfermühle
Arnt
240
228
Serviten Kls.

Blatt 13
Oberarnsdorf
210
Parapluiberg
Felberleiten
663
Hoher Stein
725
Mühlberg
Buchental
Rote Wand
592
Hochreut
Friedrichfelsen
Ernsthof
Trauntal
Kreuzleiten
Kreuzberg
Jh.
597
Schenkenbrunn
Kreuzberghof
Dürren B.
553
Schwarzleiten
Plaimberg
Goldreut
604
St. Johann im Mauerthale
Mauertal
Poppenberg
653
Kastlkreuz
652
Nesselstauden
518
Steinkreis
Geyersberg
615
Tischwand
Brunnkogel
Schneiderkogel
605
Maria Langegg
gelb
Dunkelsteinerwald-Rundwanderweg
Oberhof (verf.)
Leingraben
Gerichtsgraben
494
Prinz-Schönburg-Felsen
Ks.
Ob. Kreuzberg
Scheiblwies
Langegger Gr.
Bartwiese
Langegger Berg
466
Wh.
501
Aggsteingraben
R. Aggstein
Traun
578
Herrenwald
Aggsbach
197
Knieriegel
Ob. Gans B.
Gansbach
(479)
Unt. Gans B.
Langegger B.
Aggstein
Pestkreuz
266
Eiserne Hand
Tiefenbach
Langwiesen
Polakenkopf
585
Hartl
Grabenhof
Ottenhof
Aggsbach-Dorf
Ghf. Kartause
ehem. Kartause Aggsbach
Bärenköpfl
Aichberg
Pinnenhöfen
Schafflerhof
233
Mitterbach
506
Schl. Gurhof
Gelbrücken
Rotes Krz.
Hohe Sill
Reutl
Mayerhöfen
Bittersbach
Weißes-Kreuz
Altwies
Oed
Gschwend
Herrenwald
567
529
Atletzhof
Kicking
Kickinger B.
Brückl Gr.
Hoher Stein
Daxberg
Grubhof
Klausberg
571
Windhof
Tirtzhof
Oed Gr.
Steinhof
448
Besen B.
R. Wolfstein
326
Dürn B.
530
Dürnbach
Wolfstein
Siedelgraben
Krapfenberg
Binderberg
378
427
Schweiglbichl
Kochholz
369
Dürnberg
Raintal
Im Liagl
540
350
520
Buchberg
Holl B.
Hohenwarter Höhe
In der Buch'n
Ohnreith

AGGSBACH · DUNKELSTEINERWALD

Ruine Aggstein

Als eine der größten Burganlagen Niederösterreichs thront die Ruine Aggstein als ein markantes Wahrzeichen der Wachau auf einem Bergkamm am rechten Donauufer. Zwei massive Felsköpfe im Westen und Osten des Kammes prädestinierten den Ort für die Errichtung einer Burg, die neben ihrer starken Wehrhaftigkeit auch noch einen weiten Ausblick über die Donau bis zum Ausgang der Wachau bot und damit eine Kontrolle des Schiffverkehrs erlaubte. Die älteste Anlage dürfte um 1100 erbaut worden sein. Ab 1231 gelangte Aggstein immer wieder in den Besitz der berühmten Waldviertler Familien der Kuenringer und Maissauer. Mit dem Sturz der Maissauer 1429 kam die halb verfallene Burg in den Besitz von Georg Scheck von Stein. Scheck von Stein gilt als gewalttätiger Zeitgenosse, der tief in die inneren politischen Wirren verstrickt war. Auf ihn geht im Wesentlichen der heute noch erhaltene Gebäudekomplex zurück. Der wichtigste Besitzerwechsel der darauffolgenden Zeit geschah im Jahr 1685, als die Grafen Starhemberg Aggstein erwarben und mit ihrem Besitz Schönbühel wiedervereinten. Ab diesem Zeitpunkt setzte der Verfall der Burg ein. Diesem Verfall zum Trotz lässt sich heute noch der Aufbau der Anlage in eine Vor-, Mittel-, und Hochburg klar erkennen. Die Vorburg umfasste den Zwinger sowie das Burgverlies, ein vier Meter tiefes Loch ohne jegliche Lichtquelle. An der Mauer zur Mittelburg findet sich über dem Portal das Wappen Georg Schecks von Wald mit der Jahreszahl 1429. Die Mittelburg wird dominiert von dem mächtigen Felskopf im Osten, dessen natürliche Plattform ausschließlich über Holzleitern erreichbar war. Darunter ziehen sich entlang der Südmauer die Kanzleibauten, die jedoch erst im 17. Jahrhundert entstanden. Die Nordmauer des Innenhofes geht in den Küchenturm über, der mit seinem markanten, pyramidenförmigen Dach leicht erkennbar ist. Die Hochburg schließlich diente im Mittelalter als Wohnsitz der Burgherren, doch mit Erfindung der Feuerwaffen wurden die Wohntrakte weiter ins Burginnere verlegt. Direkt über der Westmauer der Mittelburg erhebt sich die Burgkapelle, eine kleine zweijochige, wahrscheinlich kreuzrippengewölbte Anlage mit 5/8-Chor, von der sich lediglich die Grundmauern erhalten haben. Am Ende der Hochburg befindet sich der als „Rosengärtlein" bekannte, legen-

***Ruine Aggstein** ÖW/Bohnacker*

denumrankte Balkon. Ob der vier Meter breite und zehn Meter lange Felsvorsprung tatsächlich dafür diente, Gefangene auszusperren, ist unklar. Wenn, dann dürfte ihre „Aussicht“ zwar unvergleichlich besser gewesen sein, als jene der Insassen des Burgverlieses, ihre „Aussichten“ jedoch weniger rosig. Der oben erwähnte Scheck stellte die Gefangenen vor die Wahl, entweder zu verhungern, oder von dem Fels zu springen.
(Information: Schlossgut Schönbühel-Aggstein AG, Aggstein 14, A-3642 Aggsbach-Dorf, Telefon: 02753/8281)

Ehemalige Kartause Aggsbach

Die um 1380 begonnene und 1392 geweihte Aggsbacher Kartause stellt neben den Kartausen Gaming und Mauerbach die jüngste ihrer Art dar. Als Gründer der Kartause „Marienpforte“ sind Landmarschall Heidenreich von Maissau und dessen Gattin Anna, die letzte der Dürnsteiner Kuenringer, bekannt. Heidenreich hatte zuvor die benachbarte Burg Aggstein vom bayrischen Herzog als Lehen erhalten, da die männliche Linie der Kuenringer 1355 ausstarb. Als streng kontemplativer Orden hatten es die Kartäuser vor allem unter dem aufgeklärten Absolutismus und der Klosterreform Josephs II nicht leicht. Nahezu die gesamte Klosteranlage wurde geschliffen, überlebt haben lediglich die Kirche, der Nordflügel des Kreuzgangs, sowie ein südlich an den Kirchenchor grenzender Trakt, der Sakristei, Johanniskapelle, Bibliothek und Kapitelsaal beherbergte. Die Zusammenfassung dieser doch recht unterschiedlichen Räumlichkeiten ist ein Spezifikum der Kartäuserarchitektur. Die Kirche in Aggsbach ist gerade deswegen von großem Interesse, da sie im Unterschied zur Gaminger Kirche nicht barockisiert wurde (die meisten Kartäuserkirchen wurden im späten 18. Jahrhundert zu Pfarrkirchen umgewidmet) und ihr ursprüngliches Erscheinungsbild erhalten hat. Auffällig ist das enge Langhaus ohne Seitenschiffe. Entgegen aller Erwartungen, die man an die lichtdurchfluteten gotischen Hallenkirchen stellen könnte, erscheinen die Wand der Kirche überaus massiv, die Fenster wie eingeschnitten und der Gesamteindruck der Kirche somit eher düster. Lediglich im Chor wird dieser Eindruck ein wenig gedämpft. Der um 1501 entstandene Aggsbacher Altar, ein hervorragendes Stück spätgotischer Tafelmalerei von Jörg Breu d. Ä., befindet sich nun im Stiftsmuseum Herzogenburg.

Steinzeitmuseum Willendorf

In der Lößterrasse bei Willendorf konnten sich unzählige steinzeitliche Fundstücke bis in die heutige Zeit herauf erhalten und so zum Weltruf des kleinen Wachauer Örtchens beitragen. Insbesondere die sogenannte „Venus von Willendorf“, ein in Kalkstein geformtes weibliches Fruchtbarkeitssymbol, ist weit über die Grenzen Österreichs hinaus bekannt. Sie wurde im Jahre 1908 entdeckt; etwa 28.000 Jahre nach ihrer Herstellung! 1926 wurde dann eine zweite sogenannte Statuette aus Mammutstoßzahn in unmittelbarer Nähe aufgefunden. Die beiden wertvollen Fundstücke werden heute im Naturhistorischen Museum in Wien aufbewahrt. Dennoch kommen Geschichtsinteressierte nicht ganz umsonst nach Willendorf. Neben der mit einer großen Plastik (vergrößerter Nachbau der Venus) markierten Fundstelle lohnt das kleine Steinzeitmuseum einen Besuch.
(geöffnet: Mai bis Oktober, Samstag 14-15 Uhr, Sonn- und Feiertage 10-11.30 und 14-15.30 Uhr, Information: Museumsverein Willendorf, Willendorf i. d. Wachau, A-3641 Aggsbach-Markt, Telefon: 02712/214)

Naturpark Jauerling

Der Naturpark Jauerling erstreckt sich westlich der Wachau im Gebiet des rund 1.000 Meter hohen Gebirgsstocks des Jauerling. Dieser Berg ist vor allem durch den hohen Fernsehmast, der sich am Gipfel befindet, weithin bekannt. Doch neben diesem technischen Bauwerk sollten gerade die Natur und ihre Besonderheiten als Hauptanziehungspunkt für Touristen dienen. Aus diesem Grund bemühte man sich bald um die Einrichtung eines Naturparks, der heute immerhin rund 115 Quadratkilometer umfasst und bunte Blumenwiesen mit zahlreichen floristischen Raritäten und vielfältige Waldgebiete beherbergt. Von der Terrasse des Hans Pichler Hauses bietet sich überdies ein beeindruckender Tiefblick ins Herz der Wachau. Dort kann man außerdem ein Kräutermuseum besichtigen und sich in der angeschlossenen Imbissstube stärken.
(Information: Marktgemeinde Maria Laach, Maria Laach 50, A-3543 Maria Laach, Telefon: 02712/8222, Internet: www.naturparke.at)

Weghof
Mühlberg
Brandstetten
Urthaleramt
Wim
Oberbichl
Wh. Resitant
Unterbichl
Arthof
Schaufelboden
Lembach
Burgern
585
Ameishaufen
Glatzhof
529
538
Klaus
Sulzwa
Fünflingeramt
Schmieding
Holzhäusl
608
677
Rotes Krz.
Hänhäusl
727
Galleck
Burgstaller
586
Fünfling
Oberfell
Ober-Pemperreith
Unter-
Wischpichl
Erla
Grub
488
Ghf.
Unterfell
332
Artneramt
Rote Säge
Gr. Ysper
Kreuzweg
681
Pritzhäuser
Oberer-Gsoll
Donauhöhen-Rundwanderweg
Fh.
Kleehof
551
504
Unterer
Wimmergrund
Bruckleiten
Hamet
Weinser Rundwanderweg
Kl. Ysper
Ghf. Gleisen
292
Dicke B.
631
Klein-Brand
Obertiefenbach
Graslhof
Feldmüllers
Niederndorf
Groß-
Hofamt-Priel
Auf der Eben
Geißbruck
Tiefen B.
Jausenstat.
Klein
Untertiefenbach
Viehtrift
445
494
Großhaslach
455
Im Brand
Fohren B.
Gr. Ysper
Wh.
378
Rottenberg
Am Reitern
Norreith
Am Gartn
Isperdorf
240
Bildfichte
Burgstall
Weinser Mühlberg
453
Knogl
Fürho
Weins
Bhf. Weins-Isperdorf
DONAU
Priel
Lanhof
Donaudorf
227
Krw. Ybbs-Persenbeug
Einsiedelei
237
208
Teuch
Marienhöhe
Schl.
Donauleiten
NÖLRWW
Donauhöhen-Rundwanderweg
Y1
299
Reitern
Scharlreit
429
Grub
Nöfang
Roßberg
287
Theinstetten
Ybbs a.d. Donau
Windhof
Reitering
Grillenbach
350
Rotes Krz.
303
Hagen
Berging
Griesheimer B.
326
235

Blatt 14
Gmoa
Bischofstein
Weißen B.
Am Sattel
Kollnitz
Neuwaldhäusl
773
654
645
Beinlochwiesen
Edelsreith
630
591
Radwanderweg Waldviertelweg
Grub
587
Obersteinbach
567
Rundwanderweg
Ma. Taferl
Pargatstetten
Gehartau
Steinernes Krz.
704
639
Im Aschern
Reitern
461
Hilmanger
Obererla
Am Briefling
Kienberg
Wolfseck
Rundwanderweg Ma. Taferl
673
Langenloh
Angerwiese
Untererla
514
Hirschensprung
Maria Taferl
(443)
Steinb. Klamm
Schaufel
Wallfahrtsbasilika
Toberl
Winklermühle
Teufelsmutter
Zinn
330
Hinterbrühl
Auratsberg
Friesenegg
482
509
Steinbach
Marbach a.d. Donau
Bad
Großer-
Kraking
Autenberg
Kleiner-
509
-Mühlberg
Bhf. Marbach
Teufels Kreuzweg
Teufels Gr.
Sagenweg
Tümlingleiten
366
Bauernfeld
Segel- u. Yachthafen
Granz
Lojawald
Donauleiten
Krummnußbaum
(219)
Bhf.
Eichberg
483
Infang
Galgenleiten
Wallenbach
220
Annastift
Schl.
Loja
Diedersdorf
218
223
268
Neustift
309
Rottenhof
Rosenbichl
Maria Steinbründl
Persenbeuger Rundwanderweg
Kalz
Wallen B.
Metzling
Sittenbergtunnel
Holzian
Forsthub
gelb
Rehberg
Hst.
Säusenstein
Kirchenfeld
343
Holzern
Gottsdorf
253
Obergraben
Oedhof
Schacherfeld
224
Kleinhäusler Gr.
Schacherhof
Sittenberg
Untergraben
Mitterberg
315
325
Höhlberg
Säusensteiner B.
Holzleithen
Wolfring
Auf der Scheibe
Eichberg
Ratzenberg
Maierhofen
224
222
Aigen
303
Hagsdorf
Persenbeuger Rundwanderweg
Reist
Wolfsgrub
Mitterndorf
245
Reister B.
Henning
Veitsberg
250
Untereichen
306
Ybbs
Unterhaus
Sarling
277
Obereichen
Kolm

YBBS · MARIA TAFERL

Die Ybbser Altstadt

Bereits in römischer Zeit befand sich in der Gegend um Ybbs einer der wichtigsten Umschlagplätze für den Donauhandel. Vom einstigen Römerort konnten jedoch noch keine Spuren gefunden werden. Dennoch weist der, richtigerweise „Ips" und nicht wie oft fälschlich getan „Üps" ausgesprochene, Ort mit dem seltsamen Namen eine reiche Geschichte auf. Die erste urkundliche Erwähnung erfolgte lange, bevor überhaupt der Name „Österreich" erwähnt wurde – im Jahr 863. Seit 1073 war auch von einer Burg die Rede. Nach Ernennung zur Stadt 1308, traten die Waldwirtschaft, die Fischerei, allen voran aber die schon seit alters her bestehende Donauschifffahrt in den Vordergrund. Von der ringförmigen Stadtmauer sind heute noch Fragmente sowie beinahe der gesamte Stadtgraben erhalten. In der vor kurzer Zeit perfekt renovierten Altstadt selbst finden sich einige alte Bürgerhäuser, deren Kern aus der Bausubstanz des 14. Jahrhunderts besteht. Hauptplatz Nr. 24 etwa stellt ein schönes Beispiel eines spätgotischen Bürgerhauses mit Erker aus der Zeit um 1500 dar. Die dem Heiligen Lorenz geweihte Pfarrkirche entstand um 1490 (Langhaus), der Chor kam erst später (um 1512) hinzu. Der gestaffelte Innenraum verfügt über ein Netzrippengewölbe, der etwas erhöhte Chorbereich über ein Sterngewölbe. Vor allem in den Gewölben dürfte wohl der Einfluss der Wiener Dombauhütte zu sehen sein, deren Dombaumeister Laurenz Spenning an der Ybbser Kirche mitwirkte. An den Schnittstellen der Rippen sind Wappen der Landesherren und der Stifterfamilien angebracht. Für ihre Größe besitzt die Kirche eine reiche Einrichtung. Neben dem Hochaltar befinden sich links der Sebastianaltar, rechts der Josefsaltar. Das Orgelgehäuse ziert eine ganz besondere Darstellung der „Maria auf der Mondsichel" (um 1720), bei der es sich um eine Kopie eines gotischen Tafelbildes handeln dürfte. Zwischen Kirchengasse und Donau fällt ein großes Gebäude mit Erkern an allen vier Ecken ins Auge: Es handelt sich um das Salzamt, das im Mittelalter den Salzhandel auf der Donau kontrollierte und Zölle einhob. Schräg gegenüber der Pfarrkirche befindet sich das Rathaus mit seinem hoch aufragenden Eckturm. Seine klassizistische Fassade von 1868 täuscht über seinen mittelalterlichen Kern aus dem 14. und 15. Jahrhundert hinweg. Das Schiffmeisterhaus erinnert nochmals an die Bedeutung der Donauschifffahrt für die Stadt; dieses birgt Architekturdetails und Erker aus der Renaissance. Das älteste erhaltene Gebäude der Altstadt ist der an der Donaulände befindliche „Passauer Kasten", ein ehemaliger Palas aus dem 13. Jahrhundert. Wie sehr Donauhochwässer (zuletzt im August 2002) der Altstadt zugesetzt haben, kann man unweit des Passauer Kastens mittels einer an der Donaulände angebrachten Messlatte nachvollziehen. Die höchsten Hochwassermarken liegen hier immerhin in Höhe der oberen Gebäudestockwerke!

(Information: Kulturamt der Stadtgemeinde Ybbs a. d. Donau, Rathaus, A-3370 Ybbs a. d. Donau, Telefon: 07412/52612-121)

Fahrradmuseum Ybbs a. d. Donau

Im Ybbser Fahrradmuseum kommen tretfreudige Besucher voll auf ihre Kosten: 70 ausgesuchte Drahtesel aus knapp zwei Jahrhunderten erzählen ihre Geschichte und die Geschichte der Entwicklung des Fahrrads vom günstigen Fortbewegungsmittel zum hochwertigen Sportgerät. Viele der Exponate stammen aus der Schatzkiste des Sammlers Josef Preuner, der offensichtlich ein besonderes Interesse an den Erzeugnissen der Firma Steyr hatte: 13 Räder von 1897 bis 1971 lassen die Konstruktionsentwicklung nachvollziehen. Daneben werden Räder aus Frankreich, Deutschland, England, Tschechien und den USA gezeigt. Untergebracht ist das sehenswerte Museum im Alten Pfarrhof, der wie so viele alte Ybbser Bürgerhäuser mustergültig renoviert wurde.

(Information: Fahrradmuseum Ybbs, Alter Pfarrhof, Herrengasse 12, A-3370 Ybbs a. d. Donau, Telefon: Kulturamt der Stadtgemeinde 07412/52612-121)

Wallfahrtsbasilika Maria Taferl

Die kleine Gemeinde Maria Taferl im Nibelungengau ist der Landeswallfahrtsort Niederösterreichs. Seinen Anfang nahm das Pilgertum der Legende nach im Jahre 1633 als sich bei einer Kreuzeiche eine Wunderheilung ereignete. Das Wunder wiederholte

Ortsansicht Maria Taferl Patrik Hierner

sich 1642, worauf ein gewisser Alexander Schinagel eine geschnitzte Pietá in den Baum einsetzen ließ. 1659 wurde an dieser Stelle eine Kapelle errichtet. Die Wallfahrtskirche ist den „7 Schmerzen Marias“ gewidmet und entstand um 1660 nach dem Modell eines unbekannten Baumeisters. Carlo Lurago und Jakob Prandtauer vollendeten den Bau 1711, wobei letzterer die von außen nicht sichtbare Kuppel entwarf. Die Kirche erstreckt sich nicht wie üblich von West nach Ost, sondern entlang einer Nord-Süd-Achse. Die südliche Hauptfassade wird von zwei zurückspringenden Türmen (1690-er Jahre) flankiert. Vor der Nordseite der Kirche befindet sich das so genannte „Bründl“ mit einer Marmorstatue Johann Georg Loys (1710). Bei dem „Taferlstein“ an der Ostseite des Platzes handelt es sich wohl um einen keltischen Opferstein, der bis 1744 vor dem Gnadenaltar im Kircheninneren stand. Die Wandmalereien im Langhaus und Chorbereich ersetzten ab 1713 die ursprüngliche Stuckausstattung. Dargestellt sind der „Sieg des Heiligen Kreuzes“ (im Chorbereich), Mariä Himmelfahrt (in der Kuppel) und Szenen aus dem Marienleben (Kuppel und Langhaus). Unterhalb der Empore ist die Gnadenlegende Maria Taferls abgebildet: die Verletzung beim Fällen der wundertätigen Eiche, eine Engelsprozession und das Einsetzen des Gnadenbildes in den Baum. Neben dem Gnadenaltar befinden sich im Querhaus Seitenaltäre mit Altarbildern Martin Johann („Kremser“) Schmidt und Figuren von J.G. Dorfmeister. Sehenswert ist auch das barocke Kaiserzimmer im angrenzenden Pfarrhof.

Markt und Schloss Persenbeug

Gegenüber von Ybbs liegt der durch das Donaukraftwerk eng mit der Stadt verbundene Markt Persenbeug. In dessen Ortskern haben sich einige sehr interessante Häuser aus der Zeit der berühmten „Schiffsmeister“ erhalten. Diese waren für den reibungslosen Schiffsverkehr auf der Donau verantwortlich und gelangten so zu Reichtum und Ansehen. Besonders das sgraffitoverzierte „Kleine Schiffmeisterhaus“ in der Schlossstraße verdient Beachtung. Gleich anschließend befindet sich im Westen des Ortes auf einem hohen Felsen über der Donau ein weithin bekanntes Renaissanceschloss. Auf dem Felsen befand sich bereits im 10. Jahrhundert eine befestigte Anlage, die wahrscheinlich der Abwehr der Magyaren diente. 1800 erwarb Kaiser Franz II das umgebaute Schloss, welches noch heute im Besitz der Familie Habsburg-Lothringen steht und einem Zweig der Familie als Wohnort dient. Das Schloss – übrigens Geburtsstätte des letzten Kaisers von Österreich – kann daher normalerweise nur von außen besichtigt werden.

(Information: Gemeindeamt Persenbeug-Gottsdorf, Rathausplatz 1, A-3680 Persenbeug-Gottsdorf, Telefon: 07412/52206, Mail: gde.persenbeug@wvnet.at, Internet: www.tiscover.at/persenbeug-gottsdorf)

565
Fritzelsdorf
Mühl B.
Pöbring
(369)
Alte Steinbr.
(Römerbr.)
Aichau
(396)
Eisschweif
AP 1/1
22
gelb
Krolental B.
Ghf. Hirsch
402
Nussen B.
Hart
377
Bründles
gelb
11
513
Eichberg
413
422
Payerstellen
Hocheck
Reutholz
Le
Trennegg
Hasling
372
22
Franz-Ferdinand-
Museum
Schl.
Artstetten
(395)
Im Buckelreut
Losau
22
Hausäcker
320
Neuweinzi
11
Bad
22
Ziegelstadt
Wiesenhäusl
Erlanghofholz
Unterbierbaum
Reuter Feld
Grillenberg
Langäcker
293
324
Mampasberg
Ka
Kundles
318
Raspenholz
10
Thalheim B.
Im Graben
Lehen
Mühl B.
Grub
Rindfleisch B.
252
Heideck
Ziegelbach Gr.
Tonberg
388
Hst.
Ebersdorf
10
Kloster B.
355
Grammern
Klein Pöchlarn
(223)
Rotenberg
10
Bhf.
Aufel
(2001)
212
Mitterau
Kläranlage
Wörth
213
216
Am Rechen
Sp. Pl.
Oskar-Kokoschka
Museum
Aufeld
Neufang
Bad
215
Kirchbühel
256
Im
Brunn
a.d. Erlauf
Pöchlarn
Kogel
304
Bocks Gr.
Ornding
(215)
Erb.
Kellerhäuser
Neupöchlarn
Grießgrub
Am Geißmühlweg
Gwan
Wagram
Hühnerberg
Mitterberg
Hart
307
PÖCHLARN
RW03
256
Ortholz
Weingarten
RW03
Steinberg
Osterberg
297
325
Hochstraß
Alben
252
Zelking
Harlanden
Röhrapoint
316
238
345
Einsiedl
Quarzwerk
Gassen
68
Hofholz
Knocking
Eichberg
Hochbauer
Rampersdorf
309
Wolfersdorf
319
387
Eichberg
256
Hochgreding
Weingarthof
Gredinghof
Mannersdorf

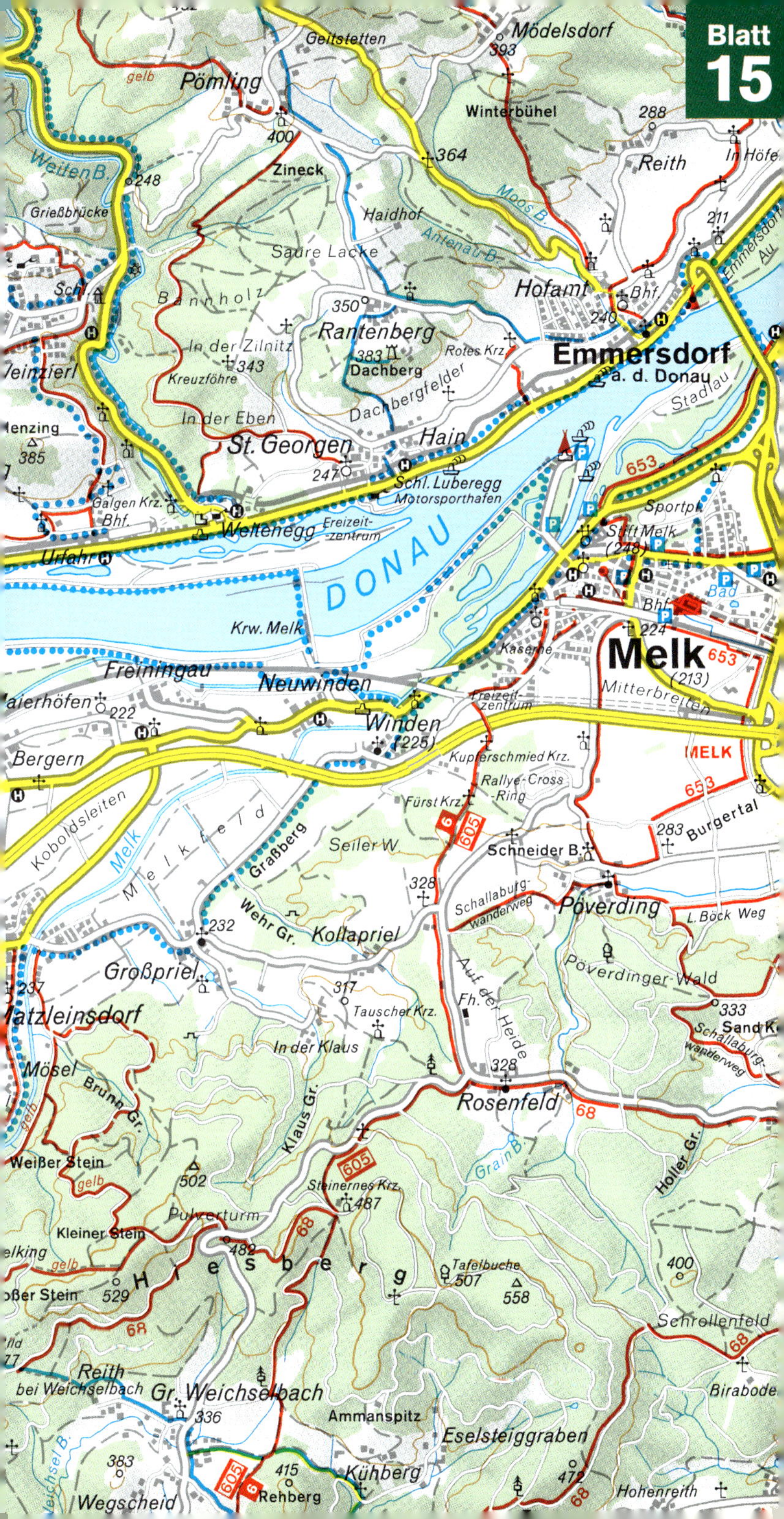

Blatt 15
Geitstetten
Mödelsdorf
393
Pömling
gelb
400
Winterbühel
288
364
Reith
In Höfen
Weiten B.
248
Zineck
Grießbrücke
Haidhof
Moos B.
Antenau B.
211
Saure Lacke
Bannholz
Hofamt
Bhf.
350
Rantenberg
240
In der Zilnitz
383
Dachberg
Rotes Krz.
Emmersdorf
a. d. Donau
Weinzierl
343
Kreuzföhre
Dachbergfelder
Stadlau
Emmersdorfer Au
Henzing
385
In der Eben
St. Georgen
Hain
653
247
Schl. Luberegg
Motorsporthafen
Galgen Krz.
Bhf.
Weitenegg
Freizeit-zentrum
Sportpl.
Stift Melk
(248)
Urfahr
DONAU
Bad
Bhf.
224
Krw. Melk
Kaserne
Melk
653
(213)
Freiningau
Neuwinden
Mitterbreiten
Maierhöfen
222
Winden
(225)
Freizeit-zentrum
Kupferschmied Krz.
MELK
Bergern
Rallye-Cross-Ring
653
Fürst Krz.
6
605
283
Burgertal
Koboldsleiten
Melk
Melkfeld
Seiler W.
Schneider B.
Graßberg
328
Schallaburg-wanderweg
Pöverding
L. Böck Weg
Wehr Gr.
Kollapriel
232
Pöverdinger Wald
Großpriel
237
317
Tauscher Krz.
Fh.
Auf der Heide
333
Matzleinsdorf
Sand K
Schallaburg-wanderweg
In der Klaus
Mösel
Brunn Gr.
328
Rosenfeld
68
gelb
Klaus Gr.
Grain B.
Holler Gr.
Weißer Stein
502
605
Steinernes Krz.
487
gelb
Pulverturm
68
Kleiner Stein
482
Hiesberg
Tafelbuche
507
400
gelb
Großer Stein
529
558
68
Schrollenfeld
68
Reith
bei Weichselbach
Gr. Weichselbach
Birabode
336
Ammanspitz
Eselsteiggraben
Weichsel B.
383
415
Kühberg
472
605
6
Wegscheid
Rehberg
68
Hohenreith

MELK · PÖCHLARN

Stift Melk

Wie eine Götterburg thront das über die Landesgrenzen hinweg bekannte, monumentale Stift Melk über der kleinen Bezirkshauptstadt am Eingang zur ebenso weltberühmten Wachau. Doch nicht nur aus der Ferne, sondern gerade bei näherer Betrachtung offenbart Stift Melk seine Stellung inmitten der großartigsten europäischen Klöster, was deren Schönheit und Reichtum an Kunstwerken anbelangt. An erster Stelle ist hier die Stiftskirche von Jakob Prandtauer zu nennen, deren barocke Pracht jeden Besucher in ihren Bann zu ziehen vermag. Größtes Interesse rufen dabei der Hochaltar mit den Figuren der Apostel Petrus und Paulus im Zentrum sowie die Fresken von J. M. Rottmayr hervor. Eine Aufzählung aller Kunstwerke im Inneren des Gotteshaus würde den Rahmen dieses Ausflugsatlasses sprengen; wer sich eingehender damit auseinander setzen möchte, sollte unbedingt eine Führung durch Kirche und Stift mitmachen. Dabei stehen der Besuch des großen Prälatenhofes, des Kaisertraktes mit der in rosaroten Farbschattierungen erstrahlenden Kaiserstiege, des Marmorsaales mit dem berühmten Deckenfresko von Paul Troger, der Stiftsbibliothek mit, vom selben Künstler geschaffenen, Wandmalereien und der sich direkt auf dem Felsen über der Donau erhebenden Altane auf dem Programm. Normalerweise nur im Rahmen von

Stift Melk *ÖW/Trumler*

Theater- oder Musikveranstaltungen öffentlich zugänglich ist der wunderbare Spielhof mit seiner barocken Gartenanlage und dem dazugehörigen Gartenpavillon. Nach dem Spaziergang durch Stift Melk, für den man sich mindestens zwei Stunden Zeit nehmen sollte, ist noch ein Abstecher in die sich unterhalb des Klosters erstreckende Altstadt von Melk zu empfehlen. Besonders der verkehrsberuhigte Hauptplatz mit seinen schönen Bürgerhäusern lohnt einen Bummel durch das weltliche Zentrum der Stadt.
(Information: Benediktinerstift Melk, Abt-Berthold-Dietmayr-Straße 1, A-3390 Melk, Telefon: 02752/555-225, Internet: www.stiftmelk.at, Mail: kultur.tourismus@stiftmelk.at)

Oskar-Kokoschka-Museum

Das kleine Städtchen Pöchlarn würde wohl eine seiner bescheiden Größe entsprechende unbedeutende Rolle in der allgemeinen Öffentlichkeit spielen, wäre da nicht eine historisch keineswegs gesicherte Rolle des Ortes im weltberühmten Nibelungenlied und die dafür umso mehr den Tatsachen entsprechende Rolle als Heimatstadt des großen österreichischen Malers Oskar Kokoschka. In dessen Geburtshaus (Regensburger Straße 29) wurde ein Museum als Dokumentationszentrum eingerichtet. Dieses präsentiert das Leben und Schaffen des Künstlers. Oskar Kokoschka hat für die Eröffnung des Museums übrigens höchstpersönlich mehrere Lithographien („Bekenntnis zu Hellas") beigesteuert und seiner Heimatstadt geschenkt. Jährlich wechselnde Sonderschauen lohnen einen Besuch des Dokumentationszentrums selbst dann, wenn man bereits einmal eine Besichtigung unternommen hat.
(geöffnet: Mai bis September täglich außer Montag 9-12 und 14-17 Uhr, Information: Oskar Kokoschka-Dokumentation, Regensburger Straße 29, A-3380 Pöchlarn, Telefon: 02757/7656)

Schloss Artstetten

Wer auf der Westautobahn oder mit der Bahn bei Pöchlarn unterwegs ist, wird im Norden ein weiß getünchtes Schloss aus den bewaldeten Hügeln des südlichen Waldviertels hervorlugen sehen. Dabei handelt es sich um das Renaissance-Schloss Artstetten, ein höchst interessantes Bauwerk, dessen Ruhm in erster Linie auf der Rolle als letzte Ruhestätte des österreichischen Thronfolgers Franz Ferdinand und dessen Gattin Sophie von Hohenberg beruht. Der in Sarajevo 1914 ermordete Franz Ferdinand (die Tat war bekanntlich Auslöser des Ersten Weltkrieges) wählte das Schloss als seine Begräbnisstätte, da seiner Gemahlin aufgrund der unstandesgemäßen Familienherkunft eine Bestattung in der Wiener Kaisergruft verwehrt blieb. Das Schloss selbst wurde bereits im späten Mittelalter erwähnt und danach mehrfach umgestaltet. Ende des 17. Jahrhunderts gelangte es zu seiner heutigen vierflügeligen Form. Neben den schönen Gartenanlagen des Schlosses sind heute in seinem Inneren gerade für Monarchie-Nostalgiker sowie alle anderen geschichtsinteressierten Menschen ein Franz-Ferdinand-Museum und jährlich wechselnde Sonderschauen besuchenswert. Die Familiengruft mit den Leichnamen des Thronfolgerpaars befindet sich unterhalb der sehenswerten Schloss- und Pfarrkirche von Artstetten.
(geöffnet: Mitte April bis Ende Oktober täglich 9-17.30 Uhr, im Winter nur für Gruppen u. gegen Voranmeldung, Information: Schloss Artstetten, A-3661 Artstetten, Telefon: 07413/8302; mail: museum@schloss-artstetten.at)

Schloss Leiben und Landtechnik-Museum Leiben

Am Eingang des Weitentales erhebt sich auf einem Felsen das weiß getünchte Schloss Leiben; seit der Revitalisierung einer der Hauptanziehungspunkte der Region. Das Schloss wurde bereits im 12. Jahrhundert urkundlich erwähnt und anschließend mehrfach umgebaut. Kunsthistorisch besonders wertvoll ist die bemalte hölzerne Kassettendecke im Rittersaal aus dem 17. Jahrhundert. Die Einrichtung des vielfach für Volkskunstausstellungen (z.B. jährlicher Ostermarkt) verwendeten Gebäudes ist bemerkenswert und enthielt in den letzten Jahren mit alten Traktoren, Pflügen und sonstigen landwirtschaftlichen Geräten einige interessante „Neuankömmlinge". Diese sind im Landtechnik-, Traktor- und Veteranenmuseum untergebracht.
(geöffnet: April bis November, Sonn- und Feiertage 10-17 Uhr sowie nach Vereinbarung, Information: Landtechnik-Museum Leiben, Schloss Leiben, Leiben 1, A-3652 Leiben, Telefon: 02752/712-97, Mail: oekoregio.schloss.leiben@wvnet.at, Internet: www.schloss-leiben.at)

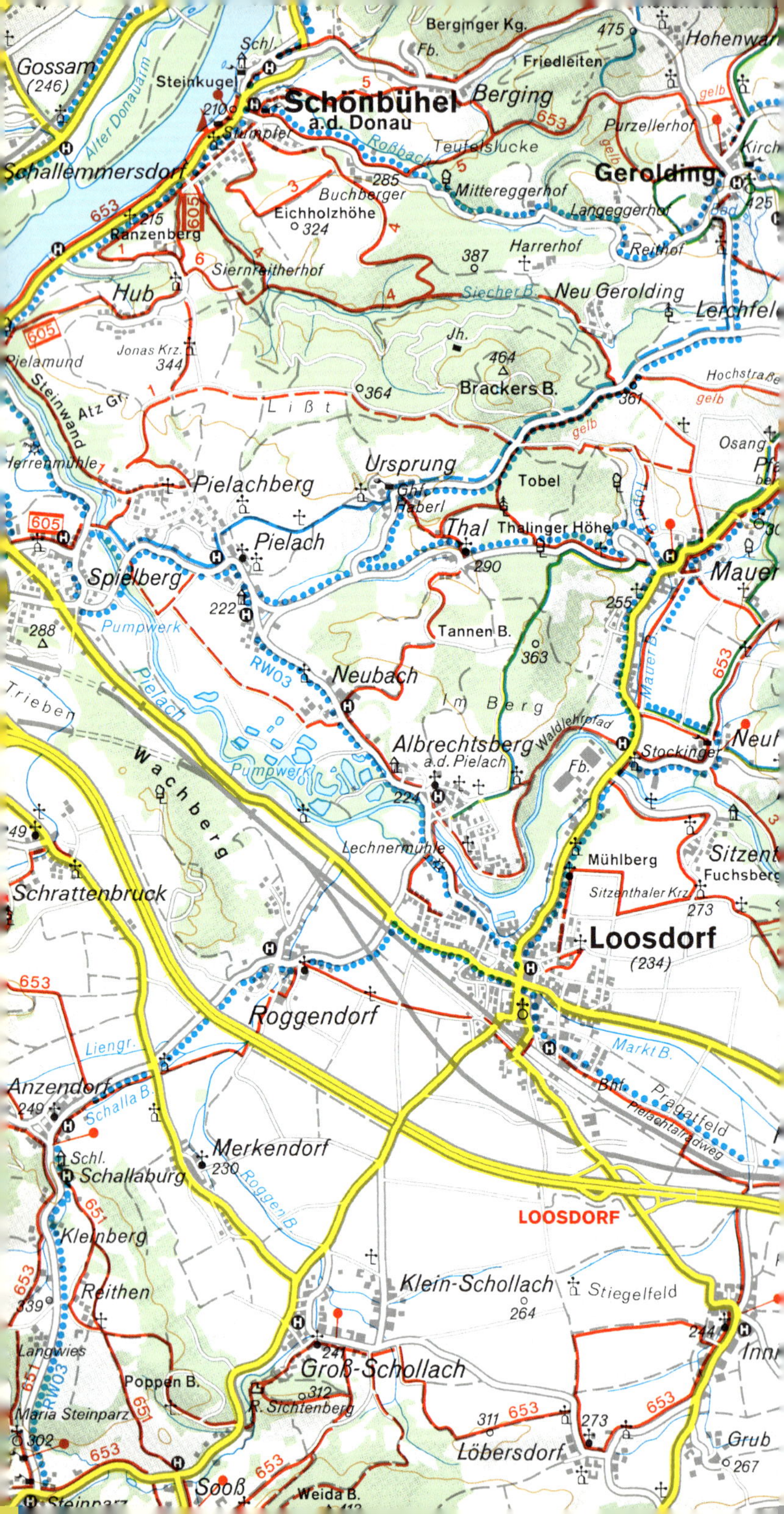

Gossam
(246)
Steinkugel
Schl.
Schönbühel
a.d. Donau
Berginger Kg.
Friedleiten
Hohenwar
Berging
Purzellerhof
Teufelslucke
Roßbach
Gerolding
Alter Donauarm
Schallemmersdorf
Stumpfer
Buchberger
Mittereggerhof
Langeggerhof
Eichholzhöhe
324
Ranzenberg
Harrerhof
Reithof
Hub
Siernreitherhof
Siecher B.
Neu Gerolding
Lerchfeld
Pielamund
Jonas Krz.
344
Jh.
464
Brackers B.
Hochstraße
Steinwand
Atz Gr.
Lißt
364
361
gelb
Osang
Herrenmühle
Pielachberg
Ursprung
Ghf.
Haberl
Tobel
Spielberg
Pielach
Thal
Thalinger Höhe
Mauer
290
255
222
Pumpwerk
288
Tannen B.
363
RW03
Neubach
Mauer B.
Trieben
Pielach
Im Berg
Waldlehrpfad
Albrechtsberg
a.d. Pielach
Stockinger
Wachberg
Pumpwerk
Fb.
224
Lechnermühle
Mühlberg
Sitzenthaler Krz.
Fuchsberg
273
Schrattenbruck
Loosdorf
(234)
Roggendorf
Liengr.
Markt B.
Anzendorf
249
Schalla B.
Bhf.
Pragatfeld
Pielachtalradweg
Schl.
Schallaburg
Merkendorf
230
Roggen B.
LOOSDORF
Kleinberg
Reithen
339
Klein-Schollach
264
Stiegelfeld
244
Langwies
241
Groß-Schollach
Poppen B.
312
R. Sichtenberg
Maria Steinparz
302
311
273
Löbersdorf
Grub
267
Sooß
Weida B.
Steinparz

Blatt 16
Lottersberg
Kalkberg 466
Häusling
In der Höll
Lauterbach
Neuhauserwald
gelb
507
653
Höllwiesenwald
Hohes Krz.
In der Luck'n
625
Dunkelstein
504
619
Wolfsgrube
517
Oeder Leiten
Buchenschachl
Hundsmaiß
Ghf. Zeller
Eckartsberg
381
gelb
Oed
548
Hengstberg
Schwesternberg 543
Römerbrücke
Seegraben
Ruine Hohenegg
412
Jh.
Halterberg
Brandholz
Scheiben
383
Hohenegg
Lanzing
Korning
Eichberg
Windhof
405 Buchberg
Eggenhof
Stein
Kahlenberg
Grailhof
Heiland
Obergraben
356
Hl. Zeno
Grinsel Gr.
Schaberger
380
653 Untergraben
Weghof
Kirchenwald B.
Zeno B.
653
Hafnerbach (266)
Hinterfeld
Schwalben Gr.
653
344
Rannersdorf
Wimpassing a.d. Pielach
Kläranlage
Doppel 240
248
Mühlau
Osterburg
Pielachhäuser
Pielachhaag
Kläranlage
329
653
Steinbühel
Eibelsau
Mitterau
246
Haunoldstein (250)
323
Sierninger B.
Hst. Markersdf. a.d. Pielach
252
Im Balding
Großsierning
Pottschollach
Markersdorf a. d. Pielach
Hst. Großsierning
Bründl Kpl. 252
Sportpl.
Marchfeld
Sierning
Pielachtalradweg
Rotes Krz.
Knetzersdorf
256
Radlleiten
300
Aussiedler
Winkel
Haindorf
Felbering
281
262
Seeben
in Bau
Kühberg 311

LOOSDORF · SCHALLABURG

Naturschutzgebiet Pielachauen

Die Pielach zählt in ihrem Unterlauf zu den naturbelassensten Flüssen des Alpenvorlandes und weist vor allem zwischen Hafnerbach und Wimpassing sowie zwischen Loosdorf und Melk zahlreiche Mäanderstrecken mit natürlichen Uferzonen auf. Seltene Vogelarten wie der Eisvogel oder die Flussuferschwalbe finden hier einen Rückzugsraum, der in Österreich bereits Seltenheit geworden ist. Aufgrund der ökologisch sensiblen Lebensräume sollten sich Besucher äußerst ruhig und zurückhaltend verhalten und die Tiere möglichst wenig stören. Nördlich von Loosdorf wurde ein Waldlehrpfad angelegt, der den Lebensraum Auwald erklärt und daher von Spaziergängern besonders gerne angenommen wird. Die bestehenden Wege sollten aus den oben genannten Gründen keinesfalls verlassen werden!

(Information: www.pielachtal.com)

Schallaburg

Neben dem Stift Melk verfügt die Bezirkshauptstadt noch über eine zweite Sehenswürdigkeit überregionaler, ja geradezu nationaler, Bedeutung. Es handelt sich dabei um das Renaissanceschloss Schallaburg, welches sich unweit der Stadt Melk am Fuß des bewaldeten Hiesbergs erhebt. Das heute dank aufwändigen Renovierungstätigkeiten ab den 1970-er Jahren in neuem Glanz erstrahlende Schloss ist bereits um 1100 als Burg eines Geschlechtes namens Schala überliefert. Zu Beginn als hochmittelalterliche Wehrburg konzipiert und genutzt, ließen die im 15. Jahrhundert in den Besitz der Burg gekommenen Losensteiner die Schallaburg um 1550 in einen der schönsten Renaissancebauten Mitteleuropas umgestalten. Besonders prachtvoll wurde dabei der Große Arkadenhof ausgeführt. Er gilt als Musterbeispiel der Renaissance und ist zumindest österreichweit einzigartig in seiner stilreinen Gestalt. Unzählige plastische Figuren fügen sich an den Bögen der Laubengänge zu einem großartigen Mosaik. Berühmt ist auch der Turnierhof, welcher jedoch heute eher einen wunderbar gestalteten Schlossgarten, denn einen Schauplatz ritterlicher Kampfhandlungen darstellt. In den Räumen der Schallaburg kann man nicht nur illustre Hochzeitsgesellschaften veranstalten, sondern vor allem jährlich wechselnde Ausstellungen besichtigen. Die Schallaburg befindet sich heute nämlich im Besitz des Landes Niederösterreich und dient diesem als Kulisse für zahlreiche Kulturveranstaltungen.

(Information: Schloss Schallaburg, A-3382 Loosdorf, Telefon: 02754/6317, Internet: www.schallaburg.at, Mail: office@schallaburg.at)

Schloss Schönbühel

Schloss Schönbühel, auf einem 40 Meter hohen Felsen an der Donau in der Nähe von Aggsbach gelegen, geht auf eine Burganlage des 12. Jahrhunderts zurück, deren vorwiegende Aufgabe wohl die Bewachung und Kontrolle des Donauverkehrs war. Im 17. Jahrhundert umgebaut, ist von dem älteren Schloss lediglich der einstöckige Nebenflügel und ein runder Turm erhalten, in dem 1710 bis 1727 unter Konrad Sigismund von Starhemberg eine Kapelle eingerichtet wurde. Das heutige Schloss geht in seinem Erscheinungsbild vollständig auf einen Neubau von 1819 bis 1821 zurück; im 20. Jahrhundert wurde der fünfstöckige Turm verändert. Da sich das Schloss in Privatbesitz befindet und auch bewohnt wird, ist eine Besichtigung nur von außen (vorzugsweise vom Deck eines Donauschiffes aus) möglich.

(Information: Schlossgut Schönbühel Aggstein AG, A-3392 Schönbühel an der Donau Nr. 47, Telefon: 02752/8203, Fax: 02752/8203-4)

Der gotische Schnitzaltar in Mauer

Die Wallfahrtskirche in Mauer bei Melk gilt vor allem dank einem der schönsten geschnitzten Flügelaltäre Europas als Kulturjuwel allerhöchster Güte. Der Ort Mauer selbst stellt uraltes Siedlungsgebiet dar, verschiedene Funde weisen darauf hin, dass sich in unmittelbarer Nähe der heutigen Kirche eine römische Grenzkontrollstation nahe des einstigen Grenzwalls „Limes" befand. Auch die Kirche von Mauer ist bereits sehr alt, sie wurde im Jahre 1096 erstmals erwähnt. Aus dem uneinheitlichen Äußeren der Kirche kann man die wechselvolle und lange Bauzeit der Kirche herauslesen. Der älteste Teil ist das südliche Seitenschiff aus dem beginnenden 13. Jahrhundert. Der gotische Chor wurde um 1500 errichtet, ebenso entstammt seine Inneneinrichtung zum Großteil dem beginnenden 16. Jahrhundert. Besonders bemerkenswert ist dabei das elf Meter hohe gotische Sakramentshäuschen aus dem Jahre 1506. Es zählt zu den schönsten derartigen Kunstwerken Österreichs. Der gotische Flügelaltar befindet sich an der Seitenwand des Kirchenraumes. Für eine derartig kleine Landkirche scheint seine Pracht und Vollkommenheit völlig überproportioniert. Aufgrund seiner Bekanntheit weit über Österreich hinaus, ist er verständlicherweise der kunsthistorische Hauptanziehungspunkt der Kirche. Er verfügt über eine äußerst reichhaltige Ikonographie. Im Mittelschrein stehen verschiedene Heilige (unter anderem Petrus, Magdalena, Barbara) im Vordergrund. Über diesen Heiligen und Darstellungen der Armen Seelen erhebt sich die Mutter Gottes mit dem Jesuskind im Arm. Gottvater links und der Heilige Geist in Form einer Taube rechts ergänzen das Bild. Auf den Flügeln werden die verschiedenen Stationen im Leben Marias von der Verkündigung der Botschaft Christi bis zum Tode dargestellt. Über allem erhebt sich der gekreuzigte Jesus. Die Formensprache des Altars zieht auch heute noch den Betrachter in seinen Bann.

Schallaburg, Arkaden *ÖW/Markowitsch*

Römerbrücke bei Mauer

Das Gebiet des Dunkelsteinerwaldes zählte zur Römerzeit zum nördlichen Grenzsaum an der Donau und wurde dementsprechend stark befestigt und mit Infrastruktur ausgestattet. Heute zeugen Überreste in Form von römischen Straßen- und Brückenbauwerken von dieser Epoche. Die bedeutendsten Überreste der Römerstraßen finden sich im nördlichen Dunkelsteinerwald außerhalb des Kartenblattes bei Mitterarnsdorf, das interessanteste Einzelbauwerk stellt aber sicherlich die Römerbrücke bei Mauer dar. Sie liegt zwischen den kleinen Ortschaften Umbach und Lanzing und kann von Mauer aus bequem auf Spazierwegen entlang des beschaulichen Mauerbaches erreicht werden.

Ruine Hohenegg

In der Gemeinde Hafnerbach befinden sich am Fuße des Dunkelsteinerwaldes die immer noch recht imposanten Überreste einer ehemals neuntürmigen Burg. Diese ehemalige Burg (heute Ruine) Hohenegg schützte eine Ringmauer mit mehreren Geschütztürmen. Die Mauer ist fast vollständig erhalten. Von den dahinter liegenden Gebäudeteilen sind nur noch Reste zu sehen. Dennoch lohnen auch diese gerade wegen ihres morbiden Gesamtcharakters einen Besuch.

Brandhof
Einfaltsberg
Adersdorf
Gstadthof
Gleiß
(338)
Kloster
Baichberg
Weingartshof
Linsberg
Oismühle
Bhf. Rosenau
Windberg
Rosenau-a. Sonntagbg.
Angerhof
517
Schörghub
Niederegg
Aichöd
477
Weißes Kr.
Engelsberg
Wedlhöhe
Stiftswald
Biber B.
506
Aubauern
254
Ödbauer
Baumgarten
Fb.
Am Stocket
Heilkräuter Garten
Türkenb.
Basilika
Faßberg
510
Süßwald
712
Schachen
Hst. Sonntagbg.
Kronstein
Sonntag
Auerbauern-Sdlg.
Bruckbach
Faßberg
Fb.
665
204
Kaiserhof
84
Eben
Ybbs
St. Georgen-i. d. Klaus
Leitenb.
84
Luegerbi.
Krondorf
Böhlerwerk
(365)
Bad
Wieserhöhe
Hst. Böhlerw.-a. d. Ybbs
534
Rittenlehen
Holzmühle
Brandstatt
393
Weger Kpl.
NÖLRWW
Raifb.
Schörghof
534
Glatzlehen
208
Hanslberg
Ellinger
600
Rien
Unt.-
Ob.-
-Raben
Unt.-
-Polzart
Ob.-
Finken Gr.
Tiefen B.
Schatzlehen
655
514
406
Waidhofen-a. d. Ybbs
Hirsch B.
857
651
404
4
Haid
Vordereck
Zattelsberg
8
Konradsheim
404
Bachwirt
Sooß
699
Wh. Schatzöd
Mitt.-
Vord.-
Hint.-
-Holz
27
SW
Bichl
Wh. Hochpöchl
700
Hof
Eckerwirt
Redten B.
Res.
Unt.-
629
Schaufl
-Reitbauer
Ob.-
27
958
Schnabel B.
Hahnlreithkrz.
898
27
Luger Berghtt.
1046
16
Redten B.
Luger B.
Mitt.-
Vord.-
Hint.-
-Lug
Wirts
1066
Jh.
Edtbauer
Res.
491
27
Spindeleben
Sulz
1058
Jh.
868
Lugerreith

Blatt
17
Bichl
Hinterholz
Gräbenmühl B.
507
Gr. Wolfsberg
Schönbichl
Schönbichlwald
254
NÖLRWW
Kojed
Stoka
Krieglweg B.
Steyrer Wald
712
Kogel
Benetzöd
Kl.-
-Kaiserreit
Gr.-
D o p p e l
204A
715
708
Gr. Leiten
Wagenöd
208
4
Sandlehen
Großmayerhof
Nest
254
Herzogenberg
Spielmannsödt
Schlagl
Obereben
Hollenlehen
Hofbauer
Hausbauer
ö c h l i n g
408
Hauvogl
Lueg B.
S t r i t z l ö d t
Riegel
Unt.-
-Sonnleiten
Ob.-
Kuchler Kreuz
Schobers B.
644
204
Windhag
Sandhof
751
711
Grub
31
Ammern
K r o n h o b l
632
11,10
Aichen
Warmwies
Dunkelbichl
Mitt. Gschnaidt
Kranawetter
Schoberlehen
204
Sieghartsberg
S c h i l c h e r m ü h l e
UNTERZELL
Schilchermühle
Großkogl
368
Urlbach
Jägerhaus
Raidlwies
Parkbad
362
ZELL a. d. Ybbs
563
Berghof
A r z b e r g
561
S c h w a r z e n b e r g
Machting
206
Kl. Eck
Pimeslehen
206
Z e l l
Neuhaus
Krenbichl
Wild-
gehege
Sp. Pl.
Hst.
Res.
Großöd
Arzberg Gr.
Grift
Feket
Marienhof
Reithof
Waldhof
Sattelhtt.
790
Höhenrundweg
Sattel Gr.
Hst.
Kreilhof
Schau-
kraftwerk
Steinmühle
Hst.
Bhf. Gstadt
Untergrasberg
Unt.-
Ob.-
-Glatzberg
24
Mühlberg
Kl. Ybbs
Reith
Ob.-Grasberg
K r i l h o f
Stein
Teschen Gr.
Elben B.
779
Eibenberg
23
Glatz B.
904
NÖLRWW
Grien
Amtmann
Hst.-
Gaissulz
SG
Geiß B.
781
24
Eiben B.
Ybbstal-
Radweg
208
Senftenhof

WAIDHOFEN AN DER YBBS

Wallfahrtsbasilika am Sonntagberg

Sonntagberg entwickelte sich im 17. und 18. Jahrhundert neben Mariazell zu einem der wichtigsten Wallfahrtsorte Österreichs, an dem nicht Maria, sondern die Heilige Dreifaltigkeit verehrt wird. Die Blüte der Wallfahrt zu dieser Zeit hatte weniger einen religiös-mystischen, als einen politischen Hintergrund: die vom Kaisertum getragene Gegenreformation. Existierte bereits 1440 eine kleine Wallfahrtskapelle, folgte im späten 15. Jahrhundert ein Kirchenneubau. Diese gotische Kirche wurde zwischen 1706 und 1732 von Jakob Prandtauer und seinem Schüler Josef Munggenast durch einen Neubau ersetzt. Im Inneren der Kirche dominieren Deckenmalerei und Stuckarbeit den Raumeindruck. Von Antonio Tassi stammt die Scheinarchitektur, in die Daniel Gran zwischen 1738 und 1743 Deckenfresken malte. Die Sonntagberger Fresken gelten als eines der Hauptwerke des in Italien geschulten Barockmalers. Die Darstellungen reichen vom Jakobstraum über der Orgelempore, zu Szenen der Michaelslegende im Gewölbescheitel und einer Anbetung Gottes in der Kuppel. In den Zwickeln sind die vier Evangelisten abgebildet, in den Kreuzarmen Christi Geburt und die Herabkunft des Heiligen Geistes. Die Krönung des Freskenprogramms findet sich im Chor mit der Darstellung der Schöpfung. Der zwischen 1755 und 1756 von Melchior Hefele geschaffene Hochaltar beinhaltet das große silbergerahmte Gnadenbild von 1614 und ein Fragment des Zeichensteins, auf dem laut Gründungslegende das Gnadenbild befestigt war. Beachtenswert ist auch die Orgelempore, die den Eindruck erweckt, als werde sie von schwebenden, vergoldeten Engelsstatuen getragen.

(Information: Gemeinde Sonntagberg, A-3332 Sonntagberg, Telefon: 07448/2290, Fax: 07448/2182, Mail: gdesonntagberg@netway.at, Internet: www.sonntagberg.gv.at)

Waidhofen an der Ybbs – die besterhaltene Altstadt des Mostviertels

Die alte Hammerherrenstadt Waidhofen an der Ybbs hat sich viel aus ihrer Blütezeit in die Gegenwart herübergerettet und wirkt mit ihren Türmen, Mauern und Plätzen fast wie ein lebendiges „Freilichtmuseum" des Mittelalters. Die Stadt wurde im 12. Jahrhundert erstmals genannt und ist eine planmäßige Gründung zwischen dem Ybbsfluss und den westlich angrenzenden Hügeln. Bemerkenswert ist die Aufteilung der Straßen und Plätze, welche noch immer das Bild der Gründungsstadt vermittelt. Zwei große Stadtplätze, der Obere Stadtplatz und der Untere Stadtplatz, zeugen mit ihren Bürgerhäusern vom einstigen Wohlstand Waidhofens und sind noch heute Mittelpunkt des gesellschaftlichen Lebens und Standort zahlreicher Wirtschaftsbetriebe. Abseits der beiden Plätze ziehen sich schmale Gassen durch die Altstadt und laden zu einem Bummel ein. Um einen Blick auf die markante Ybbsfront der Stadt zu werfen, begibt man sich am besten auf das gegenüberliegende Ybbsufer in Zell, von wo das mittelalterliche Herz der Stadt eine eindrucksvolle Silhouette preisgibt. Zu den besuchenswertesten Sehenswürdigkeiten der Stadt zählt die Stadtpfarrkirche Heilige Maria Magdalena und Heiliger Lambert. Die große spätgotische Hallenkirche wurde um 1470 errichtet und verfügt über sehr schöne Kreuzrippen-, Stern- und Netzrippengewölbe. Der 1474 als Flügelaltar ausgeführte Hochaltar stammt ursprünglich aus der Spitalskirche. Diese ist ebenfalls einen Besuch wert, denn sie verfügt über einen beeindruckenden Hochaltar (mit einer Marienstatue aus dem 15. Jahrhundert) und über eine schöne gotische Steinkanzel. Von den Profanbauten fällt besonders das Schloss am nördlichen Altstadtrand auf. Dieses auch als Burg bezeichnete Schloss wurde zu Beginn des 15. und dann nochmals im späten 19. Jahrhundert weitgehend umgebaut. Der dritte große Turm neben Schloss-Bergfried und Pfarrkirchenturm ist der Stadtturm am Oberen Stadtplatz. Er wurde als sichtbares Zeichen des Sieges über die Türken im Jahre 1532 errichtet und beherbergt heute ein sehr sehenswertes Heimatmuseum. Das Ziffernblatt der Turmuhr zeigt noch heute die Stunde des Sieges über das Türkenheer an (11.45 Uhr). Die bereits genannten Bürgerhäuser erstrecken sich entlang der Straßenzüge in der gesamten Altstadt und verdienen eine eingehendere Betrachtung. Mehrere Laubengänge verbinden dabei Höfe mit den Straßen und zum Teil auch Straßen untereinander. Viele Häuser stammen aus dem 16. Jahrhundert, darunter befindet sich zum Beispiel das heutige Rathaus, welches allerdings während des 2. Weltkrieges baulich verändert wurde. Das ehemalige Rathaus stammt im Kern sogar noch aus dem 15. Jahrhundert, die Fassade

Waidhofen an der Ybbs *ÖW/Kneidinger*

aus dem beginnenden 18. Jahrhundert. Sehr schön sind auch das Bezirksgericht in der Ybbstorgasse mit prächtigem Portal und das Bürgerhaus am Hohen Markt Nr. 17 mit einem schönen Renaissance-Arkadenhof aus dem 16. Jahrhundert. Wer einen besonders schönen Ausblick auf die Altstadt genießen möchte, der sollte sich auf den Buchenberg begeben, wo es auch einen Naturpark mit Wildgehegen gibt.
(Information: Tourismusbüro Waidhofen, Freisingerberg 2, 3340 Waidhofen a. d. Y., Telefon: 07442/511255, Internet: www.waidhofen.at, Mail: tourismus@waidhofen.at)

Naturpark Buchenberg

Im Randgebiet der Stadt Waidhofen/Ybbs liegt der Naturpark Buchenberg. Dieser umfasst ein Gebiet von etwa 240 Hektar und verfügt über ein Wegenetz im Ausmaß von etwa 20 Kilometern sowie eine Reihe weiterer Attraktionen. Hervorzuheben ist in diesem Zusammenhang vor allem der Wildpark Fuchsbichl, der sich auf dem Gelände des Naturparks befindet. Hier werden überwiegend heimische Wildtierarten und Streicheltiere gehalten. Zum Teil sind die Gehege sogar für die Besucher frei zugänglich, was einen hautnahen Kontakt mit den Tieren erlaubt. So kann man zum Beispiel die unterirdische Behausung der einzigartigen weißen Marderhunde begehen und diese bei ihren Aktivitäten beobachten. Insgesamt bietet der Tierpark etwa 130 Tieren ein Zuhause. Im Bereich des Naturparks befinden sich außerdem eine Aussichtswarte, eine Kneippanlage sowie ein Spielplatz, an dem regelmäßig ein Indianer-Spektakel veranstaltet wird. Auf einem eingerichteten Waldlehr- und Erlebnispfad klären sprechende Tafeln und Spielelemente den Besucher über die Eigenschaften und Eigenheiten des Waldes und seiner Bewohner auf. Daneben existieren noch ein Hecken- und ein Wasserlehrpfad, die zusätzliches Wissen vermitteln. Führungen unter Leitung von gut ausgebildeten Waldpädagogen und spezielle Erlebnisführungen werden ebenfalls angeboten.
(Information: Naturpark Buchenberg-Waidhofen/Ybbs, Ybbstorgasse 5, A-3340 Waidhofen/Ybbs, Telefon: 07442/511141 (Magistrat) bzw. 07442/51199 (Forstverwaltung), Mail: forst@magistrat.waidhofen.at, Internet: www.naturparke.at/buchenb/home.html)

Ausflugsdörfer um Waidhofen

Rund um Waidhofen erheben sich auf den Kuppen der ziemlich steil zum Alpenvorland abfallenden Flyschzone der Voralpen mehrere beschauliche Ausflugsdörfer, die besonders an Tagen mit guter Fernsicht sehr gerne aufgesucht werden. Empfehlenswert sind insbesondere Abstecher in die nach Waidhofen eingemeindeten Orte Windhag, Konradsheim, St. Georgen i. d. Klaus und in das knapp außerhalb des Kartenblattes, östlich von Windhag gelegene Dorf St. Leonhard am Walde mit dessen kleiner Wallfahrtskirche. Die anderen drei Ortschaften verfügen über schmucke Kirchen und zumindest ein Ausflugsgasthaus. Die Aussicht ist von überall hervorragend, wobei sich von St. Georgen aus die schönste Sicht ins nördlich vorgelagerte Alpenvorland ergibt.

Ansberg
713
Taxberg
Taxberg Gr.
Bretterwald
Kramseck
809
Strandbad
Schlag
Tiefenbach
Saurüssel Gr.
Schindlegg
204
730
Mostviertler Panorama-Höhenweg
Pramreit
Schmalzreith
NÖLRWW
Bremstall B.
Franzenreith
Lehen a. M.
Brandstatt
Kreillöd
Ob. Rauchegg
627
Steinkeller
Granach
Unt. Rauchegg
Ort
Putzmühle
Ob.-
-Gschwandegg
Mitt.-
Unt.-
Unt.-
-Urnbach
590
Höttellehen
Reißnerlehen
Urnbach
Zulehen
Hubberg
765
Hub B.
Reithbauer
631
Kl.-
Eibenberg
Mostheuriger
Gr.
Hubegg Gr.
Hub
687
Eckam
Haselgraben
Thor
Haselgraben B.
651
Anger
Größing
Schallau B.
733
Schallau
Kirchweg
Am Kogl
206
Zehentmühle
435
Schwarze Ois
Kl. Ybbstal Radweg
Hinterleiten
Fb.
Jank
Bad
Bhf.
Res.
Weg
Prochenberg
Ybbsitz
(414)
Holzbauer
Wald Kpl.
642
Haselsteinhof
33
Kochbichl
Fahrngruber-hammer
Köhlereimuseum
Haselsteinwand
904
Modelsberg
Hintstein
Strunzhammer
In der Noth
Erlebnisbrücke
Mais B.
942
Prochenberghtt.
Die Not
1123
Hintereck
Prochen B.
Schmiedemeile
SW
Nothbauer
Bauernschrotmühl
905
Pannhammer
Unt.-
-Gseng
34
Prebichl
Ob.-
-Reifberg
Unt.-
Rechen
37
Hofer B.
824
Ob.-
Mitterlehen
676
35
Kl. Prolling
Ghf. Krumpmühle
Wahlfahrtskirche Maria Sees.
(524)
Ob.-
-Weissenbach
Krenmühle
Unt. Kranz
Gr.-
Kl.-
565
Ida-Pfeiffer-Fels
Unt.-
36
Theuretzbach
Theuretz
761
Schenken B.
Saurüssel
Hochb.
695
Jh.

Aschbichl
Gruber Kg.
Fichtegg
Hörhag
Kl. Gasteig
Meridianstein
Hörhagmühl
Krotensee
Baumgarten
Hinterleiten
804
749
Pflügelreith
Kl. Erlauf
428
Lolblsdlg.
Vogelsberg
808
Au
Scharnreith
Grestner Hochkogel
821
Grestenberg
Schauersberg
Proviantweg
Hochkogl
Reith
Bad
204
Redling
442
Lacken
Hochgräßing
Innergraben
Unt.
Gresten
(407)
Gresten B.
Büchl
Baumgarten
Ob.
Bauernkapelle
518
Schloßhain
Gseng
Weißenbach
Schl. Stiebar
Proviantweg
Reitbau
Unt.-Hofmühl
630
Ghf. Scheiblauer
Buchwald
Ob.
Eckartsre
Güshübl
Buchberg
868
871
Ybbsbachamt
435
Schloß A.
Schmiedgrabenweg
Haringste
Hinterhof
Oberhaus Kpl.
Hoderberg
Ober Hausegg
Ruinenweg
673
Latschbach
596
683
Königseben
Steghof
Mehlberg
Graben
Holzbauer
Zellhof
648
Bachner
Schwaighof
Erlen B.
Schwarzen B.
948
958
TVN Spitze
Klettergarten
Stockreith
Damberg
808
Angelsberg
Hinterthron
Hasenberg
Unt.
463
Grub
Gr. Dürnbach
Gangleithen
706
Ob.
Dürnbach
Kl.
Mitt.-
Dürn B.
Königsreith
Oed
Jh.
Leheneck
721
Reifthal
599
Am Grandl
865
Thal
Niedereck
Gadenweiteck
854
Jh.
823
Rehberg
870
Örtlmüh
Schimmelgraben
Große Au
Rothenstein Kg.
Kleines-Ybbstal-Radweg
Alm Kg.
Rothenstein
Zogelsgraben
Zogelsbach
Gadenweit
Kl. Erlauf
Hofstatt
Eibensessel
Zogels B.
Hocharm Weg
Möhlerlehen
Langsenlehen
Steinreith
Kuckucks Kg.
Alter Rauheisenweg
Roterd
1012
Hochalm
714
Hinteregg
Vorderegg
Federlehen
925
Wülfach Gr.
Kreuz Kg.
Bärenkogel G.
Hofmanns B.
900
Jh. Wülfach
Bären Kg.
840
Ramsleiten
Kaltenmarkt
277
09

YBBSITZ · GRESTEN

Der Eisenstraßenmarkt Ybbsitz und der Fahrngruberhammer

Die Niederösterreichische Eisenstraße zählt zu den kulturhistorisch interessantesten Verkehrswegen Österreichs und steht in enger Verbindung mit den jenseits der Landesgrenzen verlaufenden Routen der Oberösterreichischen und der Steirischen Eisenstraße. Zusammen ziehen die Wege dieser bundesländerübergreifenden Eisenstraße nicht als Linie, sondern als stark verästelte Lebensader durch die „Eisenwurzen“ genannte Region zwischen Donau, Erlauf, Mur und Enns. Im niederösterreichischen Teil der Eisenstraße befanden sich bis zum Ende des vorigen Jahrhunderts unzählige Hammerwerke und Schmiedebetriebe, welche den vom Steirischen Erzberg her kommenden Rohstoff Eisen zu verschiedensten Werkzeugen und sonstigen Fertigmaterialien verarbeiteten. Die Rückbesinnung auf die kulturelle Wurzel der Region hat auch die Revitalisierung von zahlreichen alten Kulturgütern ermöglicht. Gleichzeitig wurden die kunsthistorisch bedeutendsten Schätze des Mostviertler Alpenvorlandes und der niederösterreichischen Kalkalpen durch Renovierungen und unterschiedliche Veranstaltungen aufgewertet. Im Herzen dieser Landschaft liegt der alte Markt Ybbsitz, der heute auch als Sitz der „Niederösterreichischen Eisenstraße“ fungiert. Die alten Hammerherrenhäuser und die stolze Pfarrkirche zeugen vom einstigen Reichtum des Marktes als Heimstätte zahlreicher Hammerwerke und Eisenhändler. Das größte Interesse ruft heute sicherlich die vorbildlich revitalisierte Schmiede des Fahrngruber-Hammers im südlich des Marktzentrums gelegenen Ortsteil „In der Noth“ hervor. Die an der sogenannten Schmiedemeile (Themenweg) gelegene und originalgetreu eingerichtete Werkstatt kann man nicht nur besichtigen, sondern man kann hier auch selbst Hand anlegen. In speziell veranstalteten Schmiedekursen können Gäste das alte Handwerk des Schmiedens erlernen.

(Information: Tourismusinformation Schmiedezentrum Ybbsitz, Markt 24, A-3341 Ybbsitz, Telefon: 07443/86601-16, Internet: www.tiscover.at/ybbsitz, Mail: schmiedezentrum@ybbsitz.at)

Ybbsitz – Einödhammer *Patrik Hierner*

Grestener „Highlights“

Wie im benachbarten Ybbsitz profitiert das Ortsbild der Marktgemeinde Gresten auch heute noch von der einstigen Blütezeit der Eisenindustrie und des Eisenhandels in der Region. Gresten lag einst auch an der bedeutsamen „Dreimärktestraße“, welche als Handelsstraße die Orte Scheibbs, Purgstall und eben Gresten mit den Zentren der Eisenindustrie verband. Im Marktzentrum von Gresten befinden sich mehrere Hammerherrenhäuser aus dem 17. und 18. Jahrhundert sowie die sehenswerte Pfarrkirche St. Nikolaus (15. Jahrhundert). Gleich neben der Kirche wurde im spätgotischen Karner ein sehenswertes Proviantmuseum eingerichtet. Hier wird auf zwei Stockwerken der für Gresten einst so wichtige Handel mit Eisen und Proviant thematisiert. Im unteren Stockwerk, also „zu ebener Erd“ – wie es der Raumaufteilung des Museums nach heißt, befindet sich im einstigen Gruftraum des Karners eine original eingerichtete Rauchkuchl. Im ersten Stock steht das Eisen im Mittelpunkt des Interesses. Neben Ausstellungsstücken über die Eisenhändler und die Zünfte wird auch die geschichtliche Entwicklung des Marktes Gresten präsentiert. Ein kulturhistorisch interessantestes Gebäude ist zweifellos das am südlichen Marktrand gelegene Schloss Stiebar. Ende des 18. Jahrhunderts erhielt das schon zuvor als Schloss Niederhausegg bestehende Gebäude sein heutiges Erscheinungsbild. Seine besten Jahre erlebte das Schloss im späten 19. Jahrhundert, als es zu einem bedeutsamen Künstlertreffpunkt avancierte. Unter anderem kam Marie von Ebner-Eschenbach hierher und tauschte sich mit ihresgleichen aus. Dass das Kulturinteresse in Gresten heute mehr denn je in der Bevölkerung lebt, beweist das erst vor kurzem adaptierte neue Veranstaltungszentrum „Kulturschmiede Gresten“, in dem laufend Veranstaltungen zum Thema „Eisenstraße“ stattfinden.

(Information: Marktgemeinde Gresten, Spörken 1, A-3264 Gresten, Telefon: 07487/2310-15, Internet: www.gresten.at)

Wallfahrtskirche Maria Seesal

In einem stillen Seitental zwischen Ybbsitz und Gresten liegt das kleine Wallfahrtskirchlein von Maria Seesal. Die Kirche zählt bei weitem nicht zu den ältesten oder bedeutendsten des Landes und ihre unspektakuläre Ausstattung vermag kaum mit den vielen schönen Landkirchen der Umgebung mitzuhalten. Dennoch ist Maria Seesal aufgrund der besonders schönen Lage inmitten eines weitgehend unberührten Waldgebietes ein sehr beliebtes Ausflugsziel. Die doppeltürmige Fassade des neubarocken Gotteshauses wird von Nadelbäumen flankiert und verschmilzt so zu einer seltenen Einheit aus Kultur und Natur. Im Inneren der Kirche findet man dann doch noch ein kunsthistorisch interessantes Objekt vor: Der schlichte neoklassizistische Altar gilt nämlich als einer der wenigen erhaltenen Altäre aus josephinischer Zeit in Niederösterreich.

Proviantweg und Meridianstein

Die Streusiedlungsgemeinde Gresten-Land umgibt den alten Eisenwurzenmarkt Gresten und ist mit diesem in allen Belangen eng verbunden. Im Milleniumsjahr „1000 Jahre Österreich“ wurde in der Gemeinde der rund 18 Kilometer lange Proviantweg eröffnet, welcher, ähnlich dem Proviantmuseum im Markt Gresten, über die ehemalige Bedeutung des Provianthandels berichtet. Der Eisenstraßen-Themenweg erzählt dabei nicht nur die Geschichte der niederösterreichischen Eisenwurzen, sondern auch die jener Bauern, welche die Lebensmittel für die Bergknappen am Erzberg lieferten. Die florierende Eisenindustrie verdankte ihre Blüte neben dem Rohstoff Eisenerz und den in großen Mengen vorkommenden Holzbeständen der Region auch dem landwirtschaftlichen Umland des Alpenvorlandes, ohne welches die vielen Arbeitskräfte nicht ernährt werden hätten können. Am Proviantweg nahe der Landstraße von Randegg nach Gresten steht der bekannte Meridianstein, welcher sich exakt 15 Grad östlich von Greenwich und 38 Grad nördlich des Äquators befindet. Weitere Haltepunkte am Wegesrand sind Kulturkleinode wie die Kapelle des Heiligen Wolfgang mit dem aus dem frühen 9. Jahrhundert stammenden, ältesten Bauernkalender des Abendlandes sowie die Bauernkapelle beim Gseng-Hof. Diese Kapelle erinnert an den Bauernaufstand von 1597.

(Information: Gemeinde Gresten-Land, Friedhofgasse 4, A-3264 Gresten, Telefon: 07487/2240, Internet: www.gresten-land.at, Mail: gresten-land@aon.at)

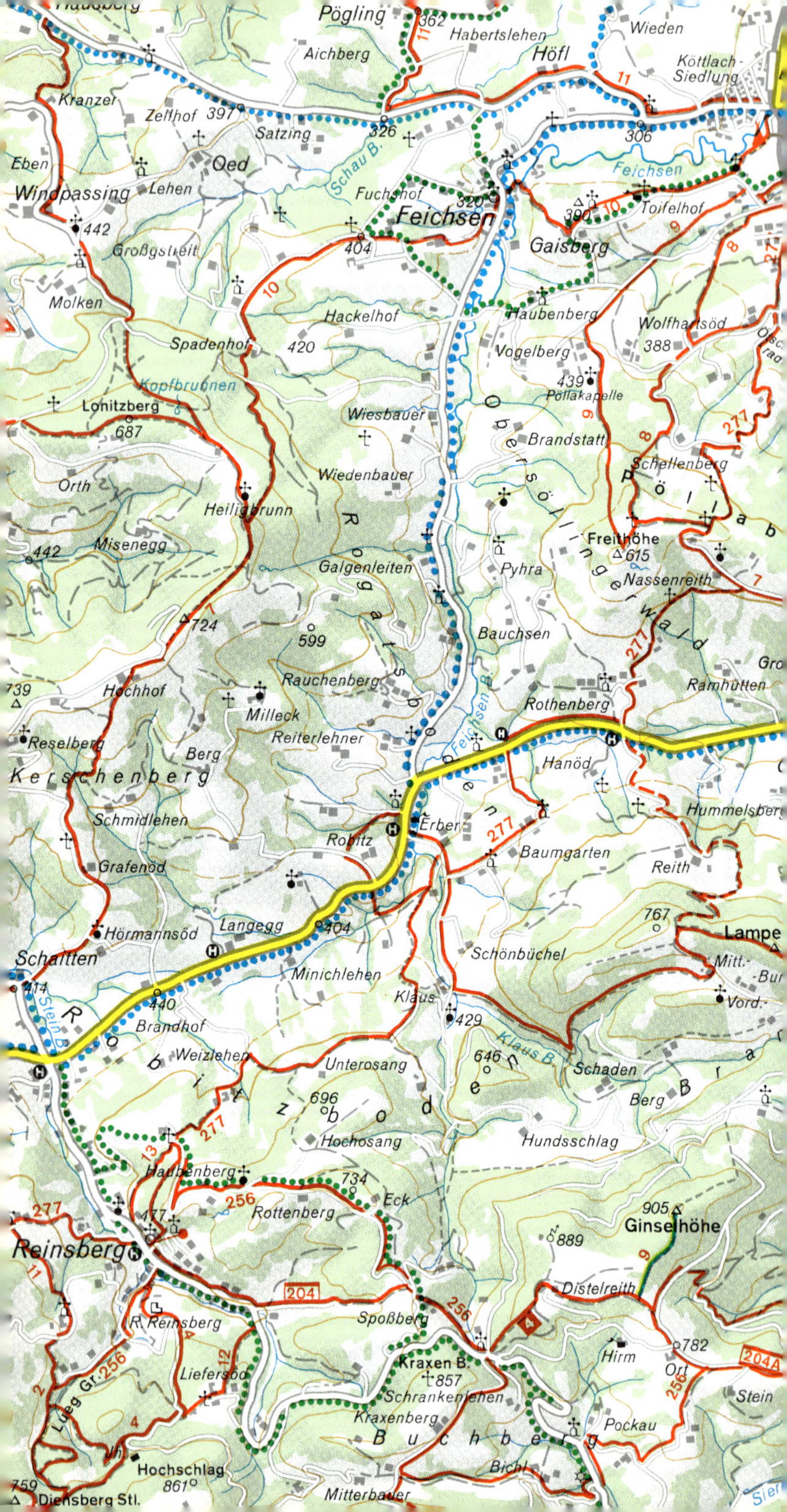

Pögling
362
Habertslehen
Wieden
Aichberg
Höfl
Köttlach-Siedlung
Kranzer
Zellhof
397
Satzing
326
306
Eben
Oed
Schau B.
Feichsen
Windpassing
Lehen
Fuchshof
320
Toifelhof
442
Feichsen
390
Großgstreit
404
Gaisberg
Molken
Hackelhof
Haubenberg
Spadenhof
420
Vogelberg
Wolfhartsöd
388
Kopfbrunnen
439
Pöllakapelle
Lonitzberg
687
Wiesbauer
Brandstatt
Schellenberg
Orth
Wiedenbauer
Heiligbrunn
Freithöhe
615
442
Misenegg
Galgenleiten
Pyhra
Nassenreith
724
599
Bauchsen
739
Hochhof
Rauchenberg
Ramhütten
Milleck
Rothenberg
Reselberg
Reiterlehner
Berg
Hanöd
Kerschenberg
Hummelsberg
Schmidlehen
Erber
Robitz
Baumgarten
Grafenöd
Reith
767
Langegg
404
Hörmannsöd
Lampe
Schönbüchel
Schaitten
Minichlehen
414
Klaus
440
429
Vord.
Brandhof
Klaus B.
Weizlehen
646
Unterosang
Schaden
696
Berg
Hochosang
Hundsschlag
Haubenberg
734
Eck
Rottenberg
905
Ginselhöhe
477
889
Reinsberg
204
Distelreith
Spoßberg
R. Reinsberg
782
Hirm
Kraxen B.
Liefersöd
857
Ort
204A
Schrankenlehen
Stein
Lueg Gr.
Kraxenberg
Pockau
Buchberg
Hochschlag
861
Bichl
759
Diensberg Stl.
Mitterbauer
Rogatsboden
Robitzboden
Obersöllingerwald
277
256

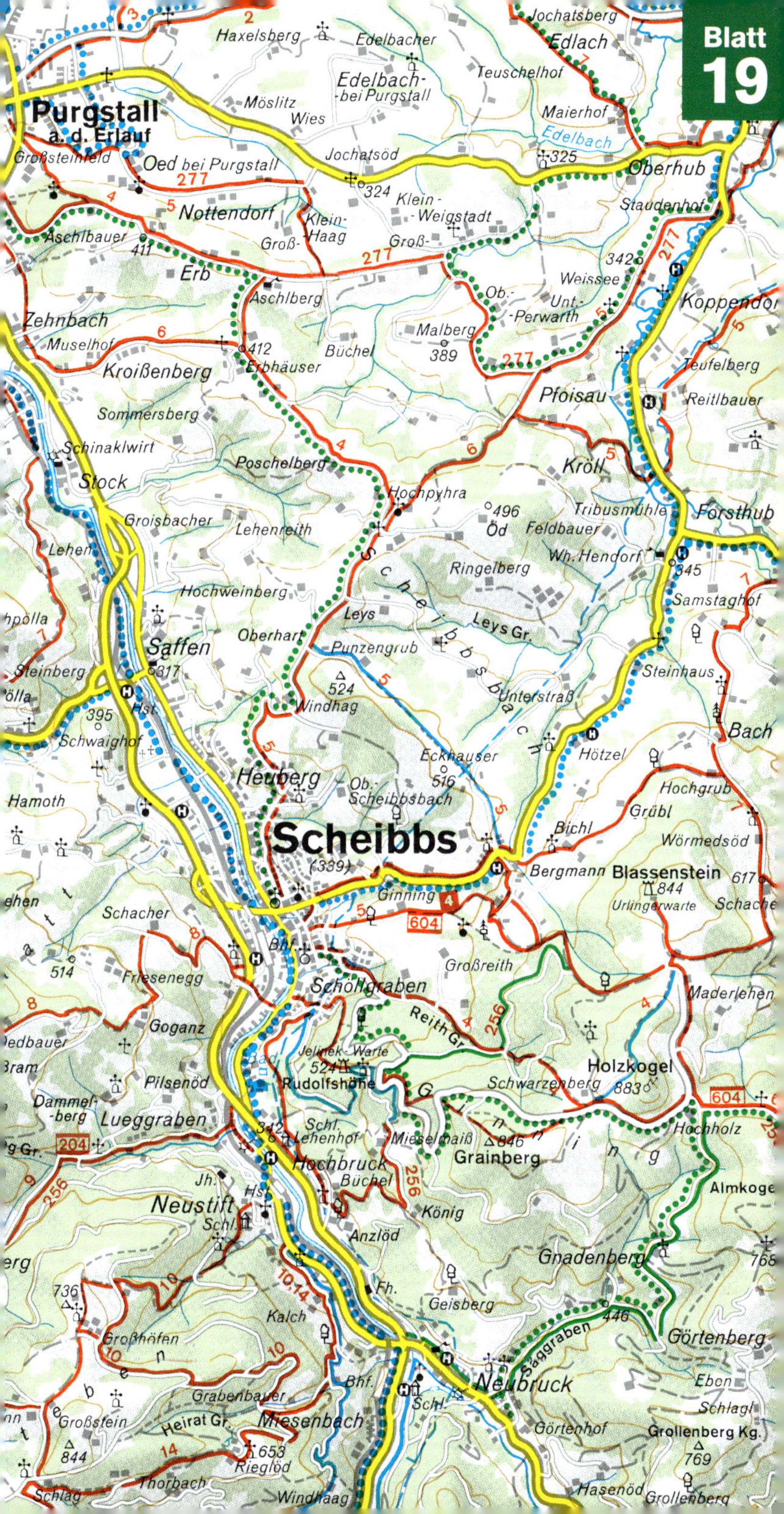
Blatt 19
Haxelsberg
Edelbacher
Jochatsberg
Edlach
Purgstall
a. d. Erlauf
Möslitz
Wies
Edelbach-
-bei Purgstall
Teuschelhof
Maierhof
Edelbach
Großsteinfeld
Oed bei Purgstall
277
Jochatsöd
325
Oberhub
324
Klein-
-Weigstadt
Staudenhof
Nottendorf
Klein-
Haag
Aschlbauer
411
Groß-
Groß-
277
342
Erb
Aschlberg
Ob.-
Unt.-
-Perwarth
Weissee
Koppendorf
Zehnbach
Muselhof
412
Erbhäuser
Büchel
Malberg
389
277
Teufelberg
Kroißenberg
Pfoisau
Reitlbauer
Sommersberg
Schinaklwirt
Poschelberg
Kröll
Stock
Hochpyhra
496
Öd
Tribusmühle
Forsthub
Groisbacher
Lehenreith
Feldbauer
Lehen
Wh. Hendorf
345
Ringelberg
Hochweinberg
Samstaghof
Leys
Leys Gr.
Saffen
Oberhart
Punzengrub
Scheibbsbach
317
Steinberg
524
Unterstraß
Steinhaus
395
Windhag
Schwaighof
Bach
Hötzel
Eckhauser
516
Heuberg
Hamoth
Ob.-
Scheibbsbach
Hochgrub
Grübl
Bichl
Wörmedsöd
Scheibbs
(339)
Bergmann
Blassenstein
617
844
Urlingerwarte
Schacher
Ginning
604
Schacher
Bhf.
514
Friesenegg
Großreith
Maderlehen
Schöllgraben
Reith Gr.
256
Goganz
Jelinek-Warte
524
Rudolfshöhe
Holzkogel
883
Pilsenöd
Schwarzenberg
604
Dammel-
-berg
Lueggraben
342
Schl.
Lehenhof
Mieselmaiß
846
Grainberg
Hochholz
Gaming
204
Hochbruck
Büchel
Almkogel
256
Jh.
Neustift
Hst.
Schl.
König
Anzlöd
Gnadenberg
768
736
Fh.
Geisberg
Kalch
446
Görtenberg
Großhöfen
Saggraben
Neubruck
Ebon
Bhf.
Schl.
Grabenbauer
Schlagl
Großstein
Heirat Gr.
Miesenbach
Görtenhof
Grollenberg Kg.
844
653
Rieglöd
769
Thorbach
Schlag
Windhaag
Hasenöd
Grollenberg

SCHEIBBS · PURGSTALL

Ruine und Burgarena Reinsberg

Am südlichen Rand des Alpenvorlandes wurde um 1000 n. Chr. eine Burganlage Reinsberg zur Sicherung der Grenzen gegen die Slawen errichtet. Sie sollte das junge Ostarrichi vor Eindringlingen schützen. Im Spätmittelalter gelangte die Burg dank des einträglichen Eisenhandels, zu dessen Schutz die Burg damals diente, zu einer wahren Blütezeit. Im ausklingenden 16. Jahrhundert erschütterten Bauernaufstände die Region um Gresten und Reinsberg. Aufständische plünderten damals die Burg und trugen somit zu deren schleichendem Verfall bei. Letztlich geriet die Burg in Vergessenheit und verfiel zu einer immer noch stattlichen Ruine. Überwuchert von Sträuchern und Bäumen, stellten sich einige engagierte Reinsberger dem weiteren Verfall entgegen und erreichten die Revitalisierung der Burgruine Anfang der 1990-er Jahre. Diese wurde mit großem Ehrgeiz und Eifer durchgeführt. Die Ruine stellt sich somit heute nicht nur als ein mustergültig renoviertes Bauwerk sondern als charaktervolles Veranstaltungsgelände dar. Jährlich finden in einem großen Hof der Anlage Open-Air-Aufführungen statt – im Jahr 2004 zum Beispiel die Zauberflöte von W. A. Mozart.
(Information: Burgarena Reinsberg, A-3264 Reinsberg, Telefon: 07487/7180, Internet: www.mozart.in.reinsberg.at, Mail: office@reinsberg.at)

Der Markt Purgstall und das Feuerwehrmuseum

Purgstall an der Erlauf konkurriert hinsichtlich Größe und Einwohnerzahl mit den benachbarten Städten Scheibbs und Wieselburg und hat dabei um einen Hauch die Nase vorn. Kulturell hat der alte Markt einiges zu bieten; ein Abstecher von der knapp außerhalb des Marktzentrums vorbeiführenden Bundesstraße lohnt sich deshalb auf jeden Fall. Schon ein Spaziergang vorbei an den alten Häusern der Eisenhändler zeigt die einstige Bedeutung des Marktes. Als Teil des sogenannten „Dreimärktebezirkes", zu dem auch Scheibbs und Gresten in der Blützeit der Eisenwurzen zählten, war Purgstall Heimatort reicher Handelsfamilien. Auffallend ist neben den schönen Hausfassaden die einzigartige Lage des Marktes beiderseits der Erlaufschlucht, wobei der Fluss mit lautem Getöse das alte Ortszentrum in zwei Teile trennt. Heute ist Purgstall natürlich längst zusammen gewachsen, doch im Mittelalter entwickelte sich der Markt tatsächlich aus zwei getrennten Dörfern. Wer sich näher mit der Geschichte des Ortes auseinandersetzen möchte, dem sei das Heimatmuseum im Ledererhaus wärmstens empfohlen. Das Haus selbst ist einen Besuch wert, es entstammt dem späten 16. Jahrhundert und ist mit Secco- und Sgraffitomalereien verziert.
Die Pfarrkirche des Ortes ist entsprechend der Größe der Pfarrgemeinde (heute mehr als 6000 Pfarrangehörige) reich ausgestattet. Hervorzuheben sind der spätbarocke Hochaltar von Andreas Zach (18. Jahrhundert) sowie ein Bildnis der Heiligen Anna des Kremser Schmidt.
Ein Museum der ganz besonderen Art stellt zweifellos das Erlauftaler Feuerwehrmuseum dar. Initiiert und verwaltet von der Freiwilligen Feuerwehr Purgstall sind hier historische Feuerwehrgeräte und Fahrzeuge ausgestellt. Darunter befindet sich zum Beispiel ein Opel Blitz-Tanklöschfahrzeug aus dem Jahre 1939. Die Museumsleitung organisiert von Zeit zu Zeit eigene Oldtimer-Ausfahrten. Neben der historischen Entwicklung der Feuerwehr kommt der moderne Feuerwehralltag in den Ausstellungsräumen nicht zu kurz.
(Information: Marktgemeinde Purgstall, Pöchlarner Straße 15 – 17, A-3251 Purgstall a. d. Erlauf, Telefon: 07489/2711-0, Internet: www.purgstall.at; Erlauftaler Feuerwehrmuseum, Pöchlarner Straße 56, A-3251 Purgstall a. d. Erlauf, Telefon: 07489/2914)

Die Urlingerwarte am Blassenstein

Jede Stadt im Gebirge hat ihren „Hausberg" – so auch die alte Bezirkshauptstadt Scheibbs. Obwohl die Ginselhöhe um etwa 50 Meter höher ist und der Lampelsberg sich beinahe ebenso hoch über das Alpenvorland erhebt, ist doch der Blassenstein der unumschränkte Hausberg der Scheibbser. Um ein paar Meter „drauf" zu setzen und das Erwandern des Berges noch attraktiver zu gestalten, wurde auf dem nach Norden jäh abfallenden Felsen eine Aussichtswarte errichtet. Zu ihr gelangt man von Scheibbs aus entweder mit dem Auto bis zu einem Parkplatz unweit des Gipfels oder zu Fuß auf markierten Wegen (z.B. Weg Nr. 4), die durch die grünen Wiesen der umliegenden Bergbauernhöfe führen. Vom Blassenstein aus hat man bei klarer Sicht einen gewaltigen Ausblick auf das Alpenvorland und die südlich anschließenden Voralpen sowie auf die tief unten im Tal liegende Stadt Scheibbs. Es darf daher nicht verwundern, dass einem gerade an Wochenenden in großer Zahl Gesellschaft geleistet wird.

Scheibbser Altstadtspaziergang

Die traditionsreiche Stadt Scheibbs bleibt beim schnellen Wege zu den Wintersport- und Ausflugszentren der Ybbstaler Alpen zumeist links liegen. Dass das völlig zu Unrecht geschieht, davon kann man sich bei einem Spaziergang durch die idyllische Altstadt von Scheibbs selbst überzeugen. Beginnend bei der Kapuzinerkirche kann man am ehemaligen Friedhof die Grabkapelle des berühmten Hammerherren Andreas Töpper besichtigen. Töpper war Industriebaron und Humanist in einer Person. Dank seiner sozialen Ader lebt er noch heute als wohltätiger Mann in den Überlieferungen der Einheimischen fort. Einige auf ihn zurückgehende Industriedenkmäler befinden sich in unmittelbarer Nachbarschaft der Stadt Scheibbs, darunter seine ehemalige Villa und das ehemals für das gesamte Kaiserreich bedeutende Blechwalzwerk in Neubruck. Durch die von alten Bürgerhäusern gesäumte Hauptstraße gelangt man zum Rathausplatz mit der spätgotischen Pfarrkirche Heilige Maria Magdalena. Das etwas erhöht gelegene und daher weithin sichtbare Gotteshaus verfügt über einen 60 Meter hohen Turm. Die Ausstattung ist überwiegend barock, wobei der Hochaltar sowie die von Joseph Munggenast errichtete Marienkapelle besondere Aufmerksamkeit verdienen. Den Blick nach oben gerichtet, wandert man vom Barock mehrere Zeitepochen zurück in die Gotik und erblickt ein filigranes Netzrippengewölbe, das zu den schönsten seiner Art in der Region zählt. Gegenüber der Kirche befindet sich das Rathaus mit einer kleinen heimatkundlichen Sammlung. Dort werden Sie auch erfahren, dass nicht in Wien, Budapest oder Prag, sondern hier in Scheibbs 1886 die erste elektrische Straßenbeleuchtung der Monarchie erstrahlte. Vom Platz aus sollte man noch weiter durch die Altstadtgassen schlendern und den vielen schönen Bürgerhäusern, die vom einstigen Wohlstand der Handelsfamilien an der Eisenstraße zeugen, Aufmerksamkeit schenken.
(Information: Stadtgemeinde Scheibbs, Rathausplatz 1, A-3270 Scheibbs, Telefon: 07482/42511-0, Internet: www.scheibbs.com, Mail: stadtamt@scheibbs.com)

Scheibbs *Hinterndorfer*

Kühlhauskopf
1343
Wies Gr.
Jh. Gleiß
Ghf. Staudach
454
Bad
Bhf.-Gr. Hollenstein
Fahrnlehen
Oberhofstatt
Lettenwag
Oberkirchen
Strandbad
Hollenstein-a. d. Ybbs
(497)
Heger B.
Grub
Steger Kg.
744
Thom
NÖLRWW
Grub B.
Rain
670
Jh.
Schaumauer
529
Walchen
Treffengut
Hammer
795
Grenzberg
Kleinbach
679
Großbach
Reithof
934
Ziegelau
Panoramatour
Sagenweg
Dornleiten
Kl.-Koth
Gr.-Koth
Sattel
Hochschlag
833
RW3
NÖLR
Ziegelauer Stl.
Gallenzer Kg.
782
613
Kranzelerb
Schelchen
Gallenzen
Unterleiten
208
Hochscheuch
Winterreith
Klaus B.
RW3
Scheuchenerb
Weberei-museum
Rabersberg
Wenten
Schneib
1057
Weidental
Vord. Hochau
Haberfeld
Pfannschmied
Dürreck (Jh.)
758
608
267
64
1409
1342
Köthler Eck
Wentstein-Hammer
Hammer B.
RW3
Jh.
Eisgraben Stl.
1000
208
64
Jh. Sandgraben
Sand Gr.
Wentner A.
1154
Wenttaleck
Schneegruben
1770
Stumpfmauer
Naturpark
NÖ Eisenwurzen
Jh. Seeau
Dreiländer-punkt
1727
Bretterboden
Stumpfhtt.
(Jh.)
1139
Stumpf B.
Hütt Gr.
Voralpe
Seeau B.
Seeau
Schott Gr.
1420
Schlä Gr.
Gamssteinhtt.
(Jh.)
1189
Kleinpromau A.
Seeboden
1069
Haselluckehtt.
(Jh.)
Föhren B.
Gscheid Stl.
1026
Weitgoß Gr.
Hasenf
1615
Jh.
1739
Langmauer
Roßkogel
Hint. Kamp
Gamsstein
1770
1774
Hoch Kg.
Hühnerriegel
67
63
Vord. Kamp
1766
Gamssteineck
Pfarrerhoch A.
1264
Blaser Kg.
1604
Gamsstein Gr.
65
Bärtal
1020
Naturfreundehtt.

Blatt
20
Dörr Kg.
812
Brandstatt
625
Berg
Dörr
Panoramatour
Nollenreith
Tischler Gr.
Plansteinhtt.
1093
Höll Gr.
Berger Brandhtt.
1150
Siebenbrunn
Hirnsulz
1346
Almkopf
Siebenhütten
Jausenstat.
Planstein
Schlager A.
Sulzboden
Vierhütten
1452
Schwarz Kg.
Jh.
NÖLRWW
Almentour
Kastner Gschlief
Simelauer A.
Durnhöhe
1439
Kitzhüttenalmtour
Müllnertal
Bodinghtt.
(Jh.)
1019
1228
Garnstatt
Bodinghöhe
1076
Binder K
Dauchen A.
1284
1335
1266
Kitzhtt.
Jausenstat.
RW3
Hirschleiten Gr.
Bestandleiten
Bohnsteigerhtt.
Klausleiten
Buchmais
Lebers Gr.
Sonnbrandtour
Boding Stl.
923
Auerhtt.
(verf.)
Boding B.
Schwarzbach Gr.
931
Seit Gr.
910
Kamper Mauer
1143
Lackner Kg.
Antoni
Katzenstein
Höll Gr.
Kampen
1159
Eisenspitz
Sonnbrandtour
Schaueck
855
Gr. Promau
Höll Gr.
884
809
Spannlehen
Sonnberg
834
Eisenwiesen
1069
Kl. Promau
Vogelnestrücken
Mendling
Großegg
644
Schwolleckau
Schwolleck
Jausenstat.
Herrenhaus
Hof-Hammer
Legoner
Gamssteintour
Halstal
Erlebniswelt Mendlingtal
"Auf dem Holzweg"
Brettseiten
1058
1225
1269
740
27
Scheiben B.
Jh.
1309
Staudingerhtt.
(Jh.)
Ruh Kg.
Lassing
Scheibenberghtt.
(Jh.)
Zinken
1400
Scheiben B.
1332
Mendlingbauer
592
Schöfstein
Scheibenberg Kg.
1377
578
Dreizipf
Hartl
Raffelgraben
Gamssteintour
Mendling
Schöfstein Kg.
1127
Raffelmauer
Schwarzerweg
Gamssteintour
Grabenbauer
Bösgraben
Dürren Gr.
Raffelgraben
Mendling B.
64
Hirtenlehner
Niglboden

Blatt 20

HOLLENSTEIN AN DER YBBS

Hollenstein– die „Perle“ des Ybbstals

Der etwas schwülstige Titel „die Perle des Ybbstals“ hat sich Hollenstein dank seiner einmaligen Lage an einer Kehre der Ybbs inmitten der, bereits deutlich alpine Züge aufweisenden, Ybbstaler Alpen verdient. Schon von der Ferne ist die besonders malerisch gelegene und wehrhafte Pfarrkirche vor der prächtigen Bergkulisse des Gamssteines und der Voralpe auszumachen. Sie stammt aus dem 14. Jahrhundert und wird als Stätte der Besinnung von einem wahrhaft „göttlich“ über dem Ort thronenden Kalvarienberg begleitet. Die Pfarrkirche ist dem Heiligen Nikolaus, dem Schutzpatron der Schiffer und Flößer, geweiht. Sie verfügt über einen gotischen, „Frauenkapelle“ genannten, und einen spätbarocken Teil. Beachtenswert ist vor allem die hölzerne "Kirlaben" (Kirchenlaube) mit dem breiten Stiegenaufgang, der früher den Händlern als Verkaufsstandort diente. Zahlreiche Grabsteine an der Kirchenmauer erinnern an die einstigen Hammerherren und ihre Familien.

Die Entwicklung des Marktes Hollenstein als eines der historischen Zentren der Kleineisenindustrie wird durch mehrere Industriedenkmäler offenbart. Besonders sehenswert ist das Hammerbachtal, in dem einst zahlreiche Hammerwerke tätig waren. Ein Sagenweg führt durch dieses südlich des Ortszentrums liegende Tal. Noch weiter südlich liegt im Ortsteil Wenten der mustergültig renovierte Wentstein-Hammer, das besterhaltene Industriedenkmal der Gemeinde.

(Information: Gemeinde Hollenstein,Gemeindeamt, Walcherbauer 2, A-3343 Hollenstein a. d. Ybbs, Telefon: 07445/218-0, Internet: www.naturparke.at/eisenwur/info.html, Mail: gemeinde@hollenstein.at)

Naturpark Niederösterreichische Eisenwurzen

Der Naturpark Niederösterreichische Eisenwurzen umfasst eine Fläche von rund 50 Quadratkilometern und liegt im äußersten Südwesten des Bundeslandes an der Grenze zur Steiermark und zu Oberösterreich im Gemeindegebiet von Hollenstein an der Ybbs. Der Park bildet mit dem Naturpark Steirische Eisenwurzen eine gemeinsame Grenze. Er ist ein Teil der Tourismusregion Mostviertel alpin und liegt direkt an der Niederösterreichischen Eisenstraße. Diese Straße zeugt noch heute von der einst bedeutenden Kleineisenindustrie im oberen Ybbstal, wo das Erz des Steirischen Erzbergs zu Werkzeugen, Messern und Sensen verarbeitet wurde.

Der Naturpark verbindet dieses kulturelle Erbe auf wunderbare Weise mit dem

Mendlingtal *Marktgemeinde Göstling an der Ybbs*

Reichtum an Naturschönheiten im „Dreiländereck". Als Teil der nördlichen Kalkalpen verfügt das Gebiet über reichhaltige Urwaldreste, Wasserfälle, Felsen und urwüchsige Gipfelregionen. Blumenreiche Waldmoore und stille Almwiesen liegen innerhalb der Parkgrenzen und erfreuen die Besucher. Der Gamsstein mit 1774 Metern und die Voralpe bzw. Stumpfmauer mit 1770 Metern ragen bereits über die natürliche Waldgrenze hinaus und sind lohnende Ziele für Bergwanderer.
Die Wirtschaftsgeschichte der Region um Hollenstein wird durch den wiederhergestellten Wentsteinhammer wohl am besten charakterisiert. Ein eigens angelegter Sagenweg soll die Mythen, welche sich um die Region ranken, erlebbar machen und ist gerade für Familien mit Kindern ein interessantes Ausflugsziel. Schautafeln, Naturlehrpfade und Naturparkführungen erklären die naturkundlichen Besonderheiten des Parks. Es ist darauf hinzuweisen, dass auf die Behindertenfreundlichkeit der Wege großer Wert gelegt wurde.
Mountainbikefahrer kommen im Naturpark ebenso auf ihre Kosten. Für sie ist ein gut beschildertes Radwegnetz angelegt worden, für Wanderer stehen darüber hinaus rund 210 Kilometer beschilderte Wege zur Verfügung.
(Information: Naturpark Niederösterreichische Eisenwurzen, Gemeindeamt, Walcherbauer 2, A-3343 Hollenstein a. d. Ybbs, Telefon: 07445/218-0, Internet: www.naturparke.at/eisenwur/info.html, Mail: gemeinde@hollenstein.at)

Erlebniswelt und Holztriftanlage im Mendlingtal

Skifahrern wird der Weg von Göstling nach Lassing schon bekannt sein, denn vom letztgenannten Ort zweigt die Bergstraße auf das bei Wintersportlern beliebte Hochkar ab. Dass es sich auch im Sommer lohnt, den Weg in das beschauliche Alpendorf zu wählen, davon sind Jahr für Jahr mehr Ausflugstouristen überzeugt. Diese besondere Attraktivität von Lassing während der Sommermonate hat der kleine Ort dem Mendlingtal zu verdanken. Dieses erstreckt sich südlich des Ortes, der übrigens auf der Wasserscheide zwischen Ybbstal und Salzatal liegt. Ein beschilderter Weg beginnt beim Teich in der Ortsmitte und führt zuerst durch einen über dem Talboden befindlichen Wald hinunter zum Eingang in die eigentliche „Erlebniswelt Mendlingtal". Hier ist eine Eintrittsgebühr zu bezahlen und ab hier wandelt man auf den Spuren der Holztrifter, eines Menschenschlages, der einem harten, aber für diese Region lange Zeit typischen Broterwerb nachging. Dabei wurde von den dichten Wäldern um Hollenstein das für die Eisenindustrie so wichtige Holz auf den Bächen entlang getriftet – bzw. geflösst. Die Trifter bewegten sich dabei auf, abenteuerlich in die Hänge der Schlucht geschlagenen, Triftsteigen und bestimmten so den Lauf des Holzes. Verschiedene technische Anlagen wie Holzrechen unterstützten sie bei ihrer Arbeit. Die erst vor wenigen Jahren revitalisierte Holztriftanlage im Mendlingtal ist eine der letzten ihrer Art und angeblich sogar die allerletzte, die tatsächlich noch in funktionstüchtigem Zustand ist. Der insgesamt 2,5 Kilometer lange Weg ist für Familien einfach begehbar und offenbart immer wieder neue Überraschungen. Eine davon ist die ebenfalls revitalisierte Wassermühle nahe des oberen Schluchtausgangs. Beim ehemaligen Hammerherrenhaus Hof in Großegg kann man schließlich einkehren und die regionstypischen Schmankerln der Eisenstraße genießen.
(Information: Tourismusverein Göstling a. d. Ybbs, Markt 1, A-3345 Göstling, Telefon: 07484/5020-19, Internet: www.goestling-hochkar.at, Mail: goestling-hochkar@aon.at)

Mountainbike-Country Hollenstein

Die Berge rings um Hollenstein an der Ybbs lassen das Herz jedes Mountainbikers höher schlagen. Unter starker Mithilfe der örtlichen Naturfreunde wurden mehrere Strecken beschildert und ermöglichen so das genussvolle Radeln durch die erlebnisreiche Landschaft. Insgesamt können rund 220 Kilometer mit einer Höhendifferenz von fast 5000 Metern zurückgelegt werden. Die anstrengendste Tour ist die Erzweg-Gamsstein-Strecke mit rund 1.300 Metern Höhendifferenz und einer Länge von 53 Kilometern. Weniger sportlich Ambitionierte können sich beispielsweise mit der Tälertour begnügen, die lediglich 20 Kilometer Länge und eine Steigung von insgesamt 530 Metern aufweist und damit auch für Anfänger oder weniger geübte Biker geeignet ist.
(Information: Gemeinde Hollenstein a. d. Ybbs, Walcherbauer 2, A-3343 Hollenstein a. d. Ybbs, Telefon: 07445/218-0, Internet: www.hollenstein.at, Mail: gemeinde@hollenstein.at)

Niedereck
Gadenweiteck
854
Tretterlehen
Örtlmühl
Klaffertal
1096
1091
Zürnerberg
Große Au
Kleines Ybbstal-Radweg
Rothenstein Kg.
Alm Kg.
Rothenstein
Föhrenriedel
Kl. Erlauf
Eibensessel
600
Oberau
Vord. Schlageben
882
Kartause Gaming
Steinreith
Alter Rauheisenweg
Federlehen
Roterd
1012
Hochalmweg
Hochalm
925
Mais
879
Zürner
Sommerau
Obersberg
Spitzberg
740
964
Stickelleiten
Kreuz Kg.
900
Kaltenmarkt
Hochwiese
906
Lorenz B.
925
Klamm
Schwarz
913
Bölzen B.
1057
Jh.
Wäscher Gr.
Mitterau
Chor
Bockmäuer
Zettelreith
929
Schlageben
Gaistal
Graben
Pfaffenschlag
Ahorngraben
Themenweg
Hohenberg
Königslehen
Rottenlehen
Vorstadtau
675
Föllbaum B.
1014
Berger Kg.
834
Mitterau B.
Salchen
Ötscherland-radweg
Föllbaum
Grubberg
Wh.
890
Grubberg
Museumsbahn "Ötscherland-Express"
Minich Kg.
872
Hüttgraben W.
Winkel
Schlapperhart
Hoch Kg.
951
Grubwies
746
Helmel
Steineck
877
Neidfleck
Zwiesel
Kothgraben
Lichtenau
756
Loosbichl
Weißenbach
Mausrodl
Marksteiner
Kleinhollenstein
Gansbrunn
Schlapperhart
Themenweg
Lunzer B.
1004
659
Tischen
Maderteich
628
615
Glockriegel
Hohenberg
Kogel
Ötscherlandradweg
Oisreith
Pramelreith
Ois
Ghf. zur Paula
Oed
Hinterleiten
922
Bleicken B.
Lunz am See
(601)
Graben
Pöllenreith
Boding B.
Jausenstat.
Grub
760
Rauschmauer
838
Amonhaus
Kl. Seeau
Steinbauernberg
Mai
Perneck
962
Lunz Amt
Kl.
Gr. Seeau
847
Ghf. Seeblick
Weinegg
Bhf.
Walcherbauer
Biologische Station
Gr.
Seerest
Bad
Lunzer See
(608)
Taverne
618
Grub
Taxegg
Schl. Seehof
Seereith
Schlögelberg
Ganzeben
Seekopf
945
Pfanne
Hager Gr.
Hst. Kasten
Lärchenstein
974
Pauschenreith
581
Kr.W.

Blatt 21
Dreieck B.
876
883
Grafenwart
Kirchstein
Hof Stl.
604A
Spitzmauer
Bockmauer
Gaming
(431)
Urmanns B.
795
Hofrotte
751
Hoch Kg.
Bad
Filzmoos
525
Herminen Qu.
Umbergsdlg.
Hochau
Erlauf
Schlaglmauer
Hendl Gr.
Sulz Gr.
Bichlwald
Wies Kg.
891
614
Höll Gr.
Schwarzen B.
1049
899
Nas Kg.
Käfer Gr.
Feuchtrieger
842
Ebertal
Holzschlag
Kappen Kg.
Gföhl Stl.
939
Hahnspitze
Gaming B.
Gamingstein
959
Gföhleralm Sp.
Gamingrotte
Happelreith
1110
1296
Leiten
Neideck B.
Gföhler A.
Rainstock
Blöckerwän
befahrbar für MB nur von 9–17 h
877
Bären Gr.
Schleierfall
Neideck
Brettermaiß
Polzberg Kpl.
Polzberg
1208
Leitnerwald
Frauenmauer
1255
Stierhalt Kg.
Frauenhöhle
Baumannbrunn
Polzberg
Katzenboden
Hochau
1178
Reitahorn
1066
Schindel B.
1038
Karthäuserpfad
Taschl Gr.
Dachsbach
Reitbauer
P o l z b e r g
909
2A
Kessel Gr.
878
Gindel Kg.
Dippelleiten
Bockhörn
955
Großbach
Freudental
Bichlhöhe
Lackenhof
(809)
Lacken B.
277
Bichl
Hirschwand
206
823
Birken Kg.
Schwarzer Ötscher
1183
1188
1001
Eiben Kg.
Eibenkogellucken
Sag Kg.
750
Maierhöfen
277
Roß Kg.
1182
Gappenriedel
277
Bäckerleiten
Ötscherboden
Draxlertal
Rehgeiß Kg.
948
Ois (Ybbs)
Krw. Finkmühle
1237
206
Wsst.
1552
Gaminger Mauer
Kl. Ötscher
Seidenschwanzriedel
Langau
681
Brennmauer
Scheibe
1602

GAMING - LUNZ AM SEE

Das Amonhaus in Lunz am See

Lunz am See ist eine Gründung der Gaminger Cartäuser und entwickelte sich bald zu einem wichtigen Ort an der Eisenstraße, welche das Erzabbaugebiet in der Steiermark mit den wichtigen Handelsposten an der Donau verband und Heimstätte zahlreicher Hammerwerke und Kleineisenbetriebe war. Wie mächtig und reich die ehemaligen Hammerherren durch ihre Geschäfte wurden, beweist das für diese abgeschiedene Region äußerst prächtig gestaltete Amonhaus im Ortskern von Lunz. Das Bürgerhaus ist mit Sgraffitoschmuck aus der Renaissance ausgestattet und wurde Mitte des 16. Jahrhunderts errichtet. Im 18. Jahrhundert wurde es von Johann Franz von Amon bewohnt, seinerseits der berühmteste Hammerherr von Lunz. Heute beherbergt es ein interessantes Heimatmuseum.

Dieses bereits im Jahre 1914 gegründete Museum im Amonhaus präsentiert die Geschichte der Schmiedeeisenerzeugung, volks- und naturkundliche Sammlungen sowie eine Sammlung mit Erinnerungsstücken an die Hammerherrenfamilie Amon.

(geöffnet: im Sommer täglich von 10-12 Uhr, Information: Museum im Amonhaus, Amonstraße 16, A-3293 Lunz am See, Telefon: 07486/8081)

Naturjuwel Lunzer See

Eingebettet in die Voralpenlandschaft liegt der Lunzer See als größter See Niederösterreichs. Sein nicht gerade warmes, dafür aber reines Gebirgswasser schreckt im Sommer die zahlreichen Badegäste nicht vor einer erfrischenden Abkühlung ab, im Gegenteil, der See erfreut sich nach wie vor großer Beliebtheit. Der Verfasser dieser Zeilen erinnert sich an unzählige Wochenendausflüge während der Kindheit zum Lunzer See. Dabei gab und gibt es für Kinder kaum etwas Schöneres, als mit einem Tretboot „bewaffnet“ über den See zu tuckern. Den meisten Gästen ist nicht bewusst, dass der See an seinem östlichen Ende eine bedeutende biologische Station beheimatet. Das besondere Klima, welches für das in einer Gebirgsmulde liegende Seental immer wieder österreichische Rekordwerte bereithält (so zum Beispiel den Rekord des mitteleuropäischen Kältepols), wird hier ebenso beobachtet wie die einzigartige Fauna und Flora dieses Lebensraumes. In den Wäldern um den Lunzer See fühlt sich sogar der Braunbär heimisch – doch keine Angst, der Bär verzieht sich aufgrund seiner Menschenscheue lange bevor ein Gast ihn zu Gesicht bekommt.

Museumsbahn „Ötscherland-Express“

Wie überall in Europa wurden und werden auch in Österreich unrentable Nebenbahnen dem Sparstift geopfert und fristen bestenfalls als Museumsbahnen ein beschauliches Dasein. Genauso ergeht es der neben der Mariazeller- und der Semmeringbahn dritten, abenteuerlichen Gebirgsbahn Niederösterreichs. Der Schmalspurbahnabschnitt zwischen Lunz am See und Kienberg-Gaming, welcher die Erlauftal- und die Ybbstalstrecke miteinander verbunden hatte, wurde im Jahre 1988 stillgelegt, da sich der Betrieb auf der äußerst wartungsintensiven Bergstrecke nicht mehr lohnte. Eigentlich sollte die Strecke abgetragen werden, doch glücklicherweise werden im Sommer noch Nostalgiefahrten durchgeführt. Dicht an Felsen vorbei führt die Strecke dabei über zwei Stahlviadukte (Trestlework-Bauweise), deren Erhaltung für die Fortführung der Nostalgiestrecke von essentieller Bedeutung ist. Die Bauweise der Strecke stammt aus den USA, weshalb die beiden Brücken auch wie direkt aus einem Wildwestfilm entsprungen wirken.

(Information: Tourismusverband Ötscherland, Volksfestplatz 3, A-3250 Wieselburg, Telefon: 07416/52692, Internet: http://www.erlebnisbahn.at/ybbs)

Kartause Gaming

Die alpinen Gebiete des Mostviertels würden heute vermutlich ganz anders aussehen, wenn es nicht die Kartause Gaming und mit ihr ein geistiges und wirtschaftliches Zentrum gegeben hätte, dass großflächige Rodungen vornehmen ließ, Orte und Kirchen gründete und Kunstschätze in diese abseits der wichtigen Verkehrsverbindungen gelegene Region brachte. Wie so viele andere Klöster fiel auch dieses den Reformen Kaiser Josephs II. zum Opfer. Die zurückgezogen lebenden Kartäuser passten nicht in das

Religionsverständnis des Kaisers und mussten daher 1782 aus Gaming weichen.
Die Kartause Gaming entstand 1330 nach einer Stiftung Herzog Albrechts II, der diese als Einlösung eines Gelübdes tätigte. Er liegt in seiner Gründung Gaming begraben. Im Gegensatz zur Kartause Aggsbach blieb Gaming trotz Reformation, Türkeneinfällen und Josephinischer Klosterreform baulich relativ unbeschadet. Als Doppelkartause mit 24 Mönchszellen war sie die größte ihrer Art in Mitteleuropa. Heute stellen die schmucken Kartäuserzellen einzigartige gotische Bauwerke dar, die jedoch großteils adaptiert und als Wohnhäuser genutzt werden. Die Klosteranlage wurde in den 1980-er und 1990-er Jahren restauriert und erstrahlt in neuem Glanz. Heute ist in ihr ein Hotel untergebracht, daneben finden immer wieder Ausstellungen und Weihnachtsmärkte statt. Kunstliebhaber werden sicherlich den Prälatensaal mit seiner eindrucksvollen Stuckdecke aufsuchen, ebenso die freskierte Bibliothek und die ehemalige Stiftskirche, deren ursprüngliche Ausstattung jedoch nach der Klosteraufhebung weitgehend aus Gaming verschwand. Die nicht schwindende Anziehungskraft der Kartause offenbarte sich etwa 1993, als der Enkel des letzten österreichischen Kaisers, Karl Habsburg seine Braut Francesca Thyssen in den alten Gemäuern ehelichte. Im Kartäusermuseum findet man noch viele andere „Highlights" aus der Geschichte dieses Bauwerks, das wie kaum ein anderes für die ganze Region der Eisenwurzen von identitätsstiftender Bedeutung ist. *(Information: Kartause Gaming, Kartause 1, A-3292 Gaming, Telefon: 07485/98682, Internet: www.kartause.at, Mail: verwaltung@kartause.at)*

Kartause Gaming *Hotel Kartause Gaming*

Rabennest Kg.
841
Übelbach Gr.
Oberriethaler
Kreuzberger
601
Reif Gr.
893
Peuten Gr.
Haiger Kg.
885
Grafenreuth
Unterstein
Schaufelmühl
Schallwaldschneid
886
Freilichtmuseum
Schaufelreith
Abstaller Kg.
Weherberg
Schaf Kg.
Dornreit Gr.
Dornreit
717
Falkensteinhöhe
1055
Sommersberg
Schreinerod
Mautstraße
Schlund
833
277
Hochberneck H.
916
Steiner
Kollerreit
605
6
883
Unt. Falkenstein
412
Talba
(verf.
Sulz Gr.
718
Ob.-Gaistal
642
Falkensteinsteg
432
Jausenstat.
651
Ob.-Elben-Unt.
Robitzsteiner-Kreuz
604A
Gold Gr.
Ghf. Schindlhtt.
712
Roß Kg.
Samersteg
277
gelb
784
Feuchtriegel
842
Eibenmühle
Trefflingfall
Hundsgraben
Ötscher-Tropfsteinhöhle
Steinbühel
799
Vorder-Tormäuer
1009
Hahnspitze
Ahorn Gr.
694
Topfen Kg.
927
Jh. Steingraben
822
484
Natur
Kalbnriedel
877
Steinwand
605
Beikogel
Gnadenberger
Vogelauer
Hundsgrabenwald
Nestelberggraben
Brennwiese
556
787
753
Hofer
Alberger
Blöckerwänd
Kerschbaum
Schönleiten
Nestelberg
Stiermauer T.
943
Buder
Seppenbrunn
1094
1083
857
Schönwald
Farrenboden
1072
Gsoll
Sandgruben Kg.
Nottental
674
Salch Kg.
988
1015
Im Schönwald
1057
Nestelbe
Ötscher-Tormäuer
1128
911
Siglgrund
605
662
1110
Schuhleitner
Schmalzalm
Bockriedel
Schober
1024
Eiserner Herrgott
Ortleitengraben
Pfanngr.
1087
1038
Steingrabenkreuz
1049
1090
Benna Gr.
Fallmann Kg.
Firmböndl
Nestelbergsäge
944
Bärenlacken
1019
Fh.
Edelbach Kg.
1083
In der Gmoa
9
953
Raneck
891
Bernreiter
Wasserloch
6
605
Einstar
Ötscherwiese
Juckfidelwald
Bockhörner
895
1094
Brand Kg.
Lackenhof
Ghf. Digruber
Wasser T.
Edelbachmäuer
1323
809
861
933
Weitental
In der Pfann
Rauher Kamm
1535
1422
Bergl
1099
277
Taubenstein
Ochsen
Taubenlo
1849
12
Ötscherhöhlen
1001
106
Eiben Kg.
Sulz Gr.
1893
1888
1763
Bergmäuer
Geldloch
Ötscher
605
6
Wagnertritschen
Alpintour
13
1786
Beim weißen-Mäuerl
Ötscher Schutzh.
1418

Blatt 22
Akampenreith
Ghf. Kreuztanne
Unt.-Eierzerle
Ob.-
Thorriegl
Laubenbach
Übergang
Weißwasser
658
Winterbacher Ötscher
1090
Kreuzthonen
Jh.
872
Mariazellerbahn
Hst. Unterbuchber
1099
Jh.
1031
Mäuerlberg
Frühauf
Bergbauer
In der Eisgrube
888
Aufental
Buchberg
Bhf.
Flach
Großbach
Reitbauer
Bad
Puchenstuben
(868)
Unt.
604A
Moser
700
Langseit
Rieglbauer
Moarwutzl
Nattersmühl
783 Pumhösl
Am Sulzbichl
Stein B.
Natters B.
669
Eibner
Wutzl
Buder
880
1109
Bachinger
Roß Kg.
1042
Ellbogen
Sulzbichl
Weißenbacher
Hofbauer
Höllries
Brandebenwald
Roßwiese
1040
Flor Kg.
1150
988
702
Kruckl
858
Brandmauer
1207
Turm Kg.
1246
Brandeben
1133
1276
Silbergrube (verf.)
Berghaus Turmkogel
Alpenrosenhang
1235
Wutzl
1109
1152
Riesberg
park
Enne
Brandgegend
Bahnwanderweg
1046
Grafschiftenwald
Schwarz Kg.
Eselgrund
Köstler Jh.
Karner
Brand B.
Klaus Gr.
1091
Spielmannbuder
Weißmäuerl
1183
1119
Vord. Hühnerkg.
Waldgegend
752
Toter Mann
Bachler
Wegscheidhaus
1172
1076
Jh.
Dachsenwiese
Ochsenboden
Wastl a. Wald
Weitergraben
783
Gerstl
503
Wutzl
970
1084
Schüsseleck
Bodenwiese
Pflanzensteighäusl
1164
Erlauf
mäuer
Raingrund
Heuberger-schlag
Klamm
1138
962
Hohenas
829
Zwölfermauer
Molter Kg.
1004
Ochsenburg
Hohenas St.
Mühlgrund
Bhf.
958
Wh. Sommerer
521
Maisbuder
Alpenhot.
869
Obergösing
Holzknechtmuseum
Gösing a.d. Mariazellerbahn
Wutzl
Reiter
545
Roth
Schießwand
781
El.W.
736
Sommerau
760
gelb 15
Gruber
Untergösing
Wasserlochhäusl
Kr.W.
Erlaufboden
961
Arzriedel
Wh. Buder
Pachler
Rußwurm
Anger B.
840
Teufelsriedel
Bachler
749
Höblinger
840
985
951
1294
Grießwand
Hennmauer
Köhlerhöhle
Schwarz Kg.
1206
Teufelsriegel
1109
Gr. Kohler
993
Kl.- Kohler
Bhf. Annaberg
Bärengang
Hint. Tormäuer
Nasser
850
880
Reith
Steinwand
960
Stierschwanz
Am Baumgartl
Gregor Jh.
890
982
Jodlschopf
Lucken
Sulz Kg.
948
Stausee
Ochsenboden
587
Gamslucken H.
Kitzlucken
Sommerer Kg.
918
H. Mauer
Hohe Burg
Kogelbauer
Hst.
277
50
49
4
4A
5
48
17
10
13
15
8
2
1

Blatt 22

PUCHENSTUBEN

Naturpark Ötscher-Tormäuer

Der Naturpark Ötscher-Tormäuer erstreckt sich von der Erlaufschlucht über den 1893 Meter hohen Ötscher, Puchenstuben-Annaberg bis zum Erlaufsee und umfasst mittlerweile eine Fläche von etwa 14.500 Hektar. Damit stellt er den landesweit größten Park seiner Art dar. Zu den Attraktionen zählen besonders der 300 Meter hohe Treffling-Wasserfall sowie die Ötscher-Tropfsteinhöhle. Diese wurde im Jahre 1926 erstmals für Führungen zugänglich gemacht. Der Besucher wandert entlang einer etwa 570 Meter langen Strecke durch eine Welt der Finsternis. Ein 100 Quadratmeter großer See ist im Inneren der Höhle gelegen. Weiters kann man beeindruckende Gesteinsformationen sehen, die sich etwa „Hoher Dom" oder „Feurige Zunge" bzw. „Zaubergang" nennen. Die Zufahrt erfolgt bis zur Jausenstation Schindlhütte, von wo aus man etwa eine Stunde auf markiertem Weg bis zum Eingang der Tropfsteinhöhle wandert. Von Mai bis Oktober kann man hier an Führungen teilnehmen.

Weitere Sehenswürdigkeiten des Parks sind die Almen auf dem Hochbärneck, die faszinierenden Schluchten in den Ötschergräben und den Tormäuern. Außerdem kann man hier eindrucksvolle Steingebilde, wie zum Beispiel das Toreck, die Teufelskirche oder den Rauhen Kamm besuchen. Führungen zu den Themen „Entlang von tosenden Wassern" (Kontakt: 02726/ 205 oder 238) oder „Auf luftigen Höhen" (Kontakt: 07484/ 48464) finden ebenfalls regelmäßig statt. Auf eigene Faust lässt sich der Naturpark wunderbar erkunden. Rundwanderungen in den abgelegenen Bergweiler Nestelberg oder zum Hochbärneck sind ebenso zu empfehlen wie eine Besteigung des Ötschers über den Rauhen Kamm (nur für Geübte!).

Der Naturpark war vor rund 100 Jahren wesentlich stärker besiedelt als heute, besonders Holzfäller fanden mit ihren Familien hier genügend Auskommen durch die arbeitsintensive Forstwirtschaft. Von diesen einstigen Zeiten berichtet das Holzknechtmuseum in Trübenbach, welches einem Gasthaus angeschlossen ist. Die Gaststube befindet sich dort im ehemaligen Klassenzimmer der längst aufgelassenen, einklassigen Volksschule von Trübenbach.

(Führungen: Mai bis Oktober, Information: Verein Naturpark Ötscher-Tormäuer, A-3214 Puchenstuben Nr. 25, Telefon: 02726/238 bzw. 07485/98559, Internet: www.naturparke.at/oetscher/home.html, Mail: gemeinde-puchenstuben@aon.at)

Ausflugsdorf Puchenstuben

Puchenstuben gilt als eine der abgelegensten Gemeinden Niederösterreichs. Diese Abgeschiedenheit bedeutet für die kleine Kommune oft eine schwere Bürde. So nimmt die Bevölkerungszahl seit Jahrzehnten beständig ab und von den einst beinahe 1.000 Einwohnern mit Hauptwohnsitz verblieben nur noch rund 300! Dennoch oder vielleicht gerade deshalb hat Puchenstuben eine große Anziehungskraft auf Ausflugsgäste, wel-

Naturpark Tormäuer, Schmetterling *Patrik Hierner*

che die Ruhe und gesunde Luft der Umgebung genießen, die zahlreichen Wandermöglichkeiten rund um Puchenstuben in Anspruch nehmen oder den Ort als Ausgangspunkt für die nahen Naturwunder im Naturpark Ötscher-Tormäuer wählen. Puchenstuben entwickelte sich gemeinsam mit den benachbarten Dörfern Winterbach, Wienerbruck und Gösing um die Wende vom 19. zum 20. Jahrhundert zu einem der beliebtesten Ferienorte in Ostösterreich. Noch heute merkt man diesen alten Glanz an den altehrwürdigen Bauten aus jener Zeit im Ortszentrum. Ein modernes Viersternehotel in Gösing versucht, die alte Tradition wieder aufleben zu lassen und dient unter anderem auch als beliebtes Seminarzentrum.
Die Pfarrkirche von Puchenstuben bestand schon vor der goldenen Ära des Puchenstubener Fremdenverkehrs. Sie wurde 1728 errichtet und wirkt mit ihrer Holzschindelfassade und dem ebenso holzverkleideten Turm schlicht und doch einzigartig. Ansonsten sucht man in Puchenstuben großartige Kunstdenkmäler vergebens, doch entschädigt die phantastische Naturlandschaft rundherum dieses kleine Manko bei weitem.
(Information: Gemeinde Puchenstuben, A-3214 Puchenstuben Nr. 25,
Telefon: 02726/238, Internet: http://www.tiscover.at/puchenstuben,
Mail: gemeinde-puchenstuben@aon.at)

Mariazellerbahn

Die bekannteste Schmalspurbahn des Landes führt über eine Distanz von 85 Kilometer von der Landeshauptstadt St. Pölten durch das Pielachtal und das anschließende Ötschergebiet in den berühmten Wallfahrtsort Mariazell. Während von St. Pölten bis Laubenbachmühle, kurz nach Frankenfels, die Bahn keinen besonderen Gebirgsbahncharakter aufweist, ändert sich das schlagartig, sobald es in Richtung Puchenstuben bergaufwärts geht. Die Bahn verlässt das Pielachtal und führt über die Wasserschneide ins obere Erlauftal. Dieser Anstieg zwischen Laubenbachmühle und Puchenstuben zählt zu den Höhepunkten der Bahningenieurskunst in Österreich. Gleich danach erblickt man das gewaltige Ötscher-Massiv. Durch Wälder und Schluchten schlängelt sich die Bahn in Richtung Süden, wobei vor Gösing ein längerer Tunnel durchquert wird. Aufgrund ihrer Streckenführung in beinahe unbewohntem Gebiet mit dennoch zahlreichen Haltestellen bietet sich die Bahn hervorragend als Verkehrsmittel für Wanderer an, welche die Gegend kennen lernen und dabei nicht zum Ausgangspunkt zurück kehren möchten.

Nestelberg am Ötscher

Gilt Puchenstuben als abgelegenste Gemeinde, so ist Nestelberg der wahrscheinlich abgeschiedenste Ort Niederösterreichs. Seine Lage zwischen der grandiosen Tormäuer-Schlucht und dem hoch aufragenden Ötscher verleiht dem Dorf einerseits einen besonderen Charme und verhinderte andererseits über Jahrhunderte eine günstige Verkehrsanbindung an die Umgebung. Nestelberg war daher einer der letzten Orte, der eine befestigte Straße erhielt und bis weit ins 20. Jahrhundert hinein lebten die Holzfäller und Kleinbauern nur von dem wenigen, das sie selber herstellten. Zahlreiche Volkskundler befassten sich seither mit dieser letzten niederösterreichischen, auf Subsistenzwirtschaft beruhenden, Gemeinschaft. Der Kirchgang quer über die tiefe Tormäuer-Schlucht nach Puchenstuben war zumeist die einzige Gelegenheit, um aus dem eigenen Dorf hinaus zu gelangen und selbst das war im Winter oft ein Ding der Unmöglichkeit. Verstarb ein Nestelberger während der kalten Jahreszeit, war es oft selbst nicht möglich, den Leichnam nach Puchenstuben zu bringen und man musste mit der Beerdigung warten, bis der Schnee geschmolzen war!
Leider hat diese Abgeschiedenheit wie in vielen anderen Ötscherdörfern aber auch in Nestelberg dazu geführt, dass die Jungen immer mehr abwanderten und das Dorf heute im Winter und außerhalb der Ferienzeiten beinahe verwaist ist. Nur noch rund 20 großteils ältere Menschen leben ganzjährig in Nestelberg und die kleine Volksschule musste daher schon 1975 ihre Pforten schließen. Nur im Sommer geöffnet ist das Dorfgasthaus, wo sich die ausgewanderten Einheimischen wiederfinden und Erfahrungen austauschen. Interessant ist es, die verbliebenen Landwirte bei ihrer beschwerlichen Arbeit zu beobachten. Aufgrund der steilen Hänge haben sich hier alte Bearbeitungsmethoden länger gehalten als anderswo in Niederösterreich. Dem Gasthaus angeschlossen ist eine kleine Herberge, die als ideales Quartier für Wander- oder Mountainbikausflüge in die großartige Landschaft um oder auf den Ötscher dient.

Kleberg
385
Popmeder
Bamer
543
Ortbauer
Grasbichler
Steinbüchler
Umbach
652
651
604
4
Bach
In der-Grub
Holzmann
Glosbach
Nickelberg
Klaus Gr.
735
Stierberg
Hochbrand
Unt.-Edelsee
Ob.
In der Leiten
666
Glos B.
Wh. Luft
628
Kühberg
709
Stollenberg
Sitzenstein
Am Hirschberg
651, 652
749
Brandleiten Kg.
Pichl
Pichl
Schweinhütt
604
4
705
Füllion Kpl.
Füllion
Marbach
Sturmkogel
Am Berg
658
802
Eibenberg
Gr. Gsoll
635
Berghof
Grünhof
Steinrott
651
652
746
1,2
Stein
Brandstadt
Kerschbaum
7
Marbac
Großeck
Hachberg
In der Holl
Gölsnitz Gr.
Wies
420
Wagenstein
Bichlberg
Ob. Graben
859
Mahdenwiese
2
Schwerbach
2
385
Wetterschlag
601
651
652
657
Loosberg
Pfandlhof
Hst.
576
Leopoldswarte
Hauswald
645
Ob.
5
Ob.-Brandgraben
Schwelghof
Hofstadt
Loosberg
398
Winkel
Ob.-
3
Unt.-
821
Bhf. Loich
Dobersnigg
6
Pielach
Steinbauer
Thalhof
Franz Labner Weg
Schroffen
Schroffer
42
Weißenburggegend
Mitt.-
Unt.-
Bahnwanderweg
Brandstatt
3
Reith
Rehgrabengegend
Kirchner
652
Wies
Schroffengegend
Vord.-
8
Klein Ort
1
658
Lehen
Grub
Sparmühle
Falkenstein
B. Weißenburg
Bhf. Schwarzenbach-a.d. Pielach
Groß Ort
Tal
8
775
722
Am Weg
6
Loich
Eben
449
Angermühle
568
Ghf. Schönau
Stuben
652
Loich B.
Schwarzengra
Pielachleitengegend
Steindl
9
460
Stein
Reit
Hammerlmühl-gegend
955
Vord. Hohenberg
591
Pielach
Schnabelstein
480
Wh. Hammerlmi
6
Schmeisslmühle
Rabmauerhöhle
652
Oedgegend
Oed
4
42
Gstettengegend
7
Seer
708
Wallerbach
Gredlhöhle
5
Baumgarten
Hofbauer
Hinterriegl
5

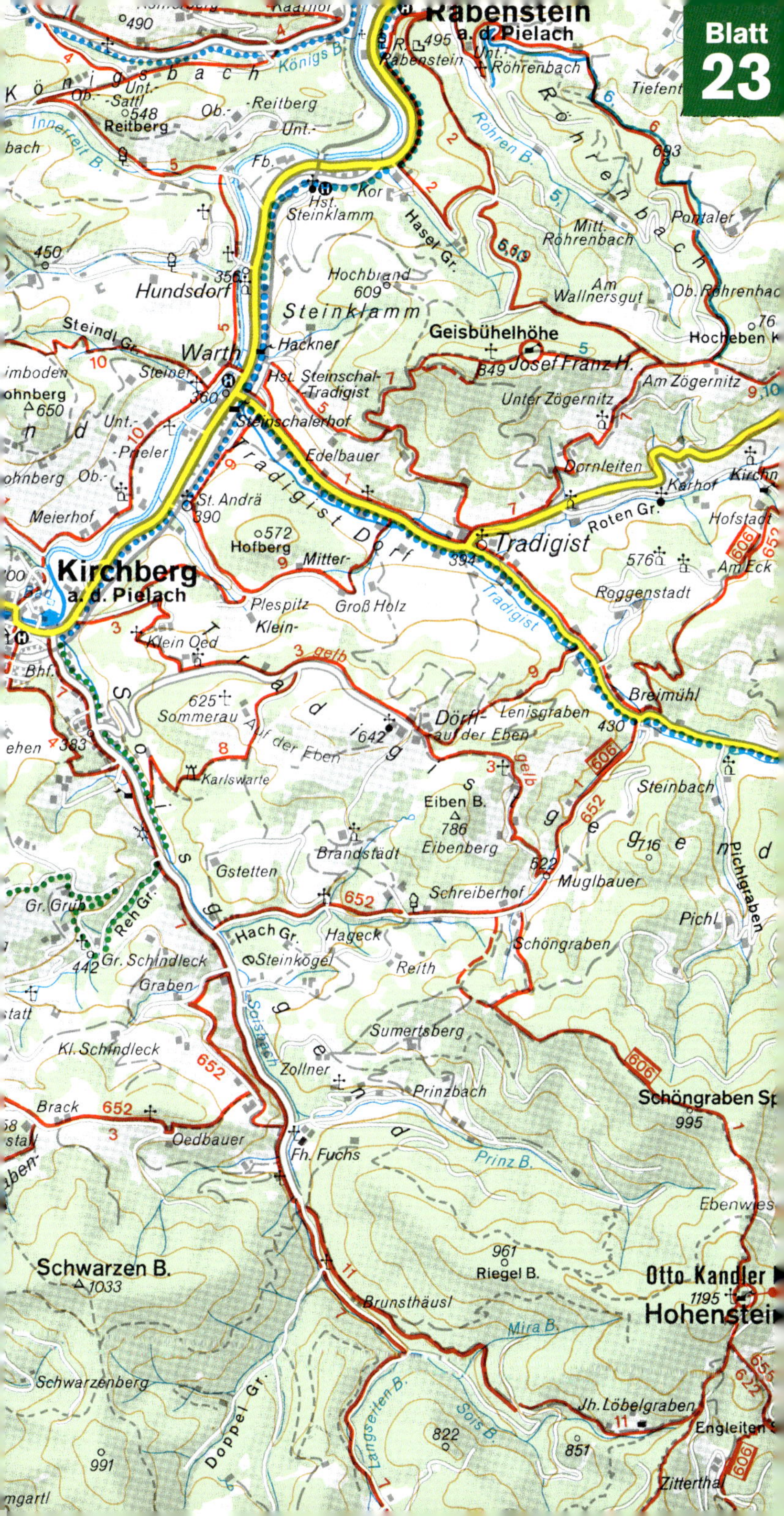

Blatt 23
Rabenstein a. d. Pielach
Kirchberg a. d. Pielach
Königsbach
Reitberg
Röhrenbach
Steinklamm
Hundsdorf
Warth
Hochbrand
Geisbühelhöhe
Josef Franz H.
Tradigist
Tradigist Dörfl
Hofberg
Klein Oed
Sommerau
Karlswarte
Eiben B.
Eibenberg
Brandstädt
Gstetten
Schreiberhof
Muglbauer
Steinbach
Breimühl
Roggenstadt
Pichl
Schöngraben
Sumertsberg
Prinzbach
Zollner
Fh. Fuchs
Oedbauer
Brack
Schwarzen B.
Schwarzenberg
Riegel B.
Brunsthäusl
Otto Kandler H.
Hohenstein
Schöngraben Sp.
Jh. Löbelgraben
Engleiten
Zitterthal
Soisgegend
Tradigist Gegend

KIRCHBERG AN DER PIELACH

Ruine Rabenstein

Die südlich des Marktes Rabenstein gelegene Ruine gleichen Namens ist der Rest einer bereits im 12. Jahrhundert bestehenden Burg. Es existieren zwar keine genauen Aufzeichnungen über die Errichtung der Anlage, doch wird bereits 1136 ein "Wilhelm von Ramingstein" urkundlich genannt, der einem Ministerialgeschlecht aus der Zeit der Babenberger angehörte. Es ist daher sehr wahrscheinlich, dass dieser Wilhelm seinen Sitz auf Burg Rabenstein hatte. Die ehemalige Hochburg befand sich auf einem kleinen Felsplateau und somit beherrschend über dem Pielachtal. Man nähert sich der Ruine von Süden, wo auch der alte Burgweg von den unteren Teilen der Anlage zur Hochburg empor führte. Von diesen unteren Burgbereichen ist kaum noch etwas erhalten. Anders ist die Situation beim runden Torturm am westlichen Eingang der Hochburg. Hier ist zumindest das äußere Tor erhalten geblieben. Vorbei am Torturm steigt man die Hochburg weiter empor und erreicht so den Burghof mit seinen Mauerresten. Am besten erhalten ist der ehemalige Kapellentrakt, ein sechseckiges Gebäude direkt am Felsabhang der Hochburg. Noch weiter oben gelangt man zu den spärlicheren Resten des ehemaligen Palas mit dem hohen Nordturm. Dieser thront, einem angenagten Eckzahn gleich, als lokales Wahrzeichen über dem Markt Rabenstein. Bis in die 1980-er Jahre war die Anlage, die 1683 sogar dem Türkenheer standhielt, dem Verfall preisgegeben. Seither wurden die Sanierungsmaßnahmen intensiviert und ein eigenes Komitee zur Rettung der Ruine Rabenstein kümmert sich um die notwendigen Erhaltungsmaßnahmen.

Permakulturanlage Steinschalerhof

Der Steinschalerhof in Warth bei Rabenstein ist weniger ein typisches Ausflugsziel als vielmehr eine Oase der Ruhe und Erholung inmitten einer dafür äußerst geeigneten Landschaft. In dem kleinen Ort Warth wurde übrigens im August 1905 der beliebte und berühmte Kardinal König geboren. Vor wenigen Jahren wurde hier ein Viersterne-Ökohotel errichtet, dass diesen Namen auch tatsächlich verdient. Ein 200 Jahre alter Bauernhof wurde zu einem modernen Beherbergungsbetrieb umgebaut, wobei verschiedene Nebengebäude wie ein Troadkasten oder ein Teichhaus als Appartementhäuser genutzt werden. Besondere Beachtung verdient die Permakulturanlage hinter dem Hotel, die auch Ausflugsgäste gerne besichtigen können. In dieser Anlage wird der innovative Ansatz, mit der Natur und ihren Bewohnern zu wirtschaften, sowie diese

Kirchberg, Ökoregion *Gerhard Hackner, TV Pielachtal*

land- und gartenwirtschaftlich zu nutzen, Interessierten nähergebracht. Zahlreiche verschiedene Pflanzenarten und Kleintiere haben hier ein neues Biotop gefunden und zeigen, wie jeder mit seinem eigenen Garten ein kleines Paradies entstehen lassen kann. Für Führungen durch die Anlage ist die Anmeldung im Hotel erforderlich.
(Information: ÖKO-Hotel Steinschalerhof, Warth 20, A-3203 Rabenstein, Telefon: 02722/2281, Internet: www.steinschaler.at, Mail : office@steinschaler.at)

Schloss Kirchberg

Der Markt Kirchberg an der Pielach ist der Hauptort des oberen Pielachtales und besitzt, wie es sich für einen solchen Hauptort gehört, ein kleines aber feines Schloss. Dieses Schloss Kirchberg beruht vermutlich auf einem Vorgängerbau, der bis ins 11. Jahrhundert zurück geht. Durch mehrere Umbauten, vor allem im 16. und 17. Jahrhundert, erhielt das Schloss sein heutiges Gesicht. Es zeigt einen älteren Kern, der sich unregelmäßig und ein- bis zweigeschossig um einen kleinen Hof mit Renaissancegängen gruppiert sowie einen neueren Bereich. Beachtenswert ist die gotische Schlosskapelle sowie der runde Erkerturm mit noch ersichtlichen Wappenkartuschen. Ein früher bestehender Schlossteich (eigentlich ein Altarm der Pielach) wurde im 20. Jahrhundert zugeschüttet, woraufhin an dessen Stelle eine schöne Gartenanlage entstand. Im Schloss sind heute Eigentumswohnungen eingerichtet, eine Besichtigung ist daher nur von außen möglich.
(Information: Gemeinde Kirchberg a. d. Pielach, Schlossstraße 1, A-3204 Kirchberg a. d. Pielach, Telefon: 02722/7309, Internet: www.kirchberg-pielach.at, Mail: gemeinde@kirchbergpielach.at)

Andreaskirche

Zwischen Warth und Kirchberg befindet sich etwas abseits der Bundesstraße auf einem kleinen Hügel die auffällige gotische Andreaskirche. Eine Besonderheit des alten Gotteshauses ist das turmlose Langhaus mit seinen Strebepfeilern. Typisch gotisch sind die Netzrippengewölbe und die Maßwerkfenster, wie auch der 5/8 Chor. Die Jahreszahl 1464 über dem Südportal weist auf dessen Entstehungszeit in der Ära der Spätgotik hin. Ein früher bestehender Südturm wurde vermutlich nach einem Brand abgetragen. Im Inneren der Kirche befindet sich ein barocker Hochaltar.

Das Gotteshaus wurde ursprünglich als Pfarrkirche für die heute nicht mehr existente Pfarre Tradigist errichtet und diente während den Wirren der Reformation als Zufluchtsstätte für die Katholiken des Pielachtales. Nach dem Bau einer eigenen Kirche im Ortszentrum von Tradigist verlor die Andreaskirche ab Ende des 19. Jahrhunderts an Bedeutung und wurde 1960 wegen baulicher Mängel für die Öffentlichkeit geschlossen. Seit den 1970-er Jahren wird die Kirche nach und nach saniert, wobei bereits die Inneneinrichtung fachgerecht erneuert wurde. Zu ihr zählen unter anderem der barocke Hochaltar mit dem Votivbild des Heiligen Andreas, ein großes Gemälde mit dem Bildnis des Namenspatrons und ein gotisches Sakramentshäuschen. Eine Steinkanzel stammt ebenfalls noch aus der Erbauungszeit der Kirche, die meisten übrigen Einrichtungsgegenstände sind hingegen barock.

Hst. Rotheau-Eschenau
Rotheau
Steinwandleiten
Stocker H.
784
Stocker
Steinköllner
Hohenöd
Halter B.
502
Au
Haselhof
Bhf. Traisen
Traisen
Kalkmühle
Hinterleitner Kg.
Maret
Bacher
Weißen Kg.
541
Maierhöfen
Köckmühle
Hst. Wiesenfeld-Schwarzenbach
Buchberg
621
Rosenöd
Ritzengrub
348
Sportpl.
Traisen-Siedlung
364
Gölsen
Wiesenfeld
Am Hof
Inzenreith
Kulmhof
Grail
Traisenort
523
356
Hst. Traisen Markt
Wiegenhof
Mayerhofer
Traisen
Alpine Montan
Buchersreit
Staff H.
Buchersreit
772
Weghofer
Lilienfelder Rundwanderweg
Geritzhof
396
Staff Sp.
G. Weihrer
Zdarsky Ruhe
Habernreit
Hst. 368
Marktl
780
Hofbauer
M. Zdarsky-Weg
Elisenhöhe
Rinebacher
584
Brandstädter
Hasenmühle
Kreuztaler
Gaisleiten
Ortner
Hasenwirt
Dörfl
587
Parapluie
Vorderreben
383
Lilienfeld
Stift
Bhf.
Kalkwerk
Außer Wiesenbach
Wiesen B.
Ulreichshöhe
G. Riegler
729
Spitzbrand Kg.
434
Schweighofer
Stilles Tal
Kalkmühle
Hadegger
Steigengraben
Jägerste.
460
Höllttal
Glatzwiesen St.
Fallgraben
Gruber
Burgstaller
Karlstein-Felskanzel
723
Klostereben Kpl.
Windbeck
467
Neutaler
Kolmberg
Billensteiner
Vaterkönig
Lilienfelder H.
Lilienfelder-Gschwendt
Bergrettungshtt.
956
Hintereben
Pichler
Neuhofer Kpl.
717
Prinzner
Gaisbeck
518
M. Zdarsky-Weg
Neuhofer
Mucken Kg.
1248
Engeltal M.
526
Eybeck
Kloster A.

Blatt 24
Schwarzengruber H.
677
Ob. Hofstetter
Gr. Steinberger
753
Gr. Steinberg
Großödbauer
Wagnerberger
Kl. Stein
Gut Sonnhof
Grabner
Veitelbauer
584
Ob. Rohrbach
544
Biechler
Wies
Am Bügel
Minichberger
Kohlreiter
Weingartner
Herbsthof
Rohrbach
Unt. Rohrbach
Taxl
Hippler Kg.
538
Hst. Rainfeld-Klein Zell
Bernreit
Himberger-Kg.
402
Gölsentalradweg
Hst. Rohrbach-a.d. Gölsen
Bhf.
Rainfeld
391
Gölsen
Lindenhof
Kropfsdorf
387
Moser
St. Veit-an der Gölsen
Mitt.-Birkfelner
Ob.-
Aigner
Maierhofer
Schlinghofer
Maierhofen
400
Schadenhof
611
Wh. Haxenmühle
Steinbauer
Wobach
Lechner
Ödbauer
In der Grub
690
TVN-Lindensteinhi
G. Grabner
413
523
772
Bichler
Ödhof
510
Kredelbauer
Oberhofer
Brandstadter
Hirtze
Suchtaler
Ecker
Sautaler
Ecker Kg.
926
Sengeneben
Engelschar M.
Jh.
Reithofer
622
Arzbach
Sengeneben B.
Fh. Kaltenberg
1104
570
Hahnbauer
Wasserlueg
Halbach
Schwarzwaldeck
1073
Kiensteiner Öde
1160
Im Sand
Frauental
1110
1064
Schwarzwald
Kaltenreiter
Nehrreiter
Traxler
Wh. Plattner
825
Ebenwald H.
1046
Kiensteiner
Türkenloch
Wallner
1020
1026
Weibeck
Schneidergraben
Kleinzell
Ebenwaldhöhe
Ebenwald
Pfenningbach
Obergegend
Auberhalbach
Kerschenbach

LILIENFELD

Zisterzienserstift Lilienfeld

Die Zisterzienserabtei Lilienfeld wurde 1202 von Herzog Leopold VI „dem Glorreichen“ gegründet und entwickelte sich bald zu einem Zentrum babenbergischer Kultur. Die Besiedelung des Stiftes erfolgte vom 1133 gegründeten Mutterkloster Heiligenkreuz aus. Ende Juni 1217 erlangte das Stift sogar weltgeschichtliche Bedeutung: Leopold VI traf bei einem Besuch seiner Stiftung den Entschluss, sich mit ein paar Ministerialen dem Kreuzfahrerheer des Ungarnkönigs Andreas II anzuschließen. Herzog Leopold VI sollte später bei der Einnahme Akkons eine wesentliche Rolle spielen. Aus „Outremer“, dem christlichen Kreuzfahrerstaat im Nahen Osten, brachte er eine Kreuzreliquie mit, die bis heute im Stift verehrt wird.

Nicht zufällig erfolgte 1230 die Weihe der Klosterkirche am Andreastag (30. November), die der Salzburger Erzbischof Eberhard II durchführte. Noch heute wird an diesem Tag das Kirchweihfest gefeiert. Die Stiftsbasilika Lilienfeld blieb über die Jahrhunderte hinweg baulich weitgehend unverändert, mit einer Langhauslänge von 82,25 Metern und 64 Marmorsäulen stellt sie die größte Kirche Niederösterreichs dar. Im 17. und 18. Jahrhundert wurde das Erscheinungsbild im Inneren verändert: Das Gewölbe wurde übertüncht, die elf (!) Altäre barockisiert. Daniel Gran schuf 1746 das Mariä Himmelfahrtsbild für den von Ludwig Kögel entworfenen Hochaltar, der mit seinen sechs Monumentalsäulen den Innenraum der Kirche dominiert. Von Gran stammen auch die Ovalbilder zwischen den Säulen. Außerdem betätigten sich an den übrigen Altarbildern Künstler wie Martino Altomonte (Altäre im Chorumgang, um 1740), Johann Georg Schmidt und Ludwig Schnorr von Carolsfeld (1836).

Aus der Werkstatt Johann Wagners stammt die Tumba Herzog Leopolds VI, der in der Krypta der Kirche begraben ist. Auf die Rolle der Babenberger für Stift Lilienfeld verweisen auch die Statuen Leopolds III und VI am Hauptportal der Kirche. In der Stiftsbibliothek wird außerdem ein Siegel des frühen 13. Jahrhunderts aufbewahrt, das als erster Nachweis des österreichischen Bindenschilds (rot-weiß-rot) gilt.

Stift Lilienfeld spielte im Mittelalter vor allem eine Rolle als Produktionsort von Hand-

Lilienfelder Hütte *Zemann*

schriften. Zwei herausragende Dokumente dieser Produktion sind die reich illustrierte „Concordantiae Caritatis“, sowie die Hymnen- und Reimsammlung des Mönchs Christianus Campililiensis. Trotz einer Niedergangszeit im frühen 16. Jahrhundert spielte Stift Lilienfeld eine wichtige Rolle als Zentrum der Gegenreformation. 1683 hielten die Mauern des Stiftes sogar der Türkeninvasionen stand. Nach dem endgültigen Sieg über die Türken setzte – wie überall in Österreich – ein enormer Bauboom ein, es entstanden der Stiftsturm, die Bibliothek und die barocke Kircheneinrichtung. Lilienfeld gilt als die größte mittelalterliche Klosteranlage Österreichs.
Josef II ließ Lilienfeld 1789 aufheben, doch nur ein Jahr später erhielten die Zisterzienser unter Kaiser Leopold II das Kloster zurück und wurden mit vielen kleinen Pfarren vom Burgenland bis ins Ötscherland betraut.
Das Stift organisiert das ganze Jahr über unterschiedlichste Veranstaltungen; ein Terminkalender ist online ersichtlich.
(Information: Stift Lilienfeld, Klosterrotte 1, A-3180 Lilienfeld, Telefon: 02762/55005, Internet: www.stift-lilienfeld.at)

Zdarsky-Skimuseum und Bezirksheimatmuseum Lilienfeld

Mathias Zdarsky gilt als der erste und einflussreichste Pionier des alpinen Skisports in Mitteleuropa. Er begründete die für die weitere Entwicklung des Sports geradezu bahnbrechende Lilienfelder Alpinskifahrttechnik und organisierte die ersten Torläufe der Skigeschichte in Mitteleuropa. Es mag verwundern, dass sich diese Entwicklung nicht in den heutigen Wintersportgebieten der Zentralalpen sondern hier im beschaulichen Lilienfeld zugetragen hat, doch Mathias Zdarsky genügten die durchaus steilen Hänge des Muckenkogels, um mit den nordischen „Schneebrettern“ ins Tal zu kurven. Das Zdarsky-Skimuseum in Lilienfeld zeigt in einer sehenswerten Schau zahlreiche Exponate aus dieser Pionierzeit und stellt das Lebenswerk Zdarskys ausführlich dar. Das Skimuseum ist dem Lilienfelder Bezirksmuseum angeschlossen, welches in mehreren Räumen die historische Entwicklung des Bezirkes Lilienfeld nachzeichnet. Unter anderem lernen Besucher Neues über die wichtigsten Wirtschaftszweige von einst und jetzt (Bergbau, Forstwirtschaft im waldreichsten Bezirk Österreichs, Industrie). Kunst und Natur wurde ebenfalls ein entsprechender Ausstellungsraum eingeräumt. Ein besonders interessantes Exponat ist der etwa 200 Jahre alte Webstuhl, der in einer originalgetreu eingerichteten, alten Webstube aufgestellt wurde.
(Information: Bezirksheimatmuseum Lilienfeld, Babenbergerstraße 3, A-3180 Lilienfeld, Telefon: 02762/52478, Internet: www.tiscover.at/lilienfeld)

Mathias Zdarsky-Rundwanderweg

Wie bereits bei der Beschreibung des Skimuseums erwähnt, ist der Skipionier Mathias Zdarsky (1856-1940) sicherlich die bekannteste Persönlichkeit, die Lilienfeld hervor gebracht hat. Ihm zu Ehren wurde 1990 ein eigener Themenweg eröffnet, der an bedeutsamen Stätten der Skigeschichte vorbeiführt und diese auf eigens aufgestellten Schautafeln erläutert. Mit Benützung des Liftes auf den Muckenkogel sollte man für den Rundwanderweg rund fünf bis sechs Stunden Gehzeit veranschlagen. Die Steigungen sind dabei durchaus moderat, der Weg ist gerade in Kombination mit dem Lift somit auch für Kinder und ältere Menschen geeignet (vorher Liftöffnungszeiten erfragen!). Ausgangspunkt ist das Zentrum von Lilienfeld, von wo es über das Zisterzienserstift zur Talstation des Muckenkogelliftes geht. Entweder per Lift oder zu Fuß über die Hänge, die als erste in Mitteleuropa per Ski bezwungen wurden, erreicht man die Bergstation des Muckenkogelliftes in 1.122 Metern Seehöhe. Von hier bietet sich die Besteigung des Gipfels an, denn dieser liegt nur noch rund 120 Meter höher. Am Muckenkogel wurde am 19. März 1905 der erste Slalom der Skigeschichte von Mathias Zdarsky initiiert. Über die Lilienfelder Hütte des Alpenvereines führt der Weg wieder hinunter ins Tal. Auf diesem Wegabschnitt findet sich der Zielraum des ersten Torlaufs auf der Kolmwiese. Nach Überquerung des Hölltals geht es wieder bergan zum Bauernhof Pichler. Über die Höfe Hadegger und Leopoldseder führt der Weg oberhalb des Tales nach Norden zum Haus Habernreit. Hier entwickelte Zdarsky auf der Präthalerwiese seine Alpintechnik und hier wohnte er auch lange Zeit. Nahe des Hauses befindet sich auch die Zdarsky-Ruhe, die Grabstätte des Skipioniers. Von nun an führt der Weg wieder ins Tal, wo man über das ehemalige Stundentenheim Fichtenfels nach Lilienfeld zurück wandert.

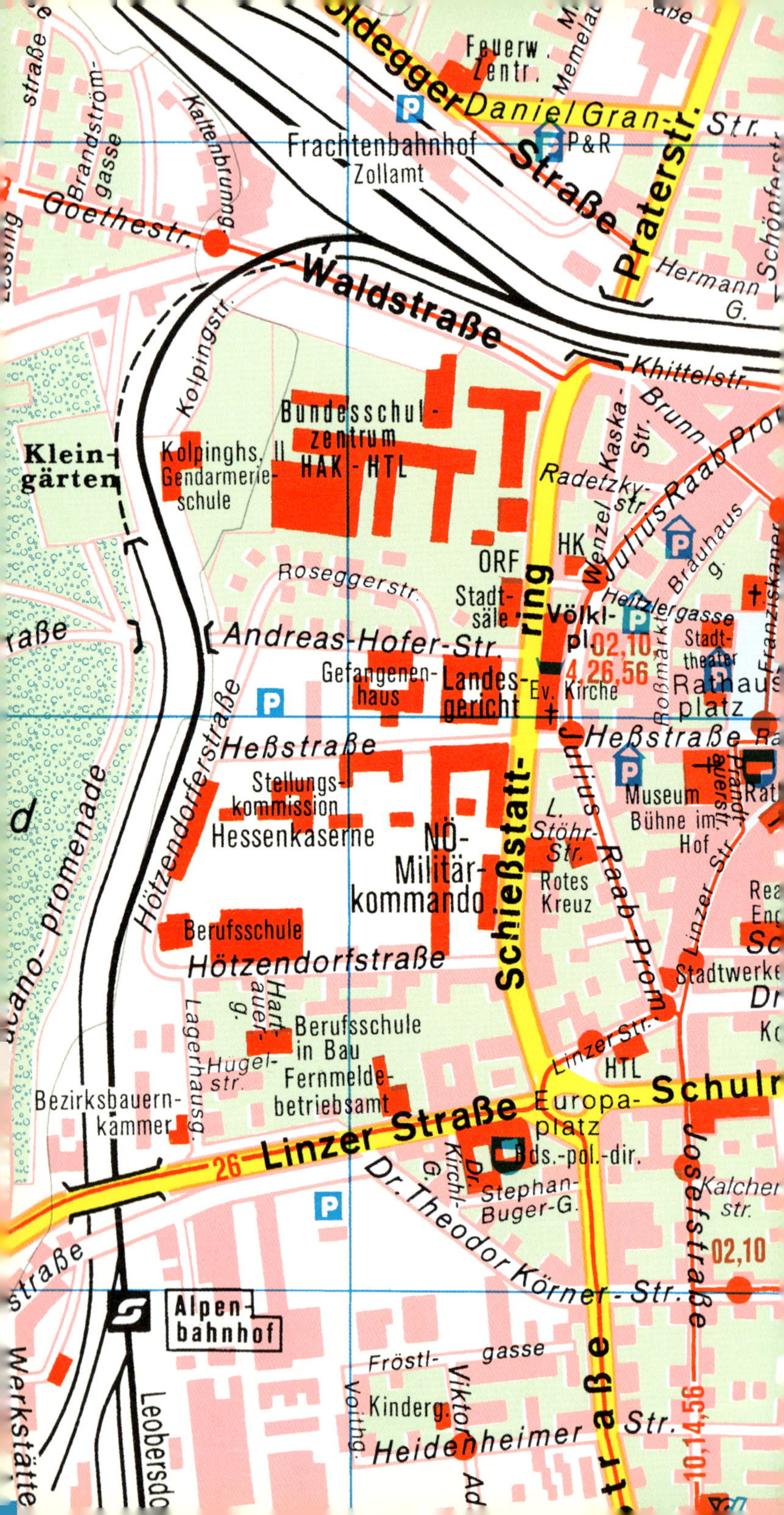
Feuerw. Zentr.
Daniel Gran-Str.
Straße
P&R
Frachtenbahnhof
Zollamt
Praterstr.
Hermann G.
Brandströmgasse
Kaltenbrunng.
Goethestr.
Waldstraße
Khittelstr.
Kolpingstr.
Bundesschulzentrum HAK-HTL
Klein-gärten
Kolpinghs. II
Gendarmerieschule
Kaska-Str.
Brunn
Julius Raab Prom.
Radetzky-str.
Wenzel
HK
ORF
Brauhaus g.
Roseggerstr.
Stadt-säle
Völkl-pl.
Heitzlergasse
02,10
4,26,56
Stadt-theater
Rathaus platz
Franziskaner
Andreas-Hofer-Str.
Gefangenenhaus
Landesgericht
Ev. Kirche
Roßmarkt
Heßstraße
Hötzendorferstraße
Stellungskommission
Hessenkaserne
NÖ-Militärkommando
Schießstattring
L. Stöhr-Str.
Rotes Kreuz
Museum
Bühne im Hof
Prandtauerstr.
Linzer Str.
Julius Raab-Prom.
Stadtwerke
promenade
Berufsschule
Hötzendorfstraße
Hartauer-g.
Lagerhausg.
Hügel-str.
Berufsschule in Bau
Fernmeldebetriebsamt
Linzer Str.
HTL
Schulr
Bezirksbauernkammer
26
Linzer Straße
Europaplatz
Bds.-pol.-dir.
Kirchl-G.
Dr. Stephan-Buger-G.
Josefstraße
Kalcherstr.
02,10
Dr. Theodor Körner-Str.
Alpenbahnhof
Fröstl-gasse
Viktor Ad
Voithg.
Kinderg.
Heidenheimer Str.
10,14,56
Werkstätte
Leobersdo
straße

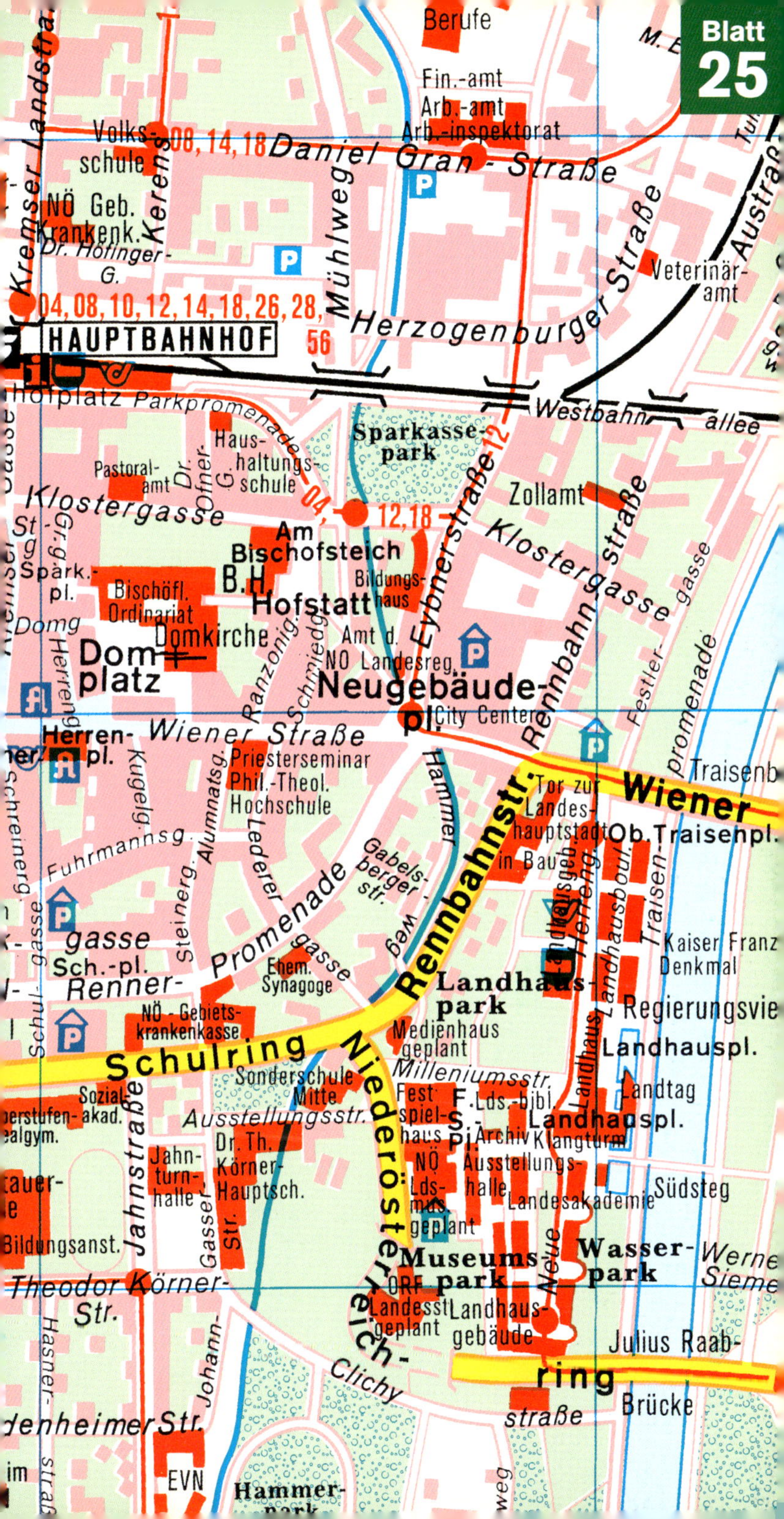
Berufe
Fin.-amt
Arb.-amt
Arb.-inspektorat
Daniel Gran - Straße
08, 14, 18
Volks-
schule
Kremser Landstr.
Kerens
NÖ Geb.
Krankenk.
Dr. Hofinger-
G.
Mühlweg
04, 08, 10, 12, 14, 18, 26, 28,
56
HAUPTBAHNHOF
Herzogenburger Straße
Veterinär-
amt
Austraße
Westbahn
allee
hofplatz
Parkpromenade
Haus-
haltungs-
schule
Pastoral-
amt
Dr.-
Ofner-
G.
Sparkasse-
park
12
04,
12, 18
Klostergasse
Zollamt
Eybnerstraße
Rennbahnstraße
Am
Bischofsteich
Bildungs-
haus
Spark.-
pl.
Bischöfl.
Ordinariat
B.H.
Hofstatt
Domg
Herreng.
Domkirche
Dom
platz
Amt d.
NÖ Landesreg.
Panzonig.
Schmiedg.
Neugebäude-
pl.
City Center
Festler-
gasse
promenade
Herren-
pl.
Wiener Straße
Priesterseminar
Phil.-Theol.
Hochschule
Kugelg.
Hammer
Traisenb
Wiener
Tor zur
Landes-
hauptstadt
in Bau
Ob. Traisenpl.
Fuhrmannsg.
Alumnatsg.
Lederer
Gabels-
berger
str.
Rennbahnstr.
Steinerg.
Promenade
gasse
Traisen-
Landhausboul.
Kaiser Franz
Denkmal
Sch.-pl.
Renner-
Ehem.
Synagoge
Landhaus-
park
Regierungsvie
NÖ - Gebiets-
krankenkasse
Medienhaus
geplant
Landhauspl.
Schulring
Niederösterreich-
Sonderschule
Mitte
Milleniumsstr.
Landtag
Sozial-
akad.
Ausstellungsstr.
Fest-
spiel-
haus
F. Lds.-bibl.
Archiv
Landhauspl.
Klangturm
Jahn-
turn-
halle
Dr. Th.
Körner-
Hauptsch.
NÖ
Lds.-
mus.
geplant
Ausstellungs-
halle
Landesakademie
Südsteg
Jahnstraße
Gasser
Str.
Bildungsanst.
Museums-
park
Neue
Wasser-
park
Werne
Sieme
Theodor Körner-
Str.
ORF
Landesst.
geplant
Landhaus-
gebäude
Julius Raab-
ring
Johann-
Clichy
straße
Brücke
Hasner-
straße
enheimer Str.
EVN
Hammer-
park
weg

SANKT PÖLTEN

Der Sankt Pöltener Dom

Eigentlich als Stiftskirche des St. Pöltner Augustinerordens – übrigens die älteste Niederlassung dieses Ordens in Niederösterreich (1081) – errichtet, blieb die Kirche bis ins 18. Jahrhundert weitgehend unverändert, während die angrenzenden Konventsgebäude bereits im 17. Jahrhundert neu errichtet worden waren. Probst Michael Führer entschloss sich schließlich zu einer Barockisierung der Kirche, die von den damaligen Paradebaumeistern Niederösterreichs, Jakob Prandtauer und Joseph Munggenast, in zwei Phasen durchgeführt wurde. Interessant ist, dass dabei die eigentliche romanische Bausubstanz und das ursprüngliche Raumbild nicht verändert wurden: Es erfolgte also lediglich eine Anpassung an den Zeitgeschmack allein mit Mitteln der Ausstattung (Malerei, Stuck, Altäre, etc.). Zudem spielte der Gedanke, die Gottesdienste prächtiger zu gestalten und dadurch aufzuwerten eine wesentliche Rolle. Da Probst Führer dieses Prinzip nicht nur bei der St. Pöltner Stiftskirche, sondern auch bei eingegliederten Pfarrkirchen durchführen ließ, entstand ein Schuldenberg von annähernd 350.000 Gulden. 1739 dankte Führer deswegen ab.

Der erste Baumeister, Jakob Prandtauer, dürfte von 1720 bis 1722 jedoch fast umsonst am Chor und einigen Nebenräumen gearbeitet haben, da Prandtauers Sohn selbst

Herrenplatz *Stadtgemeinde St. Pölten*

Chorherr im Stift war. Nach dem Tode Prandtauers 1726 und einer weiteren (ungedeckten) Finanzspritze Führers 1735 nahm Joseph Munggenast die Bauarbeiten wieder auf, bei denen die Fenster vergrößert, das Mittelschiff mit Pilastern versehen und die brüchigen Gewölbe in Mittel- und Seitenschiffen erneuert wurden. Dabei veränderte sich der Raumeindruck leicht, da nun in jedem zweiten Seitenschiffjoch eine Kapelle mit Kuppeldecke und Laterne entstand. Entscheidend war jedoch die Ausstattung des Kircheninneren mit Stuckarbeiten, Vergoldungen, Deckenmalereien (von Thomas Friedrich Gedon) und Architekturmalereien (von Antonio Tassi). Ebenfalls von Gedon stammen die riesigen Ölgemälde über den Mittelschiffarkaden. Waren hier ursprünglich Emporen und Oratorien vorgesehen, entschloss man sich ähnlich wie in Stift Geras oder in Baumgarten für die günstigere Lösung. Thematisch sind die Bilder dem Leben Christi gewidmet. 1784 erfolgte im Zuge des Josephinismus die Auflösung der kontemplativen Augustiner-Chorherren, die Kirche wurde 1785 zur Domkirche erklärt.
Zusammenfassend lässt sich die St. Pöltner Kirche in die Tradition des „Farbraums" einordnen, der im frühen 18. Jahrhundert entstand und in der Stiftskirche Melk sein hervorragendstes Exempel findet. Dabei tritt die Bedeutung der Architektur stark hinter der Gesamtwirkung des Raumes zurück, die vor allem durch aufwendige Stuck-, Maler- und Bildhauerarbeiten erzielt wird. Der Architekt nimmt dabei die Rolle eines „Regisseurs" ein, der die Inszenierung barocker Prachtentfaltung konstruiert.
(Information: Domkirche St. Pölten, Domplatz 1, A-3100 St. Pölten, Telefon: 02742/324-321, Mail: da.bo.stp@kirche.at)

Theater der Landeshauptstadt Sankt Pölten

Sankt Pölten erhielt relativ spät ein eigenständiges Theater – nämlich erst im Jahre 1820. Dafür ist die Gründungsgeschichte umso spektakulärer: Man gründete eine Gesellschaft, die den Bau der Bühne über die Emission von Aktien finanzierte. Erworben wurden diese Scheine meist von Adeligen, einzelnen begüterten Bürgern, aber auch von einer Gruppe „Normalbürger", die sich „Die gesamte Bürgerschaft St. Pöltens" nannte. Der Betrieb wurde zuerst von einzelnen Theaterunternehmern, die das Gebäude pachteten, organisiert, doch bereits 1837 war das Theater pleite, die Gesellschaft wurde 1848 liquidiert. Um 1900 traten dann wieder die Anliegen der Bürger, ein eigenes Theater zu installieren, in den Vordergrund, es kam zur Wiedereröffnung nach rigorosen Umbauarbeiten.
Heute wirkt das Theater an drei Spielstätten: im Theaterhaus selbst, in der „Theaterwerkstatt" und als Open Air am Rathausplatz. Der Spielplan reicht vom klassischen deutschen Theater (Schiller, Goethe), über das Wiener Volkstheater (Nestroy, Raimund), zu Operetten bis hin zum zeitgenössischen internationalen Theater.
(Information: Stadttheater Sankt Pölten, Rathausplatz 11, A-3100 Sankt Pölten, Telefon: 02742/352026-19, Internet: www.theater-stpoelten.at)

Das neue Landhausviertel

Das größte Bundesland Österreichs war über 60 Jahre lang ohne eigene Hauptstadt ausgekommen, nachdem Wien in den 1920-er Jahren den Status eines eigenen Bundeslandes erhielt. Nach jahrelangen Anstrengungen und einer Volksabstimmung erhielt das Land 1986 mit Sankt Pölten endlich wieder seine eigene Hauptstadt. Zu Beginn bestand der Hauptstadtstatus in erster Linie auf dem Papier, doch seit dem Umzug der Landesregierung in das neue Landhausviertel darf sich Sankt Pölten mit Recht auch die administrative Haupstadt des Landes nennen. Für die rund 3000 Beamten wurde zwischen 1992 und 1997 ein eigenes, von Ernst Hoffmann geplantes Regierungsviertel direkt an der Traisen errichtet, das mit seiner modernen Architektur und den beiden breiten Flanierachsen als neues Wahrzeichen Sankt Pöltens gilt. Die bemerkenswertesten Gebäude sind das Landesmuseum von Hans Hollein, das Festspielhaus der Niederösterreichischen Tonkünstler, das Landesarchiv (mit Bibliothek) von Paul Katzberger und das neue ORF-Landesstudio von Gustav Peichl. Im wahrsten Sinne des Wortes „überragt" werden all diese Bauten vom transparenten Klangturm, dessen 65 Meter auf drei „Klangraum-Etagen" aufgeteilt sind. Besucher können in seinem Inneren exotische Klangkompositionen genießen und sich so auf eine weitere Besichtigung des Regierungsviertels einstimmen. Für Interessierte werden eigens Führungen abgehalten, bei denen man auch einige Blicke hinter die Kulissen der Verwaltungsgebäude erhaschen kann.

Kraftwerk Greifenstein
Jarosch
Wasserskischule
Yachthafen
Greifenstein
Burg Greifenstein
411
Eichenleitenberg
RW 04
Bhf. Greifenstein-Altenberg
183
Totenkopf
Hadersfeld
Altenberg
475
Auhof
Tempelberg Warte
403
Tempelbg.
441
Hubertushtt.
Schl.
409
Langenwiesen
Kobering
Bhf. St. Andrä-Wördern
Schl. Altenberg
Heuberg
Hagen B.
Wördern
404
Binder Jockl
Sonnberg
420
Wh. Redlingerhtt.
Schneiderzipf
Kirschner Wald
Hohenwartberg
333
268
Lourdesgrotte
196
Hubertuskpl.
475
T2
St. Andrä-vor dem Hagenthale
Ghf. Waldhof
Römerbrunnen
Rambach
Weinzierl
Hagental
376
Rießgraben
245
NÖ Landesnervenklinik
330
Maria Gugging
Kierling B.
Schillerin
Hagenbachklamm
238
Plöcking
Ghf.
Hintersdorf
Weinberger
Schießst.
Hagenbach
363
Leitenfeld
Haselbach
Buch Gr.
Stiftwald
Greifvogelstation
Naturpark
426
Adolf Robl
306
Arzgrub
Haselbach
Hohenau
445
Hohenau Wiese
Unter-kirchbach
Eichenhain
Rotes Krz.
Eichenhain
Kierlinger Forst
Kogelberg
Sauwinkl
426
Gsängerhtt.
414
Bonka
Kammer
Rotgraben
Weinbier Krz.
Ober-Hinterramen
Rotes Krz.
Windisch Htt.
497
Windisch A.
Kropfeiche
495
454
Heuberg
Steinriegel
Fuchsgrabenbg.
Fuchsgraben
Stockhammer Wiese
Tafelberg
Ramberg
Hirschberg
485
Scheiblingstein
Weidlingbach
285
285
508
Scheiblingstein
Hint. Köhlergraben
Gallhanzer Wiese
Vord. Köhlergraben
Asperleiten
Dombachgraben
Röm. Meilenstein
Bildeiche
Toiflhtt.
393
Norweger-wiese

Blatt 26
Korneuburg
(168)
Klosterneuburg
(192)
DONAU
Donaukraft-Rundweg
Silbersee
Hofau
Kritzendorf
205
Kritzendorf-Strombad
Ghf. Am Silbersee
169
Bhf. Kritzendorf
Hst. Unt. Kritzendorf
Klosterneuburger Durchstich
Rollfähren-Siedlung
Werft
Blue Danube Park
Korneuburger Rundweg
F. Berndl Bad
KORNEUBURG/OST
Kr. W.
Golf-platz
Wh. Tuttendörfl
Tuttenhof
NÖLRWW
St. Paula Kpl.
320
Th. Brunner Wg.
Sonnleiten
Weißer Hof
Waldandacht
392
Freiberg
327
Käferkrz.
Eichberg
404
Bhf.
Bad
Freizeitzentrum
Sammlung Essl
Stift
Langenzersdorf
Mühlen
An den
Strand-bad
A22
Doppeln
Buchberg
336
Lange Gasse
Summersdlg.
Türkenkreuz
Robl-kreuz
388
Schwarzes Krz.
Rotes Krz.
Weißes Krz.
Bhf. Klosterneuburg-Weidling
Weidling
(196)
RW02
Kollersteig
Stillestal
Gschwend Gr.
Wolfsgraben
Josefsteig
Siebers Gr.
Weidlingbach
Wh. Josefinenhtt.
Leopoldsberg
425
38A
Kahlenberg
Sulzwiese
484
Stefaniew.
Wildgrube
Waldbachsteig
Josefsdorf
Rest.
Eiserne Hand
KAHLENBERGERDORF
Weinrund Wanderweg
Gr. Frauen Gr.
Agnesbründl
Agneswiese
Wh.
444
516
Vogelsangberg
Schwaben Wiese
Habsburgwarte
542
Jägerwiese
Kreuzeiche
Hermannskogel
Fischer H.
Rohrerwiese
Lebensbaumkreis
Latisberg
Cobenzl
Krapfenwaldl
Bad
Schreiber B.
Muckental
Nußberg
NUSSDORF
Sauberg
432
Grüß di a Gott Wirt
Pfaffen Bg.
Am Himmel
393
Zierleiten
Schützen Gr.
markstein

KLOSTERNEUBURG

Hagenbachklamm und Greifvogelstation

Die Hagenbachklamm zählt zu den beliebtesten Ausflugszielen der Wiener, was aufgrund der Nähe zur Bundeshauptstadt nicht weiter verwunderlich ist. Sie stellt tatsächlich eine Naturattraktion dar, die einen Besuch absolut lohnt. Dabei ist sie keineswegs eine besonders imposante Klamm mit dramatischen Felsabstürzen oder reißenden Fluten, sondern gilt eher als beschauliches Kleinod, dass aber gerade deshalb viele Menschen verzaubert. Auf einer Länge von 1,5 Kilometern wird ein Höhenunterschied von rund 100 Metern zurückgelegt. Entlang des gut bezeichneten Weges (rote Markierung, Nr. 404) wurden zahlreiche Stege und Brücken angelegt, auf denen man gefahrlos die Klamm entlang marschieren kann. Das weiche Sandgestein hat dem kleinen Bach ermöglicht, sich verhältnismäßig weit in den Boden einzugraben. Besonders im mittleren Teil der Klamm findet man schöne Felsnasen, die am Rand des mäandrierenden Baches empor ragen. Die Klamm wurde bereits Anfang des Jahrhunderts begehbar gemacht und nach der Schließung während der Kriegsjahre 1948 wiedereröffnet. Eine Gedenktafel am Weg weist auf diese historischen Begebenheiten hin. Nahe der Klamm befindet sich am Weg nach Unterkirchbach eine sehr sehenswerte Greifvogelzuchtstation, die nach Begehung der Klamm besucht werden kann.

Die Sammlung Essl – Moderne Kunst in Klosterneuburg

Die 4.000 Werke umfassende Kunstsammlung des österreichischen Unternehmers Karlheinz Essl ist – was österreichische Malerei nach 1945 betrifft – die größte ihrer Art. Seit den 1990-er Jahren ist die mittlerweile in eine Stiftung umgewandelte Sammlung auch bemüht, internationale Werke anzukaufen. Unter den österreichischen Künstlern finden sich Namen wie Arnulf Rainer, Maria Lassnig, Siegfried Anzinger oder Hermann Nitsch. Internationale Künstler wie Sean Scully, Sam Francis, Antonio Tapiés, Georg Baselitz und Per Kirkeby komplettieren den Umfang der Sammlung. Außer der Malerei finden Fotografie und Video-Art sowie Collagen und Skulpturen ihren Platz. Neben der Kunst des späten 20. Jahrhunderts versucht die Stiftung, im Rahmen der Reihe „emerging artists", jungen Künstlern eine Ausstellungschance zu eröffnen. Das Ausstellungsgebäude selbst entstand 1999 nach Entwürfen des Tiroler Architekten Heinz Tesar. Auf einer Gesamtfläche von 7.200 Quadratmetern bietet es ausreichend Platz für die 4.500 Exponate, wobei auf die Integration von natürlichem Licht durch Oberlichten und breite Fensterbänder besonderer Wert gelegt wurde. Neben der Bildenden Kunst widmet sich die Stiftung auch der Pflege zeitgenössischer Musik in Form von Festivals, Konzerten und Klanginstallationen, mehrere davon von Karlheinz Essl jun. Die Sammlung besitzt eine, den Besuchern während den Öffnungszeiten zugängliche Bibliothek, die sich vor allem auf die Thematik der Sammlungsbestände konzentriert.

(geöffnet: Montag bis Sonntag 10-19 Uhr, Mittwoch 10-21 Uhr, Information: Sammlung Essl, An der Donau-Au 1, A-3400 Klosterneuburg, Telefon: 0800/ 232 800 (Hotline), Internet: www.sammlung-essl.at)

Burg Greifenstein

Für die geographisch exponierte Stelle, an der sich die Burg Greifenstein befindet, existierte um 985 die Bezeichnung hangintenstain, was etwa soviel wie „Hängender Stein" bedeutet. Der Fels fiel damals noch direkt steil zur Donau herab, die sich hier verengt. Die strategische Bedeutung dieses Ortes blieb nicht lange unentdeckt: Um 1100 begann man mit der Errichtung der Burg auf dem hängenden Fels. Der dreigliedrige Aufbau der Anlage (Bergfried, Palas, Bering) prägt heute ihr Aussehen, auch wenn von der ursprünglichen Bausubstanz nur wenig übrig blieb. Aus dem 13. Jahrhundert stammen die Vorhalle, die daran anschließende Knappenstube und der Bergfried. Im Rittersaal konnten Fragmente mittelalterlichen Mauerwerks nachgewiesen werden. Tief in den Fels hinein gegraben, befindet sich im untersten Geschoss des Bergfrieds das Burgverlies, das nur durch das „Angstloch" in der Decke zugänglich ist. Gleich darüber befand sich die Gerichtsstube. Diese Teile der Burg dürften noch im frühen 16. Jahrhundert rege Verwendung gefunden haben. 1529 zerstörten die Türken wesentliche Teile der Burg, die später jedoch wiederholt aufgebaut wurde. In den folgenden

Jahrhunderten verlor die Burg mehr und mehr ihren Wehrcharakter und erschien nicht zuletzt dadurch zunehmend nutzlos. Im Jahr 1805 fand die Anlage bei einer Versteigerung allerdings einen neuen Liebhaber – Fürst Johann I von Liechtenstein. Dieser ließ die Burg ab 1819 in romantisch-historisierender Manier renovieren. Im engen Burghof findet sich links das Wahrzeichen der Burg: der Schwurstein. Der Legende nach soll jeder Schwur durch das „Greifen in den Stein" bestätigt worden sein. Ob die Burg von dieser Praktik auch ihren Namen erhielt, bleibt unklar.

Stift Klosterneuburg

Dass Klosterneuburg im Hochmittelalter die bedeutendste Stadt Österreichs war, kann man heute noch am mächtigen und beeindruckend ausgestatteten Augustiner-Chorherrenstift ablesen. Als Zentrum des Babenberger-Reiches von Markgraf Leopold III. (dem Heiligen) entwickelte sich auf Initiative Leopolds das Stift zum geistigen Zentrum des Landes. Auf diese Zeit geht auch der Bau der imposanten Stiftskirche zurück, deren romanischer Ursprungszustand noch in ihrer Grundausrichtung erkenntlich ist. Zahlreiche Umbauten verfremdeten jedoch den babenbergischen Bau und führten zum stilistisch sehr uneinheitlichen Kirchenbauwerk. Kaiser Karl VI fügte den bestehenden Klosterbauten 600 Jahre nach Leopold mit dem barocken Kaisertrakt einen bedeutenden Teil hinzu. Eigentlich wollte er hier ein österreichisches Escorial – in seinen Ausmaßen dem spanischen nicht nachstehend – errichten, sein Vorhaben misslang. Doch auch der kuppelgekrönte Trakt vermag viel von der geplanten barocken Pracht zu vermitteln.

Der bedeutendste Kunstschatz des Stiftes ist ohne Zweifel der Verduner Altar des lothringischen Meisters Nikolaus, dessen Emailmosaik im 12. Jahrhundert erschaffen wurde. Er zählt zu den bedeutendsten und wertvollsten Altären der Welt! Bei einem geführten Rundgang durch das Stift offenbaren sich unter anderem weitere Wunder der Kunstgeschichte: Leopoldihof, Mosmillerprälatur, Albrechtsaltar und der Marmorsaal mit Fresken von Daniel Gran.

(Führungen: Montag bis Sonntag 9-12 und 13.30-17 Uhr, Information: Stift Klosterneuburg, Obere Stadt, Stiftsplatz 1, A-3400 Klosterneuburg, Telefon: 02243/411, Internet: www.stift-klosterneuburg.at)

Klosterneuburg *Stefan Scholz*

Hubertuskpl.
Ried-
-a. Riederberg
Fuchskurve
475
404
Rauchbuchberg
244
Siedlung Waldheim
Kloster-
-kurve
Riederberg
384
Hoffeld
Elsbach
Teufelwie
Lange Leiten
Kloster R.
Sdlg. Weideck
Klosterberg
420
Saubühel
Laabacher
Schenke
Elsbachwald
345
Rieder Forst
Laabach
Höbersbach B.
423
Schliefgraben
Schliefgraben
Schmeißb.
Höbersbach
Weißes Krz.
Salleck
397
404
Sands
Kletterg
Schmeißbach
Troppberg
Sandling
542
Vorderer-
-Steinberg
Jausenstat.
412
Mittlerer-
Ghf. Rieger
472
Strohzogl
Ameisberg
Troppberg
513
Heinratsberg
Jausenstat
Hoffmann
Rotes
In der Au
Wh. Fink
404
460
Ameisberg
Kls.
Riedanleiten
Hinterer Steinberg
Wolf-Hof
Almstüberl
Rauchengern
Buchberg
Irenental
Wilhelmshöhe
319
Jh.
Schönleiten
Ghf. Wittmann
Brettwies
Weidling B.
Carl Ritter Weg
Erlschachen
Kleiner-
-Stiefelberg
Gr. Wienerberg
Obersaubichl
Kaisereiche
452
Marienrast
Oberer-
-Saubichl
504
Tullnerbach
390
Norbertinum
Postberg
Weidlingbach
415
Unt.
Saubichl
Lawies
Unter-
-tullnerbach
Pelzer Gr.
Haitzawinkel
Schubert Sdlg.
Bhf. Tullnerbach-
-Pressbaum
Kl. Wienerberg
Sacre Coeur
Pressbaum
289
Bad
Wienerwald-
-see
Hst.
Hst.
Dürrwien
315
Knödelhtt.
Hof
Bartberg
Bihaberg
A1
PRESSBAUM
2. Wr. Hochquellenleitung
482
Vorderer-
Brentenmais
Frauen-
wart
441
Kl. Pfalzberg
Braunias
458
Beerwart B.
Gr. Pfalzberg
Franzosen
Krz.
Sattelberg

Blatt 27
Hirschengarten
Hirschengartl
Sonnenwald
Rotes Kreuz
Einsiedelei
Schneiderwiese
450
Rußberg
Reiterhof
Kartause
287
Mauereck
453
Passauer Wald
Leberecl
Ochsenweide
Allerheiligen B.
Steinbach
Mauerbach
Kreuzbrunn
Lebereck
Unter-
-mauerbach
282
Adalb. Stifter Dkm
Allhang
Königswinkel B.
388
Gablitzer Steig
Purkersdorfer Forst
Hint. Hahnbaum
413
Hahnbaum B.
Mauerbach
Hainbach
Vorderhainbach
Vord. Hahnbaum
Gablitz
Ram
Parz Gr.
Wh.
284
Adlitz Gr.
Buchberg
465
Augustinerwald
249
Grüner Jäge
Kls.
Hochbuch
Rehgraben
Hühnersteig B
Wurzbachtal
Bürgerspita
Buchgraben
Wh.
Hochramalm
Fischergraben
Purkersdorfer-
-Eichberg
Weidlingauer-
Waldandach
Hochram
459
Süßfeld
Pfarrwald
Wolfs Gr.
Bhf. Unt. Purkersdf.
Purkersdorf
(248)
Hst. Purkersdorf-Gablitz
Mühlbe
Ruhmannsfeld
Ad-Samper-Weg
Kl. Steinbach
Kranawetten
Sanatorium
Sängerbrunnen
Kellerwiese
Georgen B.
Steinbach
Neupurkersdf.
Naturlehrpfad
Rechenfeld
Naturpark
Sagberg Sdlg.
Wien
Zigeunersteig
Ghf. Moder
Schöffelstein
Wildgehege
Rudolfshöhe
475
Sandstein Wienerwald
Post Sdlg.
Deutschwald
Gelber Berg
487
Speichberg
Deutscher Wald
Richter-Minder Sdlg.
Wirtshaus
Glaskogel
Wasserwerk
Glasgraben Ws
Deutschwald B.
Feuerstein B.
507
Baunzen
Dambach
Dambach
Brandberg
474
Frauenwart
Laabersteig
Eibengraben
Glasgraben
518
Heimbautal
Laabersteig B.
530
515
Dreihufeisen B.
Seiler Gr.
407
Hirschgstemm
Wurzen
Roppersberg
Ruhla
Rom. Villa

PURKERSDORF - PRESSBAUM

Kartause Mauerbach

Als erste österreichische Niederlassung des 1084 in der französischen Chartreuse vom Heiligen Bruno gegründeten Kartäuserordens kommt der Kartause Mauerbach besondere Bedeutung zu. Herzog Friedrich I der Schöne gründete die Anlage 1313 und berief 12 Mönche aus Seitz zu ihrem streng kontemplativen Leben. Gemeinschafträume wie Kapitelsaal, Bibliothek, Refektorium (Speisesaal) und natürlich Kirche wurden zentralisiert, daneben stehen die einzelnen hausartigen Wohnzellen der Mönche. Der Anordnung der wenigen Mönchszellen um den Großen Kreuzgang entspricht die Verortung der Brüderzellen um den Wirtschaftshof. Die Brüder genossen mehr Freiheiten, hatten jedoch einen geringeren Status und kümmerten sich um die Versorgung der wenigen, eremitenhaft lebenden Mönche. Der südliche Kreuzgang läuft quer durch das Kirchenschiff und trennt damit Laien (Brüder-) und Mönchskirche. Um 1316 konnte die Kirche geweiht werden, um 1330 dürfte die Anlage im Wesentlichen fertiggestellt gewesen sein. Im Laufe des 14. Jahrhunderts setzte durch die Schreibstube ein rascher kultureller Aufschwung Mauerbachs ein, sodass im 15. Jahrhundert bereits Erweiterungen vorgenommen werden konnten. Das 16. Jahrhundert schließlich brachte einschneidende Ereignisse mit sich: Zerstörungen durch die Türkenkriege von 1529 sowie das verheerende Neulengbacher Erdbeben von 1590, das die Anlage nahezu dem Erdboden gleichmachte. Interessanterweise hielten sich die barocken Neubauten von 1615 bis 1631 ziemlich genau an die Grundrisse der mittelalterlichen Anlage, was wieder einmal die systematisches Strenge des Kartäuserarchitektur dokumentiert. 1609 wurde die neue Kirche eingeweiht. Noch vor Fertigstellung der Anlage erlitten die Mönche einen weiteren Rückschlag: Einfallende Böhmen unter Mathias Thurn plünderten 1619 die umfangreiche Bibliothek. Nach der Fertigstellung wurde die Anlage 1683 erneut durch die Türken verwüstet, die darauffolgenden Instandsetzungsarbeiten zogen sich über mehrere Jahrzehnte hindurch, was zu unterschiedlichen Stilnuancen führte.

Mit Schließung der Anlage durch Joseph II 1782 verließen die Mönche die Kartause. 1786 wurde hier von der Kommune Wien ein Krankenhaus eingerichtet, das bis ins 20. Jahrhundert in Betrieb stand. 1985 übernahm das Österreichische Bundesdenkmalamt die Anlage und baute sie zu ihrem Ausbildungszentrum aus.

(Information: Bundesdenkmalamt Kartause Mauerbach, Kartäuserplatz 2, A-3001 Mauerbach, Telefon: 01/9798808)

Jugendstil in Purkersdorf

Der Titel dieses Ausflugszieles ist wohlüberlegt, denn wer würde bei „Sanatorium Purkersdorf“ schon weiterlesen? Tatsächlich stellt gerade dieses jedoch eines der bedeutendsten Jugendstil-Gebäude in Niederösterreich dar. Selbstverständlich kann das Sanatorium nur von außen besichtigt werden, die vielfältige stilreine Gestaltung der Fassaden offenbart sich von dort aus aber ohnehin am besten. Das Sanatorium wurde vom Industriellen Victor Zuckerkandl in Auftrag gegeben, seineszeichens Besitzer eines beliebten Wiener Künstlerlokales am Beginn des 20. Jahrhunderts. Der bekannte Jugendstil-Architekt Josef Hoffmann realisierte 1904 das Bauwerk. Nach einer Zeit der architektonischen Verfremdung und des Verfalls wurde das obere, später hinzugefügte und nicht stilgerechte Stockwerk wieder abgetragen, sodass der ursprüngliche Zustand wiederhergestellt ist.

Naturpark Sandstein-Wienerwald

Die 77 Hektar große Fläche des Naturparks Sandstein-Wienerwald wird beherrscht von ausgedehnten Buchenwäldern. Auf der sogenannten Kellerwiese wurde ein Streichelzoo eingerichtet. Weiters findet man im Park einen Erlebnisspielplatz sowie die sehenswerte Schöffel-Gedenkstätte, die an den „Retter des Wienerwaldes“ Josef Schöffel erinnert, der im 19. Jahrhundert die Erhaltung des Wienerwaldes forcierte. Der 431 Meter hohe Schöffelstein wurde nach ihm benannt. Etwas außerhalb des Parks findet man die 472 Meter hohe Rudolfshöhe, deren Namensgeber Kronprinz Rudolf war. Von hier aus kann man eine herrliche Aussicht über das umliegende Gebiet bis zur Bundeshauptstadt genießen. Zahlreiche Wanderwege führen in einem weitverzweigten

Netz durch den Park. Man kann die Umgebung zum Beispiel entlang eines Naturlehrpfades erkunden. Dieser beginnt westlich der Kellerwiese und erläutert mittels zahlreicher Schautafeln die Tier- und Pflanzenwelt des Naturparks Sandstein-Wienerwald. Vorbei geht es am Naturparkzentrum Deutschwald mit dem sogenannten „Wienerwaldhaus“ und den Tiergehegen, weiter zum Schöffelstein über das Frauenbründl und zurück zur Kellerwiese. Dieser etwa 3,5 Kilometer lange Pfad kann mit Pausen gemütlich in etwa 1,5 Stunden zurückgelegt werden. Ein weiterer Pfad, der „Georgenbergweg“, führt ebenfalls von der Kellerwiese ausgehend zum Naturparkzentrum, weiter über die Rudolfswarte und vorbei am Josef-Hoffmann-Sanatorium bis zurück zur Kellerwiese. Für diesen sieben Kilometer langen Weg sollten etwa zwei bis drei Stunden (mit Pausen zum Beobachten der Natur) veranschlagt werden.

(Information: Naturpark Sandstein-Wienerwald, Stadtamt, Hauptplatz 1, A-3002 Purkersdorf, Telefon: 02231/63601-0, Fax: 02231/62267, Mail: naturpark@purkersdorf.at, Internet: www.naturparke.at/sandst/home.html)

Die Klosterruine am Riederberg

Wer auf der Suche nach einem besonders romantischen Ausflugsziel in unmittelbarer Nähe der Bundeshauptstadt Wien ist, dem sei ein Besuch der alten Klosterruine am Riederberg empfohlen. Es handelt sich dabei um die Reste der Gemäuer des Franziskanerklosters „St. Maria in Paradyso“, welches wohl nicht einmal 100 Jahre bestanden hatte (2. Hälfte des 15. Jahrhunderts bis 1530). Verantwortlich für das rasche Ende des in der stillen Einsamkeit des Wienerwaldes errichteten Klosters waren die Osmanen, welche bei Ihrem Einfall im Jahre 1529 die Gebäude zerstörten und fast alle Mönche ermordeten. Aufgrund der unsicheren Zeiten wurde im Jahr darauf beschlossen, das Kloster nicht wieder aufzubauen. Seither verfallen die Mauern der Ruine und bilden mit den umgebenden Waldbäumen ein malerisches Ensemble aus Natur und vergänglichem Menschenwerk. Von der Passhöhe am Riederberg (384 m) führt ein markierter Wanderweg durch den Wald zur Ruine.

Kartause Mauerbach *Stefan Scholz*

Frauenwald
Hirschentanz
Pöllerizwiese
Wienerhtt.
Eichkogel
428
Wambacher-wiese
Wiener Gr.
Gernberg
Bierhäusel Bg.
488
R. Kammerstein
Waldmühle 530
Franz Ferdinand Schutzh.
Rotes Krz.
Parzeracket
Doktor Bg.
Paraplui B.
Saugraben
Lattermaiß B.
452
Jenny Qu.
Stollwies
Waldmühl-Kletterschule
Teufelstein H.
Kaltenleutgeben
Kl. Flößel B.
Josefswarte
Kammersteiner H.
Schneider Kg. (356)
Kaltbrunn
Streber-wände
Buch Br.
Hint. Föhrenberg
Haspelweg
Grund
Luckete Wand
Waldandacht
Lindberg
Gr. Flößel B.
Eisgraben
584
Fröhlich Qu.
Wh. Kugelwiese
Schirgen
Brandel
Vereins Qu.
Kardinal Gr.
IML
Wallner Ws.
Jungkunststein
Großer Sattel
Schirgenwald
Rotes Brundl
Luisen Qu.
Sisi-Wanderweg
Geißberg
602
Predigerstuhl
Ghf. Seewiese
Sdlg.-Tirolerhof
Stierwiese
Nemecek H.
Kl. Sattel
Naturpark
Gießhübl
Mitterberg
Hohes G.
Schneerosen
Finsterer Gang
Gießwände
Rest. Maximilian
Primel Qu.
Norweger-Wiese
Höllenstein
645
Höllenstein H.
Wassergspreng-Felsen
Gießhübl 416
Hochleiten
Kreuzsattel
Julienturm
Geoleshöhle
Einöden B.
Sulzwiese
Hagenauer
Hundskg.
Sittnerwarte
Speckkammer
Wassergspreng
Fh. 352
Eichberg
Heuberg
Weißes Krz.
R. Römerw.
Kaisertor
R. Kohlerhütte
571
Hinterbrühl
254
R. Johannstein
R. Dianatempel
SOS-Kinderdorf
Hubertus Kpl.
Pacherkogel
Weissenbach bei Mödling
Wh. Holdrichsmühle
Naturpark Sparbach
Mödlinger Kirchwald
Kiental
Kl. Anninger
496
Weißenbach
Schanzkogel
384
Schwarz Kg. 406
Schnepfenstein
Haupteingang
Schweinzer B.
Hexensitz
Hinterbrühl
Sparbach (350)
Stefanieweg
Brenntenmais
399
Eichkogel
Galgenbühel
Lack Fb.
Vord. Otter
407
Föhrenberge
Schwarzkopf
396
Mittl. Otter
Toter Mann
Mühlparz
Wh. Kisch
487
Marbach
Steinwand
Mödling
Kerschgraben
Eschenbrunn Gr.
Sandriegel
411
Lange Felder
Luder Gr.
Hint. Otter
309
Eschen Br.
Jubiläumswarte
Schneider Krz.
Anninger Forst
Kl. Buchtal
Eschen Kg.
653
Gaaden (323)
Schenkenberg
Steinwandl
Vierjoch
Anninger
Gr. Buchtal
Schlösselwald
Waldwiesen
Jagdschloß
Gumpoldskirchner Steig
Wilhelmsw.
Lauskogel
397
Buchkogel
Zweieichen 423
Tennberg
Ausjagdboden
Wetter
Drei Eichen
Kegelstatt
Siegenfeld
357
Pfaffen Gr.
Lehnstuhl
Rauchwiese

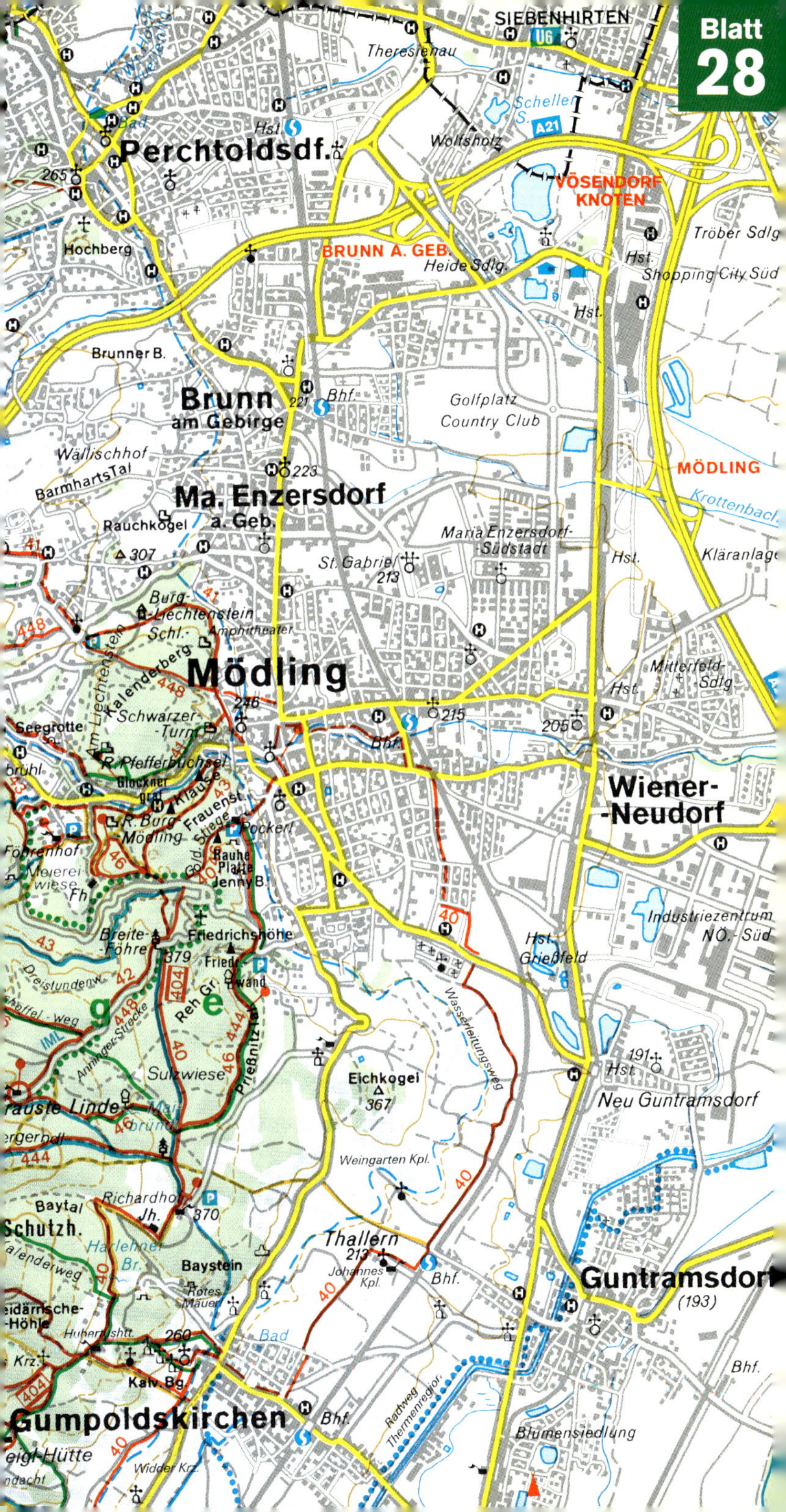
Blatt 28
Siebenhirten
Theresienau
Schellen S.
A21
Wolfsholz
Perchtoldsdf.
Hst.
Bad
Vösendorf Knoten
Hochberg
Brunn a. Geb.
Heide Sdlg.
Tröber Sdlg.
Shopping City Süd
Brunner B.
Brunn am Gebirge
Bhf.
Golfplatz Country Club
Wällischhof
Barmhartstal
Ma. Enzersdorf a. Geb.
Mödling
Krottenbach
Rauchkogel
307
Maria Enzersdorf-Südstadt
St. Gabriel
Kläranlage
Burg-Liechtenstein Schl.
Amphitheater
Kalenderberg
Mitterfeld-Sdlg.
Mödling
Schwarzer-Turm
Seegrotte
R. Pfefferbüchsel
Glockner
Klause
Wiener-Neudorf
R. Burg Mödling
Frauenst.
Pockerl
Föhrenhof
Meiereiwiese
Rauhe Platte
Jenny B.
Industriezentrum NÖ.-Süd
Breite-Föhre
Friedrichshöhe
Friedr. wand
Hst. Grießfeld
Dreistundenw.
Reh Gr.
Anninger-Strecke
Wasserleitungsweg
Sulzwiese
Eichkogel
367
Neu Guntramsdorf
Weingarten Kpl.
Richardhof
Jh.
370
Baytal
Schutzh.
Thallern
Johannes Kpl.
Baystein
Rotes Mäuerl
Guntramsdorf
(193)
Kalv. Bg.
Bad
Radweg Thermenregion
Gumpoldskirchen
Blumensiedlung
Widder Krz.

PERCHTOLDSDORF · MÖDLING

Naturpark Föhrenberge

Ganz in der Nähe von Mödling findet man den Naturpark Föhrenberge. Dieser erhielt seinen Namen aufgrund der hier in hoher Zahl vorhandenen Schwarzföhren. Die Naturparkfläche von insgesamt etwa 6.600 Hektar erstreckt sich von der Wiener Stadtgrenze über Mödling bis Gumpoldskirchen. Ein Teil des Wienerwaldes zählt ebenfalls dazu.

Typisches Merkmal des Naturparks sind die hohen, schroffen Kalkfelsen. Im Westen des Parks, in der sogenannten montanen Zone, findet man vor allem Rotbuchen und Tannen, während in der pontisch-pannonischen Zone im Osten vor allem die namensgebenden Schwarzföhren zu sehen sind. Höhere Erhebungen des Parks stellen der Höllenstein und der Föhrenberg dar. Diese verfügen beide über Aussichtswarten, von welchen aus man einen herrlichen Rundblick über die umliegende Landschaft genießen kann.

Weitläufige Wiesen mit Rastplätzen laden Besucher aus dem angrenzenden Gebiet zur Erholung und Entspannung ein. Besonders beliebt bei den Gästen ist die Perchtoldsdorfer Heide, ein Trockenrasengebiet mit der westlichsten Zieselkolonie Europas bei Perchtoldsdorf. Zu besichtigen gibt es im Naturpark Föhrenberge zum

NP Föhrenberge *Gemeinde Mödling, Helga Schlechta*

Beispiel ein altes römisches Amphitheater, den Husarentempel sowie einige romantische Ruinen. Der Park kann entweder bequem mit dem Auto oder zu Fuß von Rodaun, Perchtoldsdorf, Sparbach oder Kaltenleutgeben erreicht werden.
(Information: Verein Naturpark Föhrenberge, Lerchenstraße 14, A-2340 Mödling, Telefon: 02236/28796, Mail: office@moedling-tourist.at)

Seegrotte Hinterbrühl

Die Geschichte der Seegrotte reicht bis ins erste Viertel des 20. Jahrhunderts zurück: In den Gängen des Gipsbergwerkes Hinterbrühl sprengte man im Jahre 1912 eine Wasserader. Dies führte dazu, dass mehr als 20 Millionen Liter Wasser mit unglaublicher Kraft durch die Stollen des Bergwerkes strömten. Durch diese Naturkatastrophe entstand der größte unterirdische See Europas in Hinterbrühl. Die Seegrotte stellt somit mehr oder weniger ein „überschwemmtes Bergwerk" dar. Nach diesem Ereignis legte man das Bergwerk still; niemand entdeckte das einzigartige Naturspektakel, das sich in den Tiefen gebildet hatte. Erst in den Dreißiger Jahren des 20. Jahrhunderts stieß ein Höhlenforscherteam auf den See und machte diesen der Öffentlichkeit zugänglich. Das „Schaubergwerk" zog sofort Unmengen an Touristen an. Durch die ungünstigen wirtschaftlichen Verhältnisse Österreichs und die berühmt-berüchtigte „Tausend-Mark-Sperre" schränkte sich die Besucherzahl bald ein. Während des Zweiten Weltkrieges beschlagnahmte man die Seegrotte, da man die „Räumlichkeiten", die aufgrund der unterirdischen Lage Schutz vor den Kriegswaffen boten, als Flugzeugfabrik nutzen wollte. Hier wurde der erste Düsenjäger der Welt konstruiert, dessen Modell heute in der Seegrotte zu sehen ist. Nach Kriegsende konnte die Seegrotte im Jahr 1948 neuerlich als Schaubergwerk eröffnet werden. Im Rahmen einer Führung, die ganzjährig stattfinden, kann man auch an einer Bootsfahrt auf dem größten unterirdischen See Europas teilnehmen.
(Führungen: April bis Oktober 9-12 und 13-17 Uhr, November bis März 9-12 und 13-15 Uhr, Samstag, Sonn- und Feiertag bis 15.30 Uhr, Information: Seegrotte Hinterbrühl GmbH, Grutschgasse 2, A-2371 Hinterbrühl, Telefon: 02236/26364, Mail: office@seegrotte.at, Internet: www.seegrotte.at)

Burg Liechtenstein

Wer sich der Bundeshauptstadt Wien über die Wiener Außenringautobahn nähert, dem sticht rechter Hand kurz nach der Abfahrt Hinterbrühl eine mächtige Burg ins Auge, die aufgrund ihrer Lage über den östlichsten Abhängen des Wienerwaldes zu den eindrucksvollsten Burgen Niederösterreichs gehört.
Auf der Nordwest-Ecke des Frauensteins gelegen, reicht die Geschichte dieser Mödlinger Burg Liechtenstein bis in die Babenbergerzeit zurück. Als Baudatum kann man wohl die Zeit um 1100 annehmen, Herzog Heinrich II Jasomirgott baute die Anlage wesentlich aus. Nach dem Aussterben der Babenberger gelangte die Burg in Passauischen Besitz, allerdings konnte sie den Türkenangriffen des Jahres 1529 nicht standhalten. Ein Großbrand zerstörte 1556 auch noch den Rest der Anlage. Als die Romantik Interesse an Ruinen fand, kaufte Fürst Liechtenstein 1812 die zerstörte Burg und führte einige Renovierungen durch. Als Ergebnis dominieren auf Burg Liechtenstein heute vorwiegend neugotische Ausstattungsgegenstände.
(Information: Stadtgemeinde Mödling, Pfarrgasse 9, A-2340 Mödling, Telefon: 02236/400, Fax: 02236/23373, Mail: office@moedling.at, Internet: www.moedling.at)

Perchtoldsdorf – historischer Winzermarkt vor den Toren Wiens

Der vor den Toren Wiens liegende Heurigenort Perchtoldsdorf verfügt über ein äußerst reizvolles Ortsbild, das vom alles überragenden Wehrturm am Hauptplatz beherrscht wird. Der Turm ist mit seinen 60 Metern Höhe ein wehrhaftes Monument des späten Mittelalters. Seine Bauzeit reichte von 1450 bis 1523. Bereits sechs Jahre nach seiner Fertigstellung musste er als Fluchtturm vor den einfallenden Osmanen dienen. Über die verheerenden Auswirkungen der Türkenkriege berichtet übrigens auch das Osmanenmuseum im historischen Rathaus.
Gemeinsam mit dem Turm bilden die gotische Pfarrkirche, die Herzogsburg aus dem 11. Jahrhundert und die barocke Pestsäule ein Ensemble allererster Güte. Daneben verdienen das Lebzelter-Haus sowie der Strenningerhof aus dem 16. und das Regenbarthaus aus dem 17. Jahrhundert ausführlichere Beachtung.

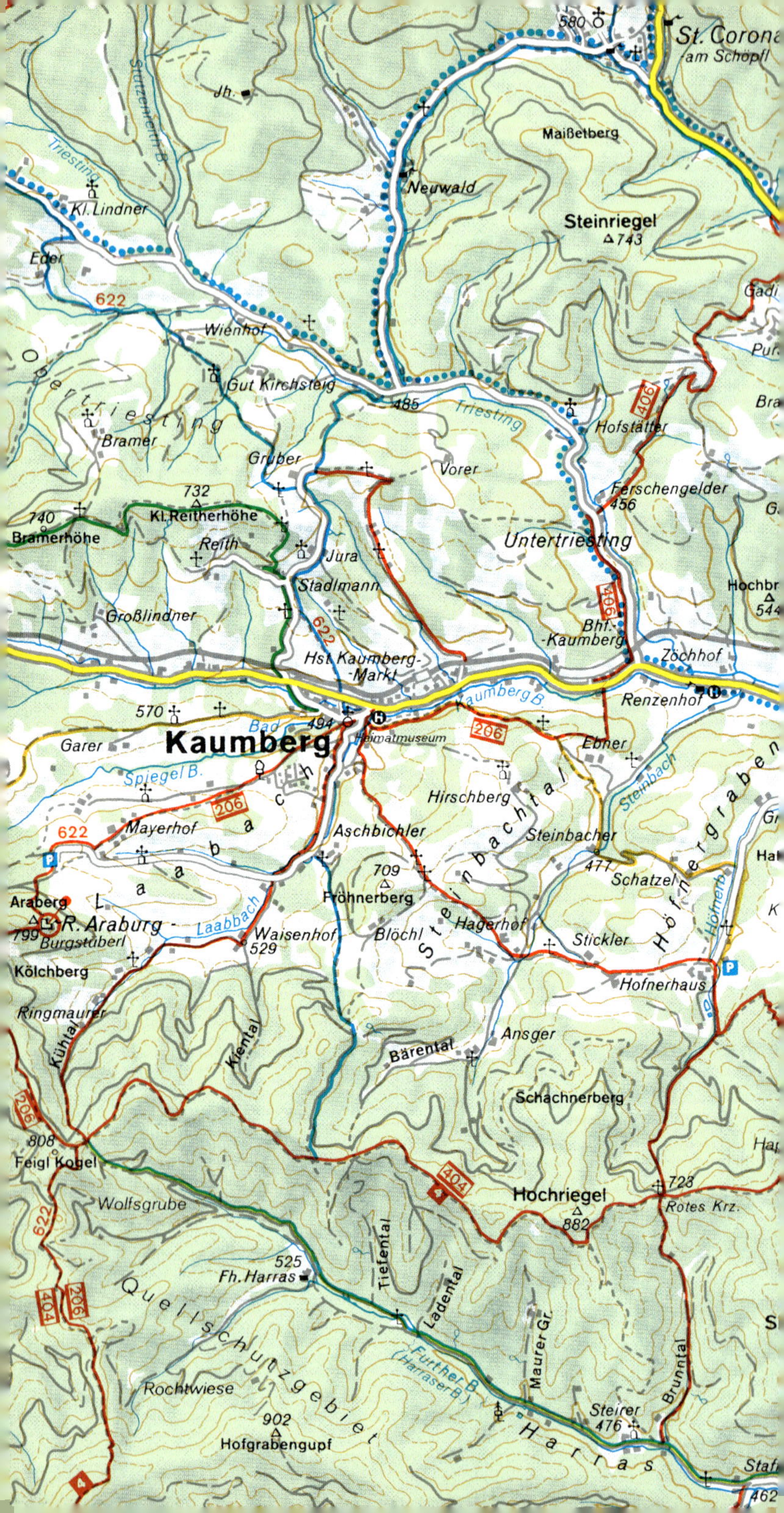

580
St. Corona
am Schöpfl
Jh.
Triesting
Maißetberg
Kl. Lindner
Neuwald
Steinriegel
743
Eder
622
Wienhof
Gut Kirchsteig
485
Triesting
406
Hofstätter
Obertriesting
Bramer
Gruber
Vorer
Ferschengelder
456
732
Kl. Reitherhöhe
740
Bramerhöhe
Reith
Jura
Untertriesting
Stadlmann
544
622
Großlindner
Bhf.
-Kaumberg
406
Hst. Kaumberg-
-Markt
Zöchhof
Kaumberg B.
Renzenhof
570
Bad
494
Garer
Kaumberg
Heimatmuseum
206
Ebner
Spiegel B.
Steinbach
Hirschberg
Laabach
206
Steinbachtal
Höfnergraben
622
Mayerhof
Aschbichler
Steinbacher
477
Schatzel
709
Araberg
Fröhnerberg
R. Araburg
Hagerhof
799
Burgstüberl
Laabbach
Waisenhof
529
Blöchl
Stickler
Kölchberg
Hofnerhaus
Ringmaurer
Kühtal
Kiental
Ansger
Bärental
206
Schachnerberg
808
Feigl Kogel
404
723
Hochriegel
882
Rotes Krz.
Wolfsgrube
622
525
Fh. Harras
Tiefental
Ladental
404
206
Quellschutzgebiet
Maurer-Gr.
Brunntal
Further B.
(Harraser B.)
Rochtwiese
Steirer
476
902
Hofgrabengupf
Harras
462

Blatt 29
658
Gr. Kuhberg
785
chenstein
Hirschengraben
554
Rauchkogel
603
Pöller B.
448
Reitel Gr.
Palber Wiese
Paarhof
Kuhberg
707
Myrtl
Reitel-Graben
Berger
674
Handlhof
Kollecker
406
Blumauer
Berg und Graben
St. Coronastraße
Wimmer
406
ehem. Stiftskirche
432
Klein-Mariazell
Kell
Waldhof
Bergfischer
Rathofe
633
Schacher Krz.
Stieglhof
Seidl
chingbauer
Thaler-bauer
Hüber
Klauswies
Corona B.
Stegbauer
Steinkeller
Eisgraben
Fuchsbauer
Kloster B.
448
Einbacher
406
Grüner Baum
Reisberghof
595
Leitenbauer
Dornau
Altenmarkt
an der Triesting
478
412
410
Bühel
Hafnerberg
Thenneberg
Bad
593
Wallgraben
Bhf. Altenmarkt-Thenneberg
Bad
Festenberg
Hst.
Eckenbauer
Seidl
Doppelhof
Zuberbauer
Triesting
406A
Heimkehrer Br.
448
Wieshofer Steig
404
Gemeindeberg
769
Föhrenhof
Wildenauer Brunnen
Mittagskogel
862
Kienberg
Unterm Hocheck
Matrasweg
Sulzbach
448
Hocheck
Hocheck Schutzh.
Prinzwiese
448
1037
Eberbacher Höhe
Eberbach
464
206A
Arnber
Krenn-weg
Hochecksstrecke
Jh.
Schönberg
Aggsbach
Hof
Innerfurter Gr.
434
Maulstr.
Guglhof
764
Die Schön
Tannberg
677
Jh.
Rehgras
Kiengrabenhöhe
206A
Oed
Niemtal
206A
Pfefferhausl
Heinz
Kreuzbauer
Rohrbach
Ebenleiter
Furth

KAUMBERG · KLEIN-MARIAZELL

Die Araburg

Freunde alter Ritterburgen werden die Araburg längst kennen. Doch auch für alle anderen Gäste stellt die Araburg eine Hauptattraktion des westlichen Wienerwaldes dar. Das Rittergeschlecht der Arberger ließ diese hochgelegene Burg (immerhin 799 Meter über dem Meer) im 12. Jahrhundert erbauen. Mehrere Umbauten in den folgenden Jahrhunderten unter den Ruckendorffern und den Jörgern gaben ihr danach ein neues Gesicht. 1625 gelangte das Bauwerk in kirchlichen Besitz (Stift Lilienfeld) und nach der verheerenden Türkenbelagerung im Jahre 1683 verfiel die Burg zu einer Ruine. Dank Revitalisierungsmaßnahmen und der Einrichtung eines Burgstüberls erfreut sich die Araburg heute wieder großer Beliebtheit. Im renovierten Bergfried ist ein Aussichtsraum untergebracht, von dem sich dank der Höhenlage eine hervorragende Fernsicht über die bewaldeten Hügel der Umgebung ergibt.

Im Sommer finden auf der Burgruine alljährlich Theateraufführungen statt. Diese Burgspiele werden im August von der örtlichen Theatergruppe aus Kaumberg organisiert. Kartenreservierungen hierfür nimmt das Gemeindeamt Kaumberg entgegen (Telefon: 02765/362).

Heimatmuseum Kaumberg

Wer sich schon in Kaumberg auf den Besuch der Araburg einstimmen möchte oder nach dem Burgausflug noch mehr über deren Geschichte erfahren will, dem sei das Heimatmuseum Kaumberg ans Herz gelegt. Dieses befindet sich in einem aus Abbruchsteinen der Araburg erbauten Haus, welches ursprünglich als Herberge, anschließend als Gendarmeriegebäude, Gemeindeamt und sogar als Gemeindekotter (kleines Ortsgefängnis) diente. Im später revitalisierten Gebäude ist seither das Kaumberger Heimatmuseum mit Exponaten über die Geschichte der Marktgemeinde und insbesondere der Araburg untergebracht. In der „Jörger Stubn“ wird das protestantische Adelsgeschlecht der Jörger, welche die Araburg vor ihrer Übernahme durch das Stift Lilienfeld besaßen, ausführlich vorgestellt. Einen weiteren Schwerpunkt bildet die durch Kaumberg führende Triestingtal-Bahn mit einer originalgetreu nachgebauten Modellbahnanlage.

(geöffnet: Mai bis Ende Oktober, Sonntag 10-12 Uhr, ansonsten Voranmeldung im Gemeindeamt; Information: Heimatmuseum Kaumberg, A-2572 Kaumberg, Telefon: 02765/282)

Hoch über dem Wienerwald: Das Hocheck und seine Panoramastraße

Südlich des Triestingtales ragt das Hocheck mit einer Höhe von 1.037 Metern über dem Meeresspiegel aus den umgebenden Hügeln des Wienerwaldes heraus. Ohne beschwerlichen Fußmarsch lässt sich dieser hervorragende Aussichtsberg mit der darauf errichteten F.-Meyringer-Warte auch bequem per Auto erreichen. Damit können Familien mit Kleinkindern und ältere Menschen, denen Bergwanderungen zu anstrengend sind, ohne Schwierigkeiten die Aussicht von diesem Wienerwald-Gipfel genießen. Die Mautstraße auf das Hocheck zweigt bei Furth von der Talstraße ab und führt direkt zum Hocheck-Schutzhaus, das ganzjährig bewirtschaftet ist (Freitag Ruhetag) und vom ÖTK Triestingtal geführt wird.

(Information: Hocheck-Schutzhaus, A-2564 Furth/Triesting, Telefon: 02673/2306)

Wallfahrtskirche am Hafnerberg

Auf dem Weg von Alland ins Triestingtal befindet sich kurz vor dem Steilabbruch bei Hafnerberg linker Hand die doppeltürmige Marienkirche. Das dominante Bauwerk liegt damit auch an der Via Sacra, dem alten Pilgerweg von Wien nach Mariazell. Dabei ist die Kirche selbst ein bedeutendes Wallfahrtsheiligtum, das entsprechend dieser Bedeutung eine großzügige barocke Ausstattung erhielt. Geradezu überwältigt steht man unterhalb des großartigen Deckenfreskos mit dem Bildnis der Verherrlichung Mariens von Josef Ignaz Mildorfer. Weitere künstlerische „Highlights“ sind: der Hochaltar mit zwei überlebensgroßen Engelfiguren, die reich vergoldete Kanzel sowie die Plastiken des Georg Raphael Donner-Schülers Christoph Schönlaub.

(Information: Katholisches Pfarramt Hafnerberg, A-2571 Altenmarkt a. d. Triesting, Telefon: 02673/2271)

Klein-Mariazell

Klein-Mariazell trug ursprünglich den Namen Mariazell in Österreich, doch der übermächtige Wallfahrtsort in der Steiermark führte zur verkleinernden Namensänderung. Tatsächlich ist der Ort, in dem sich einst ein bedeutendes Benediktinerkloster befand, heute ein kleines Dorf inmitten ausgedehnter Wienerwald-Forste. Trotz ihrer heutigen Abgeschiedenheit liegt Klein-Mariazell an einem der bedeutendsten geistlichen Pilgerwege Mitteleuropas, der Via Sacra von Wien nach Mariazell.

Die Gründung des ehemaligen Benediktinerklosters geht auf eine Stiftung des aus dem nahen Nöstach stammenden Brüderpaares Heinrich und Raputo von Schwarzenburg im Jahre 1136 zurück. Von diesem Jahr an bestand hier ein Benediktinerkloster mit dem Namen Cella Sancta Mariae (also Mariazell). Fast 650 Jahre lang bestimmten die Mönche des Ordens die Geschicke des Klosters und der ausgedehnten Besitztümer im oberen Triestingtal. Der Einflussbereich reichte bis Kaumberg, St. Corona und Nöstach. Klein-Mariazell zählte im Mittelalter zweifellos zu den bedeutendsten Klöstern Österreichs. Bemerkenswert in der langen Geschichte war unter anderem der umtriebige Abt Ulrich I., der zwischen 1250 und 1252 nach den Zerstörungen durch die Kumanen die große Stiftskirche wieder aufbauen ließ. Abermalige Akte des Vandalismus durch die Türken in den Jahren 1529 und 1532 ließen das Gotteshaus für 80 Jahre verwaisen. Trotz aller Wirren hielt sich das Kloster bis zur großen Säkularisierungswelle unter Joseph II. Danach folgte nicht nur der Abzug aller Mönche aus Klein-Mariazell sondern auch die Umwandlung des Klosters in ein Schlossgebäude. Im Zweiten Weltkrieg errichtete das nationalsozialistische Regime hier sogar ein Umsiedlungslager. Das weitgehend verwahrloste Schloss wurde daraufhin 1965 abgebrochen und die Kirche aufwändig renoviert. Dabei kamen romanische Bauteile des frühesten Kirchenbaus zum Vorschein. Der sehenswerte Kreuzgang erhielt ein schindelgedecktes Dach. Im Zuge von Renovierungen in den 1990-er Jahren entdeckte man weitere wichtige Fundstücke von großem geschichtlichen Wert. Der bedeutendste Fund ist das Grab der Stifter Heinrich und Rapoto von Schwarzenburg. Nicht minder interessant sind der gefundene 1000-jährige Wurzelstock und eine wiederentdeckte Quelle.

Araburg *F. Hauleitner*

Aus kunsthistorischer Sicht zählt das Hauptportal der Kirche aus dem 13. Jahrhundert zu den bemerkenswertesten Objekten des Gotteshauses. Seinen heutigen Glanz erhielt es allerdings erst Ende des 20. Jahrhunderts zurück, als es in seinen ursprünglichen romanischen Zustand rücküberführt wurde. Im Inneren der Kirche zieht der barocke Hauptaltar die Blicke auf sich. Bei genauerem Hinsehen entdeckt man die von sieben Engeln umgebene Gnadenmadonna, welche alle Zerstörungen und schwierigen Zeiten überdauert hat.

(Information: Kath. Pfarramt, Klein-Mariazell 1, A-2571 Altenmarkt a. d. Triesting, Telefon: 02673/8219, Internet: www.klein-mariazell.at, Mail: kleinmariazell@inode.at)

MAYERLING
Priefamtann
Kloster Bg.
406
401
406
42
Stift
Heiligenkreuz
(312)
Bad
Bürgersp
Fh.
Wh. Marienhof
447
Hühnerkogel
Gipsbgw.
G.Bodenberg
504
Weißes Krz.
Reiset B.
445
Kirchen W.
chem. Jagdschl.
Kls.
Mayerling
367
Kohlmaiß
Hofwiese
Kulturwanderweg
Kl. Bodenberg
Försterwiese
Preinsfeld
Heutal
Kronprinz-Rudolf-Weg
Sattelbach
Ebenberg
Bischofsmütze
514
Steinwand
462
Windhag B.
Hot. Helenenstüberl
Kohlgraben
Wh. Kohlriegel
Kerschbaum
Ungarstein
Ungarstein
Sattelbach
Schaber Gr.
Schaberriegel
Grasel
Fuchsreut
284
Steiner
Schwechatbach
Helenentalstraße
Steinleiten
457
Weizenbauer
Kulturwanderweg
Steinwand
Kl. Gutentaler B.
Gutental
Helenental
40
Wiasalthalerhütte
Holler Gr.
Augustinerhütte
Sulzriegel
Bergrettungs Hs.
Langes Tal
Erholungsheim Helenental
Orchideen Wiese
Kaiserwald
Kienkogel
Alland Riegel
448
Zöblhof
Haker Krz.
Obermaierhof
Bachboden
404
Blasenhöhe
Brandl Gr.
Wolfsgrube
Hirschen Krz.
Steiniger Weg
Beethoven Ste
Hoher Lindkogel
709
Kaltenberger
Mader Gr.
Scheiter Gr.
Beethovenwanderweg
834
847
Sinawarte
Karlsruhe
Schutzh. Eisernes Tor
Brenner Steig
485
Rohrbach
Kiental
Kalter Berg
Himmel
Lehnstuhl
Schöpfeben
Merkengarten Gr.
Jh.
Hint. Lindkogel
Kalkgraben
Hofstätten
Sooßer Lind
713
Grenzgraben
Merkenstein
572
Hirschengstemm
Manhartsbe
Herrgottsbuche
445
Hochrain
Gibisbühel
458
Rotes Krz.
Schl. (verf.)
R. Merkenstein
Rohrbach
Manhartstal
489
Wolfgeist Bg.
Gaisberg
Schießstätte
Fh.
500
Krainer W.
Hauer Bg.
Wh.
Wolfgeist
Nordwiener H.
490
Hausberg
434
Hohe Schlatten

Blatt
30
Mödling
Lange Felder
Kerschgraben
Luder Gr.
Hint. Otter
Jubiläumswarte
653
Eschen Kg.
Vierjoch Kg.
Anninger
675
Wilhelmswarte
Kl. Buchtal
Gr. Buchtal
Anninger Forst
309
Schenkenberg
Steinwandl
Gaaden
(323)
Waldwiesen
Jagdschloß
Schlösselwald
Lauskogel
397
Gumpoldskirchner Steig
Tennberg
Buchkogel
Wetter Krz.
Drei Eichen
Kegelstattwe
Zweieichen
423
Ausjagdboden
Schneider Krz.
Pfaffen Gr.
Lehnstuhl
Rauchwiese
Rotes Krz.
Siegenfeld
357
Bühel
Im Ram
437
Hühnerberg
Kl. Hasel Gr.
Tennspitz
Gr. Schweinkg.
Kl.
Gr. Hasel Gr.
Pfaffstättner Kg.
R. Proksch H.
541
Kleshem-warte
Rosenthal
387
Brand Gr.
Heiligenkreuzer-Wiesen
Jh.
Gr. Einöd
Gr. Kiental
Kl. Kiental
Einöd Höhle
Rosental
Purbach
Jungend Br.
Bettler Gr.
458
Siegenfelder Steinbruch
Kulturwanderweg
Mitterberg
Richtberg
Einöde
Schwarz B.
Helenental
Badener Klettersch.
Helenentaler-Blöcke
Engelstein
Urtelstein
Jammerwandl
Theresienwarte
416
Unterstand
Rest. Rudolfshof
Museum
Schwechat
Siebenbründl Leiten
R. Scharfeneck
R. Rauhenstein
Wh. Hauswiese
245
St. Helena
232
Badner Lindkogel
582
ehem. Weilburg
363
Bad
Baden
Bhf.
R. Rauheneck
Badener Turm
Königshöhle
Jägerhaus
482
Steinerhöhe
Sieghartstal Gr.
Lindkogelstrecke
Großer Wald
266
Hartberg
Steinhöhe
Langer Graben
489
Weißer Weg
251
Sooß
Teich-
wiesen
Gradental
Mondschein Kg.
Kaiserstein
Waldandacht
Zwickel
Naturlehrpfad
Lusthausboden
466
Jubiläumswarte
Harzberg
Bad Vöslau
Bhf.
43
444
448
42
40
04
404

BADEN · HEILIGENKREUZ

Gesunde Tradition – die Römertherme in der Kurstadt Baden

In der ersten Hälfte des 19. Jahrhunderts wurde das Gebäude der heutigen Römertherme als Mineralschwimmschule von den berühmten Architekten Sicardsburg und Van der Nüll, die unter anderem die Wiener Staatsoper planten, erbaut. Die Römertherme besitzt ein 77 x 33 Meter großes Glasdach und stellt somit die größte, glasüberdachte Therme im gesamten europäischen Raum dar. Die Thermalanlage verfügt über ein Attraktionsbecken, Sportbecken, Whirlpools und zwei Freiluftbecken. Insgesamt steht dem Besucher eine Wasserfläche im Ausmaß von 900 Quadratmetern zur Verfügung. Eine großzügige Saunalandschaft lädt zum ausgiebigen Schwitzen ein. Dabei kann man zwischen Finnischer Sauna, Biosauna, Hamam, Kräuter- und Aromadampfbad wählen. Will man seiner Fit- und Wellness etwas Gutes tun, bietet das Wellness-Center der Römertherme dafür mehr als genug Möglichkeiten. Das Angebot reicht von autogenem Training, Tai Chi und Qi Gong bis zu den traditionellen Gymnastik- und Fitnessübungen. Beraten und betreut wird man dabei von bestens ausgebildeten Trainern, die zu Beginn des Aufenthaltes auch für jeden Besucher einen individuellen Fitness-Check durchführen.

(geöffnet: ganzjährig Montag bis Sonntag, 10-22 Uhr, Information: Römertherme Baden, Brusattiplatz 4, A-2500 Baden, Telefon: 02252/45030, Internet: www.roemertherme.at, Mail: roemertherme@baden-bei-wien.at)

Ruinen und eine tragische Geschichte: Das Helenental und Schloss Mayerling

Viel zitiert und viel besucht: Das Helenental zählt ohne Zweifel zu den Top-Ausflugszielen im Großraum Wien – und das mit Recht! Schon der östliche Eingang in den kurvenreichen Talabschnitt bei Baden wartet mit zwei Attraktionen aus längst vergangenen Zeiten auf. Rechts und links über dem Talboden bewachen die beiden Ruinen Rauhenstein (nördlich) und Rauheneck (südlich) das Tor zum Helenental. Unterhalb

***Hauptplatz in Baden** ÖW/Trumler*

von Rauhenstein liegt das kleine Helenenkirchlein. Das sagenumwobene Gotteshaus beherbergt den kunstgeschichtlich bedeutenden Töpferaltar, ein großes Sandsteinrelief aus der Zeit um 1500, das die heiligste Dreifaltigkeit in menschlicher Gestalt zeigt. Überquert man die Schwechat, sieht man unterhalb der Ruine Rauheneck die historische Eugenvilla, ein eindrucksvolles Beispiel für den Baustil des gehobenen Bürgertums im 19. Jahrhundert. Von der Villa führt das aus einem alten Volkslied weithin bekannte „Wegerl im Helenental" zur Hauswiese mit einer beliebten Gastwirtschaft. Vorbei an mehreren Kletterwänden, wie den Helenentaler Blöcken und am sogenannten Engelstein führen die Straße und der Wanderweg weiter durch das Tal zur Cholerakapelle, wo sich abermals eine Gaststätte befindet. Ganz in der Nähe können auch die Antonsgrotte und das Beethoven-Denkmal besucht werden. In der Krainerhütte, einem Seminarhotel, stößt der Besucher auf das gastronomische Highlight des Tales. Bei Sattelbach zweigt eine Straße nach Norden zum Stift Heiligenkreuz ab, das Helenental selbst führt hingegen in Richtung Mayerling nach Westen. In dem geschichtsträchtigen Ort befindet sich das berühmte, ehemalige Jagdschloss, in dem sich Kronprinz Rudolf und dessen Geliebte Mary Vetsera das Leben nahmen. Unzählige Gerüchte und Legenden ranken sich um diese Tat und auch noch heute beschäftigt das tragische Ereignis Menschen und Medien, wie erst vor rund zehn Jahren, als der Leichnam von Mary Vetsera aus dem Friedhof von Heiligenkreuz gestohlen wurde. Das Jagdschloss, Schauplatz der Tat, wurde von Kaiser Franz Joseph in ein Karmeliterinnenkloster umgewidmet.
(Information: Tourismusinformation Baden, Brusattiplatz 3, A-2500 Baden, Telefon: 02252/22600-600, Mail: info@baden.at, Internet: www.baden-bei-wien.at)

Stift Heiligenkreuz

1133 von Markgraf Leopold III gegründet, stellt Stift Heiligenkreuz die älteste Zisterziensergründung Niederösterreichs und die zweitälteste Österreichs dar. Als treibende Kraft der Gründung erwies sich der spätere Bischof von Freising Otto, der Sohn des Babenbergerherzogs. Bei der Gründung schenkte Leopold III den Mönchen eine Kreuzesreliquie aus der Jerusalemer Grabeskirche, eine Geste, die Leopold V 1188 wiederholte. Die „Große Kreuzesreliquie" wird noch heute verehrt, ebenso die Gebeine des Otto von Freising, die sich erst seit 1953 in Heiligenkreuz befinden. Bis ins 13. Jahrhundert herrschte in Heiligenkreuz rege Bautätigkeit, die infolge der Ungarneinfälle im 15. und der Türkenkriege im 16. und 17. Jahrhundert eingestellt wurde. Im Barock begann jedoch wieder eine Bauphase, von der die Kirche glücklicherweise verschont blieb und somit ein recht unverfälschtes Beispiel mittelalterlicher Zisterzienserarchitektur darstellt. Der Kirchenbau selbst geht im Wesentlichen noch auf die Zeit von 1135 bis 1160 zurück. Gemäß den Ordensregeln entbehrt die Kirche jedes Ornaments, der Raum wird auf eindrucksvolle Weise nur mit rein architektonischen Mitteln artikuliert. Dass dabei nicht auf bautechnische Fortschrittlichkeit verzichtet werden musste, beweisen die Kreuzrippengewölbe, die als die frühesten Beispiele in Österreich gelten. Die Kirchenfassade ist schlicht gehalten und spiegelt das basilikale Schema des Langhauses wieder. Rundarkadenfenster und Stufenportale zeigen wieder den romanischen Einfluss des Baues, der sich stilistisch an der Grenze zwischen Romanik und Gotik befindet. Kunsthistorisch äußerst wichtig ist der 1297 geweihte Chor, der sich mit den Querhausarmen verbindet und so eine weite, lichtdurchflutete Halle bildet. Im Barock wurde die Ausstattung der Kirche erheblich erweitert und verändert. Der Hochaltar Giovanni Giulianis aus den 1690-ern und Nebenaltäre Martino Altomontes und Johann Michael Rottmayrs wurden im späten 19. Jahrhundert durch eine neugotische Einrichtung (Hochaltar von Domenico Avanzo, 1887) ersetzt, die Altarbilder haben sich erhalten. In der Heiligenkreuzer Stiftskirche finden sich nicht nur die Werke, sondern auch die Grabsteine Giovanni Giulianis (gest. 1747) und Martino Altomontes (gest. 1745). Das Brunnenhaus aus dem späten 13. Jahrhundert ist ein Meisterwerk der Gotik, mit einem neuneckigen Grundriss und großen, mit prächtigem Maßwerk versehenen Fenstern. Die Glasmalereien der Fenster stellen Portraits der Babenberger dar. Das Brunnenhaus ist direkt an den Kreuzgang angeschlossen, der ebenfalls als Meisterwerk der Frühgotik gilt.
(Information: Zisterzienserstift Heiligenkreuz, A-2532 Heiligenkreuz Nr. 1, Telefon: 02258/8703, Internet: www.stift-heiligenkreuz.at, Mail: information@stift-heiligenkreuz.at)

962
983
231
Atzsattel
911
Almes Kg.
Gaisruck
1074
952
Bettelmann Krz.
1044
Kalter
1067
Kirchwaldberg
Mareschsteig
Ramsental
Enziansteig
Jh.
Viehgraben
Atz
670
Weidengraben
Almesbrunnberg
1079
694
Myralucke
Lammweg
Myrabach
Enziansteig
Atzbach
Trafel B.
1146
Fh.
Lucken Gr.
595
Myrahof
Passtaler Wald
Wh. Leitner
Thal
934
Schindeltal
Rieglhof
Karner
921
Geitzenberg
Schönboden Höhe
1021
Fh.
566
Kasperhof
469
Purbach Graben
Jh.
Matzingtaler Höhe
947
Eichberg
Altöd
717
Seebauer
Waldwirt
527
Lederer Kg.
865
Matzingtal
Panzenbach
Etschenberg
Steinapiesting
Blättertal
853
Kleiner Gaiskopf
Kroiß
Panzenbach
Edelhof
Lange Brücke
Theresiensteig
Quick
Gutenstein
Vorderbruck
Biedermeier Radweg-Variante
481
Raimundgedenkstätte
Bhf. Gutenstein
Piesting (Kalter Gang)
Schl.
Edelstein
Residenz Berg
Waldbauernmuseum
Hornung Kogel
818
708
Kls.
Siebenvater Kpl.
Lohmühle
Jagrgraben
Kreuzweg
Mariahilfberg
Kaisersteig
Mariahilfberg
Magdalenengrotte
Naturlehrpfad
Klandlbauer
Kleiner Neukogel

Blatt
31
Wh.
Pograbauer
Die Ruh
776
Hexenfelsen
Wieselthaler
Siebenbgraben
Steinwand
Götzensteine
Steinwandgraben
Brunngraben
886
Gruber
Brandleiten
Rotes Krz.
759
Hegerh
Ruschhof
Geyregg
201
795
Berg
Hohenwart
919
Hohenwarth
Jausenstation Reischer
Steinwand-klamm
549
Betsteig
732
231
Türkenloch
Wildschützenloch
785
Waxeneck H
Wh. Jagasitz
Auf dem Hals
662
Hochwald
889
Kreuth
690
Almesbrunnberg-Einkehr
Hohenegger Krz.
Erholungshm.
Geyer
Am Eich
808
Schärfthal
Brunnhof
484
Hirschwände
Eichkreuz
Feichtenbach
Muggendorf
750
Spatzenwälder Kg.
459
Martahof
Fh.
450
Schneeberg-bankerl
460
Marienthal
Luckerter Stein
755
Petersberg
496
Wolf Kg.
Feichten B.
Pernitz
(430)
Hohe Mandling
967
Raimundviertel
Bhf. Pernitz-Muggendf.
36
Mandling
Berndorfer H.
Kohlhof
Hst.
Ortmann
Fb.
Süßwände
Mozartfelsen
439
Schallhof
Neusiedl
Fh.
Gr. Kitzberg
771
409
Rote Schale
Quarb
720
Rudolf-Fordinal-H.
Gr.
Jungfernluke
Hst. Miesenbach
716
582
Waidmannsfeld
Ochsenheide
In der Au
Steinbach
Grüner Feichtenb.
495
419
Kreuzbach
Auf der Ebene
Waidmanns B.
478
Krottenbach

GUTENSTEIN · PERNITZ

Steinwandklamm

Die Steinwandklamm liegt am Ende des von Furth a. d. Triesting Richtung Süden führenden Steinwandgrabens und stellt ein besonderes Kleinod der Natur dar. Gerade an heißen Tagen tummeln sich daher auch zahlreiche Menschen, sowohl interessierte Wanderer wie auch Klettersteigfans und Familien bei Ihrem Wochenendausflug in der Klamm.

In einer eindrucksvollen Landschaftsszenerie kann man hier einen Hauch von Naturabenteuer erleben. Dafür sorgt in erster Linie der in den 1920-er Jahren errichtete Rudolf-Decker-Steig, welcher zuerst die linke Begrenzungswand der Klamm überwindet und schließlich im "Türkenloch" seinem Höhepunkt entgegenstrebt. Der Name „Türkenloch" leitet sich noch aus der Zeit der Türkenbelagerung ab, als die Bauern der Umgebung in der Höhle ein geeignetes Versteck vor den osmanischen Heerscharen vorfanden.

Wege durch das Biedermeiertal

Das obere Piestingtal wird heute von Tourismuswirtschaft und Regionalentwicklung in Anlehnung an seine berühmten Biedermeierkünstler aus dem 19. Jahrhundert auch als „Biedermeiertal" bezeichnet. Besondere Bekanntheit erlangte das Tal durch Ferdinand Raimund, der lange Jahre in Gutenstein lebte und auch dort begraben liegt. Weitere berühmte Persönlichkeiten aus jener Zeit, die dem Piestingtal entstammten, waren der Maler Friedrich Gauermann aus Miesenbach und der Kirchenmaler Leopold Kupelwieser aus Markt Piesting. Die am Kartenblatt ersichtlichen Gemeinden Waidmannsfeld, Pernitz, Muggendorf und Gutenstein gehören allesamt zum Regionalverband gleichen Namens und versuchen, durch besondere kulturelle Aktivitäten zusätzliche Gäste in das Tal zu locken. Auf umweltschonende Weise lassen sich die zahlreichen Attraktionen des Tales auf dem Biedermeier-Radweg erkunden. Er zählt nach Meinung des Autors zu den schönsten niederösterreichischen Radwegen überhaupt und ist für Familien gut befahrbar. Nach schweren Beschädigungen durch Hochwasser ist der Weg wieder weitgehend hergestellt.

Vom östlich des Kartenblatts liegenden Markt Piesting kommend, gelangt man zuerst in das Gemeindegebiet von Waidmannsfeld, in dem die große Papierfabrik in Ortmann liegt. Von hier aus trat der Zigarettenfilter seinen Siegeszug um die Welt an. Aus der Gemeinde stammt übrigens die Skiweltcupsiegerin und Weltmeisterin Michaela Dorfmeister. An Ortmann schließt die Marktgemeinde Pernitz direkt an, in der die Raimundvilla einen Besuch lohnt. Gutenstein schließlich gilt als kulturhistorisch bedeutendster Ort des Piestingtales und wird diesem Status mit einer ganzen Reihe an Museen, Veranstaltungen und Sehenswürdigkeiten gerecht. An erster Stelle seien hier die Raimundspiele genannt, welche seit 1993 mit großem Erfolg aufgeführt werden. Dem großen Biedermeierdichter und Theaterschauspieler ist eine eigene Gedenkstätte gewidmet, in deren Räumlichkeiten zahlreiche Erinnerungsstücke, Szenenbilder, Raimunds Bett sowie Briefe des Künstlers ausgestellt sind. Das bäuerliche Kulturgut der Gegend um Gutenstein präsentiert das Waldbauernmuseum in der alten Hofmühle. Seit 1965 werden hier Exponate gezeigt, welche das beschwerliche Leben der Waldbauern im oberen Piestingtal auf anschauliche Weise wiedergeben. Das Museum erhielt für seine Leistungen im Jahre 1989 sogar den Staatspreis des Bundesministeriums für Wirtschaft und Forschung (als zweites Museum in Österreich). Gäste, die an alten Feuerwehrgeräten interessiert sind, werden das kleine Feuerwehrmuseum nicht missen wollen, welches 1999 eingerichtet wurde. Prunkstück der Ausstellung ist eine mehr als 200 Jahre alte Pumpe. Kunstfreunden wird der Maler Hubert Aratym aus Gutenstein sicher ein Begriff sein. Aus seinem umfangreichen Schaffenswerk erhielt die Gemeinde aus seinen Händen rund 80 Werke, die in eine Stiftung eingebracht wurden und im ehemaligen Meierhof des Schlosses Hoyos gezeigt werden. Aratym, der mit bürgerlichen Namen eigentlich Hubert Pelikan hieß, gestaltete die sehenswerte Friedhofskapelle im Bergfriedhof am Nordfuß des Mariahilferberges. Dort liegt seit seinem Tod Ferdinand Raimund in einer großen Gruft begraben, weshalb der Friedhof häufig von Ausflugsgästen aufgesucht wird.

Neben den Museen und Vermächtnissen von berühmten Künstlern prägen weitere

sehenswerte Bauwerke den Markt Gutenstein. Insbesondere das Schloss Hoyos, Familiensitz der gleichnamigen Familie und die ehemalige Burg (heute Ruine) Gutenstein beeindrucken die Gäste.
(Information: www.biedermeiertal.at für das gesamte Biedermeiertal bzw. für Gutenstein: Fremdenverkehrsinformation der Marktgemeinde Gutenstein, Markt 21, A-2770 Gutenstein, Telefon: 02634/7222, Internet: www.gutenstein.at)

Das Kloster am Mariahilferberg

In Gutenstein sollen sich im 17. Jahrhundert mehrere wunderbare Marienerscheinungen zugetragen haben. Durch diese Vorkommnisse wurde ein Zustrom an Wallfahrern ausgelöst, welchem 1668 durch den Bau einer ersten Wallfahrtskirche Rechnung getragen wurde. Bereits 1708 brannte diese Kirche jedoch nieder. Das kurz vorher fertiggestellte Servitenkloster konnte glücklicherweise gerettet werden. Zwei Jahre nach dem Brand stiftete die einflussreiche und in Gutenstein ansässige Grafenfamilie Hoyos den Bau der noch heute bestehenden Wallfahrtskirche auf dem Mariahilferberg. Die feierliche Weihe dieses sehr sehenswerten Gotteshauses fand im Jahre 1724 statt. Kirche und Kloster befinden sich auf einer sanften Anhöhe über dem Ort Gutenstein. Die Kirche wurde in einem leichten Winkel zum Kloster errichtet und verfügt über eine mit Statuen geschmückte Balustrade. Im Inneren der Kirche beeindrucken vor allem die Altäre, wobei insbesondere der zentrale Hochaltar ein Kunstjuwel erster Güte darstellt. Ebenso von Interesse ist die Orgel des Wiener Orgelbauers Stephan Helwig aus dem Jahre 1977.
(Information: Marktgemeinde Gutenstein, Markt 21, A-2770 Gutenstein, Telefon: 02634/7222, Internet: www.gutenstein.at)

Die Myrafälle bei Muggendorf

Der in der Myralucke entspringende Myrabach fließt in seinem Oberlauf ruhig durch das malerische Tal, bis er nördlich von Muggendorf auf eine Geländestufe unterhalb des Haussteins trifft. Zahlreiche Kaskaden und Wasserfälle bilden den größten zusammenhängenden Wasserfall Niederösterreichs, der damit auch zu den größten Naturschauspielen des Bundeslandes zählt. Dass bereits zu Beginn des 20. Jahrhunderts wirtschaftliche Überlegungen mehr zählten als Anliegen des Naturschutzes, beweist die Tatsache, dass die Fälle im Jahre 1914 einem mittlerweile wieder stillgelegten Kraftwerk zum Opfer fielen, da ein Großteil des Wassers zur Elektrizitätsgewinnung abgeleitet wurde. Die vom ÖTK seit mehr als 100 Jahren gepflegten Steiganlagen bei den Fällen gewährleisten heute wie damals einen sicheren Besuch der Fälle.
Der schon erwähnte Hausstein gilt neben den Fällen als Wahrzeichen der Gemeinde Muggendorf. Das liegt einerseits an seiner natürlichen Ausstrahlung als hochaufragender Felsen und andererseits an der reichen Geschichte als Schutzberg und vorderste Bastion der Kelten gegen die im östlich anschließenden Tiefland ansässigen Römer.
(Information: Gemeinde Muggendorf, A-2763 Muggendorf Nr. 3, Telefon: 02632/74330, Internet: www.muggendorf.at, Mail: muggendorf@cnet.at)

Myrafälle *Amt der NÖ Landesregierung*

Waidmannsfeld
Steinbach
Kressen Bg.
887
Auf der Alm
Kreuzbach
Krottenbach
Balbersdorf
Dürnbachtal
Balbersteine
750
Steinbauer
Sonnleiten
Garber
Bockleite
Mühlsteig
Kreuzstein
Stangelsteinweg
Gr. Klause
Zellinger
600
Dürnbach
Hinterer Wand
Kl. Klause
Waldegger H.
Gipsloch
Auf der Höh
An der Leithen
Lehn
470
Ungerbach
757
Scheuchenstein
556
Wr. Neustädter H.
Alpin-u. Heimatmuseum
Mautstraße
Naturpark
Stüberl
Naturpark
Waldlehrpfad
Wildgehege
1078
Bromberg
Jagasitz
Lange Wiese
Wh. Post
892
Gauermannhof
Hausberg
498
Klauser
An der Wand
1065
Kleinkanzel H.
Ortler H.
Oed
Hochleiten
Jh.
Ascher Gr.
Kl. Kanzel
Schwarz Gr.
Schwarzgr.
Radhäusl
Rösner H.
Hochkogel
Ghf. Luf
Krumme Ries
Grandhäusl
Kl. Plackles
932
Hochkogel H.
Schneeschacht
Straßenbahnerweg
Leiter Graben
Wehrkirche
1111
Wanddörfl
Wandwiese
Kienberg
Plackles
1132
Berghaus Pfarrer
Pfarrer Steig
Turmsteig H.
Scheibenhtt.
868
Rastkreuz Sttl.
W. Eichert H.
Hubertus H.
1052
Gr. Kanzel
Unter der Wand
689
Am Segen-Gottes
Forstgut Vorau (Galerie) Lupard
Seiser Toni
Magdalenen Stollen
Zweiersdo
Hst. Grünbach-Schule
Kolonie
508
Bergbau-museum
Haselhof
Zweier
Neubau
Neusiedl am Walde
694
Sonnleiten
Ob.-Höflein
Hst.
Grünbach-am Schneebg.
(557)
Unt.-
468
Kirchbühel
Rothergrub
Grünbach
Ghf.
Schubertlinde
Talberg
777
Bad
517
Rosental
Eichberg
Hst.
555
Greith
Jh.
blau-gelb
Rundwanderweg
Ghf.
Hubertus Kpl.
497
Johannes B.
201
201A
231
206
39
NÖLRWW
Piesting
Naturpark Hohe Wand

Blatt 32
Wopfing
362
Bhf.
Hst. Dreistetten
Peisching
Mühltal
Bhf. Waldegg
Baumgarten
542
R. Starhemberg
Zitherwirt
231
Sp.P
Brand
201A
NÖLRWW
588
Fünfhaus
Hasen B.
504
Rotes Kr.
Scherrerwirt
Einhornhöhle
Schnecken gartl
528
Dreistetten
Wandeck
Herrgottschnitzer Weg
Drobil steig
Vord. Wand
905
Herrgottschnitzer H.
826
Hoch Kg.
Brünnl Ries
Linzgraben
Höh'kreuz
Radbauer Riege
568
Frankenhof
Reitriegel
Kohlröserl H.
Hansel steig
Felbring
503
Rehabilitations-zentrum
Muthmanns-dorf
Burgstall
Jh.
Loderhof
Ghf.
Leiter! Stg.
386
St. Peter am Moos
605
Größen B.
Ramhof
459
Stollhof
Gaaden
Fischa B.
384
Wolfsgraben
Engels B.
Marmorstein-bruch
495
Schloßberg
584
Dörfl
Jh.
Maiersdorf
Fh.
R. Emmerberg
Festspielgelände
Wh. Teichmühle
Emmerberg
Karl May Festspiel-gelände
Maiersdorfer Graben
Prosselschlucht
Mitter B.
520
Netting
378
Winzendorf
Alte Pfarrkirche
327
650
Schneiderhöhe
Jh.
387
Dachenstein
Fb.
Schl.
Strelzhof
Dörfles
Römerweg
Hst.
Hst. Urschendorf
324
Rotes Krz.
Saubersdorf
1. Wr. Hochquellenl.
Bhf.
Pfaffenstein
Urschendorf
St. Egyden a. Steinfeld
Gerasdorf-
340

HOHE WAND

Naturpark Hohe Wand

NP Hohe Wand, Skywalk *Gemeinde Hohe Wand*

Einen der ersten und zugleich bekanntesten Naturparks im niederösterreichischen Raum stellt der Naturpark Hohe Wand dar, welcher eine Fläche von etwa zwanzig Quadratkilometern einnimmt. Hier befindet sich unter anderem ein Wildpark, in dessen Gehegen sich Hirsche, Murmeltiere und Steinböcke bewegen. Beobachtet man hier die Tiere, wirken diese beinahe zum Greifen nah – ein ganz besonderes Naturerlebnis!
Zahlreiche markierte Wanderwege sowie ein Waldlehrpfad geleiten den Besucher durch den Park, ohne dass dieser die Orientierung verliert. Beim Kohlröserlhaus nimmt bald der Felsenpfad seinen Anfang. Dieser führt durch die Felswände der Hohen Wand. Man kann hier an Wanderungen mit Höhlenbesichtigungen teilnehmen. Die größte Höhle im Gebiet der Hohen Wand stellt die Einhornhöhle dar (s. unten). Funde aus dieser Höhle kann man im Museum des Kohlröserlhauses besichtigen. Im Jahre 2003 wurden im Naturpark noch eine Reihe weiterer Attraktionen, wie etwa ein Streichelzoo und ein Spiel- und Spaßberg, errichtet.
Für ganz besonders Wagemutige bietet der Naturpark Hohe Wand die Möglichkeit zum Drachenfliegen oder Paragleiten. Eine Beschreitung der unzähligen Klettersteige ist ebenfalls nichts für allzu schwache Nerven! Ausdauer, Kraft und eine gehörige Portion Mut sind hier gefragt.
Am Bromberg kann man vom Aussichtsturm eine herrliche Rundsicht über das umliegende Gebiet genießen. Zahlreiche weitere Aussichtspunkte eröffnen einen Blick, der teilweise vom Wiener Becken, über Pressburg, Neusiedlersee, Westungarn bis zum Hochwechsel und Semmering reicht. Ganz neu ist der sogenannte „Skywalk" – eine Aussichtsplattform über der Sonnenuhrwand, die praktisch „in der Luft schwebt".
(Information: Verein Naturpark Hohe Wand, Maiersdorf 33, A-2724 Hohe Wand, Telefon: 02638/88348-1, Internet: www.naturparke.at/hohewand/home.html, Mail: office@naturpark-hohewand.at)

Einhornhöhle

Am nördlichen Ausläufer der Hohen Wand befindet sich oberhalb von Dreistetten der Eingang zur Einhornhöhle. Von Dreistetten führt ein markierter Fußweg in etwa 35 Minuten Gehzeit zur Höhle, vom Zitherwirt bei der Ruine Starhemberg existiert ebenfalls ein markierter Weg (Nr. 231), der in einer halben Stunde Fußmarsch zum Höhleneingang geleitet. Der Zitherwirt bietet sich schon insofern als Ausgangspunkt

an, als der Vater des dortigen Wirtes Otto Langer sen. als Erforscher der Höhle gilt. Nach seinen Erkundungen Ende der 1920-er Jahre wurde die Höhle 1930 für die Öffentlichkeit zugänglich gemacht. Sein Sohn und Inhaber des Zitherwirtshauses Otto Langer jun. organisiert an Sonn- und Feiertagen von Ostern bis September Führungen durch die Höhle. Er fand in ihr auch zahlreiche alte Gebeine wie Höhlenbärenknochen und sonstige interessante Fundstücke und kann viel über das Naturmonument aus eigener Erfahrung berichten. Trotz einiger Zerstörungen von unachtsamen Besuchern beherbergt die Höhle einen schönen Sintersteinschatz.
(Führungen: Ostern bis September an Sonn- und Feiertagen 9-17 Uhr oder gegen Voranmeldung im Gasthaus Zitherwirt; Information: Einhornhöhle, Zitherwirt Otto Langer, A-2713 Dreistetten, Telefon: 02633/42553, Mail: hohewand@netway.at)

Bergbaumuseum Grünbach am Schneeberg

Die Kohle war für Grünbach lange Zeit ein wichtiger Wirtschaftsfaktor, bis im Jahre 1965 die Zeche stillgelegt wurde. Um die Erinnerung an diese Zeit aufrecht zu erhalten, gründete der Bergmann und Gastwirt Theodor Krumböck bald darauf das heutige Bergbaumuseum. In ihm sind vor allem die Arbeitsgeräte der ehemaligen Kumpel ausgestellt, beginnend mit Bohrgeräten über sogenannte Hunten bis hin zum kleinen Bergwerkszug. Eine Mineralien- und Fossiliensammlung ergänzt die sehenswerte Schau.
(geöffnet: Samstag, Sonn- und Feiertage 9-11 und 16-18 Uhr;
Information: Bergbaumuseum Grünbach, Gasthaus Krumböck, Knappenweg 1, A-2733 Grünbach am Schneeberg, Telefon: 02637/2225)

Sakrale Kleinode in der „Neuen Welt“

Unterhalb der Hohen Wand erstreckt sich der Landstrich der sogenannten „Neuen Welt“, eine, aufgrund ihrer klimatisch bevorzugten Lage, seit der Römerzeit besiedelte Gegend. Nicht ganz so alt sind die überaus sehenswerten Gotteshäuser in den Dörfern der Region. An erster Stelle muss man hier die alte Pfarrkirche von Winzendorf (Mariä Himmelfahrt) nennen, deren Epitaph von Susanne Teufel zu den bemerkenswertesten Renaissance-Plastiken des Landes zählt. In der Kirche befindet sich außerdem das Grabmal der Herzogin Elisabeth von Coburg.
Im unweit von Winzendorf gelegenen Muthmannsdorf liegt etwas außerhalb des Ortszentrums die Pfarrkirche St. Peter am Moos, ein bis in die Romanik zurückreichender Sakralbau. Besonders eindrucksvoll sind hier die Fresken im Turmgewölbe, die auf die Zeit um 1200 n. Chr. zurück datieren. Bekannt wurde die Kirche unter anderem durch die in ihr stattfindenden Konzerte.
Auch in Höflein, am südlichen Ende der Neuen Welt, lohnt die dortige Pfarrkirche einen kleinen Abstecher. Besonders die Lage am Kirchenbühel verleiht dem ursprünglich gotischen, später barockisierten Gotteshaus, seinen besonderen Reiz.
Als vierte Kirche sollte man schließlich noch jene von Maiersdorf direkt unterhalb der hohen Wand besuchen. Sie verblüfft vor allem aufgrund ihrer eigenartigen Form mit einem schmalen und sehr hohen Gebäudetrakt aus Bruchsteinmauerwerk. Die Kirche diente ursprünglich als Burg und wurde erst später ihrer heutigen Bestimmung überführt. Der einstige Bergfried wurde so zum Chor und sogar die ehemaligen Schießscharten sind noch immer unter dem Dach als Sehschlitze erkennbar. Ganz in der Nähe dieser lupenreinen Wehrkirche wurde im Jahre 2000 ein sensationeller Fund gemacht. In einem Grab aus der Römerzeit entdeckte man den aufgerichteten Körper einer Frau mit zahlreichen Grabbeigaben.

Karl May's Westernwelt

Alljährlich finden seit 1994 in Winzendorf während der Sommermonate Karl-May-Festspiele am Festspielgelände statt. Die besonders für junge Gäste, aber auch für alle anderen Karl May- und Winnetou-Liebhaber, interessanten Aufführungen werden in einem für diese Zwecke eigens adaptierten ehemaligen Kalksteinbruch inszeniert. Im Jahre 2002 wurde beispielsweise der vermutlich populärste Karl May-Roman „Der Schatz im Silbersee“ aufgeführt. An das Festspielgelände ist während der Veranstaltungszeit ein Westerndorf mit zahlreichen Unterhaltungs- und Einkehrmöglichkeiten angeschlossen.
(Information: Karl May's Westernwelt, Festspielbüro, A-2722 Winzendorf, Telefon: 02638/23168, Internet: www.karlmayfestspiele-winzendorf.at)

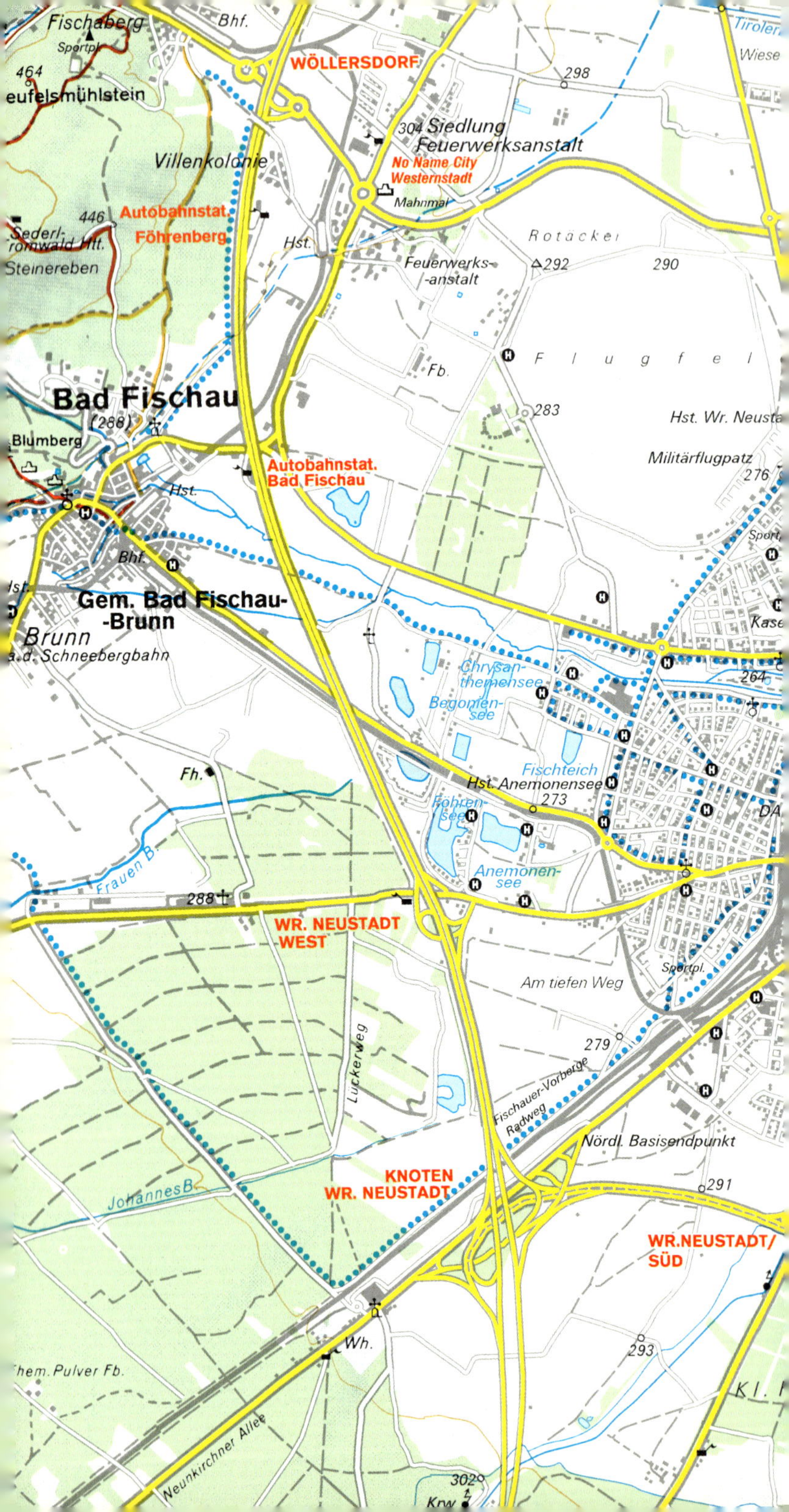

Fischaberg
Sportpl.
464
eufelsmühlstein
Bhf.
WÖLLERSDORF
298
Tiroler
Wiese
304 Siedlung
Feuerwerksanstalt
No Name City
Westernstadt
Mahnmal
Villenkolonie
446
Autobahnstat.
Föhrenberg
Sederl-
romwald Htt.
Steinereben
Hst.
Rotäcker
Feuerwerks-
-anstalt
292
290
Flugfel
Fb.
283
Bad Fischau
(288)
Blumberg
Hst. Wr. Neusta
Militärflugpatz
276
Autobahnstat.
Bad Fischau
Hst.
Bhf.
Sport
Gem. Bad Fischau-
-Brunn
Brunn
a.d. Schneebergbahn
Kase
264
Chrysan-
themensee
Begonien-
see
Fischteich
Hst. Anemonensee
273
Föhren-
see
DA
Fh.
Anemonen-
see
Frauen B.
288
WR. NEUSTADT
WEST
Sportpl.
Am tiefen Weg
279
Lückerweg
Fischauer-Vorberge
Radweg
Nördl. Basisendpunkt
KNOTEN
WR. NEUSTADT
291
Johannes B.
WR.NEUSTADT/
SÜD
Wh.
hem. Pulver Fb.
293
Kl.
Neunkirchner Allee
302
Krw.

Blatt
33
Theresienfeld
Sportpl.
275
Hst.
Kirchenäcker
EUROVELO 9
257
Heideäcker
266
251
Hausäcker
244
Thermenradweg
Hausäcker
250
Bhf. Obereggendorf
Sportpl.
Am Stampf
278
Flugfeld
Flugmuseum
AVIATICUM
Aqua
Nova
264
Warme Fischa
Stutthof
Industrie-
gelände
Nord
Arena
Nova
Mühlfeld
Heimat-
museum
Nadelburg
(252)
Wiener Feld
258
Villa T
Theresienkirche
Lichtenwörth
Hst. Schleppbhf.
Kläranlage
Gh Prandl
Gedenksäule
"Josefskreuz"
Alte Siedlung
262
254
Döttelbach
Mitterfeld
Augraben-
äcker
Sportpl.
257
Neue Siedlung
257
Spinnerin
am Kreuz
Industrie-
viertelmuseum
Ungerfeld
262
258
Hauslüsse
Stadt-
museum
262
Trachten Köstler
263
Bhf.
Hutbühe
260
Sportpl.
Wr. Neustadt
(265)
Kaffee Maximilian
Bad
EUROVELO 9
Militärakademie
St. Georgskathedrale
Badesee
267
263
271
Pionier-
teich
Kläranlage
267
Akademie-
park
Thermenradweg
Krw.
WR.NEUSTADT/
OST
Neudörfl
(273)
Martinihof
Hst. Katzelsdorf
274
Bhf.
922
282
KATZELSDORF
NEUDÖRFL
B32
Krw.
281
Scheiben
352
LANZENKIRCHEN
Katzelsdorf
Sportpl.
(273)
Triftäcker
Heurigenschenke
Böhm
349
Marienquelle
Kellerhaus
wald
289
Felixkreuz
Mitterriegel

WIENER NEUSTADT

Sehenswertes Wiener Neustadt

Wenngleich die zweitgrößte Stadt Niederösterreichs während des Zweiten Weltkrieges weitestgehend zerstört wurde, so bietet sie dennoch zahlreiche Sehenswürdigkeiten. Das bedeutendste Bauwerk der Stadt ist der spätromanische Dom, dessen Brauttor an der Südseite eines der wichtigsten Beispiele romanischer Baukunst in Österreich darstellt. Von 1469 bis 1785 diente das Gotteshaus als Domkirche des Bistums Wiener Neustadt. Aus dieser Zeit stammt auch noch die volkstümliche Bezeichnung „Dom" für den offiziell Liebfrauenkirche genannten Sakralbau.
Die ehemalige Burg geht bis auf das 13. Jahrhundert zurück und wurde 1751 in eine Theresianische Militärakademie umgestaltet. Erbaut wurde die Burg vermutlich unter dem letzten Babenberger Herzog Friedrich dem Streitbaren. Unter den frühen Habsburgern diente sie als landesfürstliche Residenz. Nach mehreren Besitzwechseln erfolgte die Gründung der Militärakademie unter Maria Theresia. Sie gilt als älteste bestehende Militärakademie der Welt und birgt mit der St. Georgs-Kathedrale ein bedeutendes kulturhistorisches Bauwerk. Die bemerkenswerte spätgotische Kirche befindet sich im Westtrakt der Burg und beherbergt das Grabmal Kaiser Maximilians I. Nach schweren Zerstörungen im Zweiten Weltkrieg wurde die Kirche wieder rekonstruiert und dient seit 1987 als Kathedrale des österreichischen Militärbischofs. Von besonderer Bedeutung ist die Wappenwand Kaiser Friedrichs III. mit 107 reliefierten Wappen an der Ostwand der Kirche, die zugleich die westliche Hoffassade darstellt. Die Wappenwand geht auf das Jahr 1453 zurück und umrahmt ein großes spätgotisches Maßwerkfenster.
Sehenswert sind auch das Stadtmuseum im ehemaligen Kloster von St. Peter an der Sperr, die 21 Meter hohe gotische Steinsäule Spinnerin am Kreuz und die Reste der ehemaligen Stadtbefestigung mit dem Reckturm. Wer sich für Sakralbauten interessiert, sollte auch dem Neukloster in der Ungargasse einen Besuch abstatten. Die gotische Klosterkirche mit dem erhöhten Chor ist in ihrem Inneren barockisiert und beherbergt das bemerkenswerte Tumbagrab von Kaiserin Eleonora von Portugal, der Gattin von Kaiser Friedrich III.
(Information: Tourismusbüro Wiener Neustadt, Hauptplatz 3, A-2700 Wiener Neustadt, Telefon: 02622/29551, Internet: www.wiener-neustadt.at)

***Dom** Stadt Wiener Neustadt*

Flugmuseum Aviaticum Wiener Neustadt

Im Flugmuseum Aviaticum am Wiener Neustädter Flugfeld wird seit dem Jahr 1999 die Geschichte der österreichischen Luftfahrt anhand mehrerer Themenpfade anschaulich dargestellt. Wiener Neustadt war zu Beginn des 20. Jahrhunderts eines der bedeutendsten Zentren der Flugzeugindustrie in Europa und diese historische Bedeutung kommt im Museum deutlich zum Ausdruck. Das Flugfeld selbst entstand bereits 1909 und war damit der erste Flugplatz Österreichs.
Die Themenpfade spannen einen Bogen von der Ballonfahrt im 19. Jahrhundert, über die glorreichen Zeppeline und die Flugzeugindustrie im Wiener Neustadt der Zwischenkriegszeit bis hin zu modernen Aspekten der Fliegerei wie der Flugsicherung. Zu den ausgestellten Exponaten zählen unter anderem eine in Wiener Neustadt hergestellte Lohner-Etrich „Taube“ sowie verschiedene alte Übungs- und Segelflugzeuge.
(Information: Flugmuseum Aviaticum, Ferdinand Graf von Zeppelinstr. 1, A-2700 Wiener Neustadt, Telefon: 02622/88630 oder 02622/26700-777, Internet: www.aviaticum.at)

Thermalbad Bad Fischau

Das Bad Fischauer Thermalbad hat eine lange Tradition vorzuweisen, denn die der Gesundheit förderlichen Quellen waren schon den Römern bekannt. Jüngst renoviert, erstrahlt es nun wieder in altem Glanz und bietet in historischem Ambiente Freizeitspaß und genussreiche Gesundheitsvorsorge in einem.
Das romantische Bad mit seinem historischen Ambiente bietet den Besuchern zwei Schwimmbecken mit kristallklarem und mineralhaltigem Quellwasser. Der moderne Sauna- und Wellnessbereich trägt ebenso zur Erholung bei wie die herrliche Liegewiese im Badbereich und ein eigens angelegter Beach-Volleyballplatz. Für die jüngsten Gäste steht außerdem ein eigenes Kinderbecken bereit.
(Information: Thermalbad Bad Fischau, Badgasse 10, A-2721 Bad Fischau-Brunn, Telefon: 02639/2222)

Katzelsdorf - Das Tor zur Buckligen Welt

Wenige Kilometer südlich von Wiener Neustadt beginnt in der Nachbargemeinde Katzelsdorf die Bucklige Welt. Dieser südlichste Zipfel Niederösterreichs zählt gleichzeitig auch zu den ursprünglichsten und landschaftlich schönsten Gebieten des Landes. Die Bezeichnung „Bucklige Welt“ beschreibt das vom Gestein her geprägte Landschaftsbild mit unzähligen Kuppen, auf denen sich zumeist die Ortschaften erstrecken. Der Ort Katzelsdorf liegt ganz am nördlichen Rand dieser Hügellandschaft und besitzt mit dem Schloss und dem ehemaligen Redemptoristenkloster zwei besuchenswerte Bauwerke. Das renovierte Schloss hat sich mittlerweile zu einem überregionalen Kulturzentrum gemausert, in dem regelmäßig Veranstaltungen stattfinden und in dem auch ein gastronomischer Betrieb untergebracht ist. In der zu Katzelsdorf gehörenden Ortschaft Eichbüchl befindet sich ein weiteres renoviertes Schloss.
(Information: Kultur- und Veranstaltungszentrum Schloss Katzelsdorf, Schlossstraße 1, A-2801 Katzelsdorf an der Leitha, Telefon: 02622/78200, Internet: www.katzelsdorf.at)

Nadelburg

Bei der „Nadelburg“ nahe Lichtenwörth handelt es sich um keine Burg sondern um Europas älteste noch erhaltene Arbeitersiedlung. Seit der Gründung einer Metallmanufaktur mit zugehörigen Arbeiterwohnhäusern durch Kaiserin Maria Theresia scheint hier die Zeit stehen geblieben zu sein. Der abgeschlossene Ortsteil ist in seiner Gesamtheit ein denkmalgeschütztes Zeugnis der frühen Industrialisierung, von besonderer Bedeutung sind darüber hinaus das Adlertor und die Barockkirche. Auskunft über die Geschichte der Nadelburg gibt ein gut eingerichtetes Heimatmuseum, in dessen Räumlichkeiten Fotos, Dokumentationen und sonstige Schaustücke zur Geschichte der historischen Arbeitersiedlung ausgestellt sind.
(Information: Heimatmuseum Nadelburg, Walzergasse 8, A-2493 Lichtenwörth, Telefon: 02622/75779, Internet: www.lichtenwoerth.at)

Waxriegel
1913
1805
Nördl. Lechnermauer
1477
W. Dimbacher H.
Hofhalthtt.
1596
1688
Hirschwa
Bärengrube
Krügerkrz.
Scheibwaldhöhe
Habsburg H.
1818
1943
Preterstern
1623
Otto H.
1644
1923
Bißkogel
1785
Jahnkrz.
Jakobskogel
1737
Dr. Benesch Gedenkst.
Südl. Lechnermauer
Schlund
Deinzerkrz.
Dreimarkstein
1948
NÖLRWW
1765
Hohe Kanzel
1699
Seeweg
Weißer Kogel
Trinksteinsattel
Holzknecht H.
(Neue Seehütte)
Raxgmoa H.
1858
1850
H. Nemecek H.
(Rettungshtt.)
1648
Schröckhenfux kreuz
Roterden
Sumpf Wald
Schlund
Schnee Kg.
1781
Schwarzkogel
1026
Taupental A.
Predigtstuhl
1902
Blechmauern
Preiner Wand
Langermann-Gr.
1280
Bachinger Br.
Maßriegel
Sulzwiese
Taubenbrünnl
Carl-Ludwig H.
Waxriegel H.
1361
Neukopf
1282
1177
Bärenriegel
Melchstatt
Peilsteiner H.
Helenen Qu.
Griesleitenhof
843
Raxhof
Sonnleiten
Hinterleitner
Scheidhofer
Reißtaler H.
1447
1375
Edelweißhütte
ÖGB-Heim
Wh. Ob. Eggl
Prein
an der Rax
680
Preiner Gscheid
1070
Alpenghf. Preiner Gscheid
Schieraus
Eggl Kg.
884
Gsoll
Bergholtz
Rumpler
Kaisersteig
Schlöggl
Gflötz W.
1038
Sitzbühel
1212
Hohlwang
821
Berta Qu.
Sonnleitner
Raxenbauer
Schreihofer
908
Krampus
Raxen
Hollenstein
Wagner
Tattermanns Krz.
1127
Heller
Vorderer Kaltenberg
Kaltenberg
1302
1281
Kranzelwand
Weißtal
Langtal
Ebner Hag
Brandl Gr.
1128
Beer Kg.
Gams Kg.
1273
Paulinen Qu.
Talhof
1051
Stiegerin-Htt.
Bläterboden
Hinterer Kaltenberg
1250
Jh. Hochmaiß
1450
1565
Drahte Kg.
Bären Wd.
Wassergränden
1535
Wanzenbühel
1427
Irxen
Ziehgraben
Kerschbaum
1478
1409
Hohe Wand
Madlgraben
1481
Beeralpl K.
Beeralpstall
Hinter W.
Kampalpe
1534
1416
Kalkanger
801
801A
829
828
830
827
825
834
43
44
48

Blatt
34
Raxalpen Berggh.
Fuchsloch Gr.
Feuchter B.
1381
1301
Mittagstein
1249
Lahngraben
Gsolwiese
Sängerkogel
1264
Knusperhäuschen
Hirschwang
an der Rax
Kammerwand grotte
Scheiterplatz
583
Haaberg
Museums-Bahn
Thalhof
Haaberg
Knappenbg.
Haus Trautenbg.
Schneedörfl
484
768
Thonberg
Knappenhof
Marienhof
712
Trautenbg.
Schwarzatal Radweg
Schl. Wartholz
520
Kleinau
Edlach
an der Rax
540
Floßofen
Rothschild Stiftung
545
Reichenau
a. d. Rax
Kronichhof
Ghf. Flackl
Dörfl
596
Grünsting
Haberlar
Mayerhöfen
Schieraus
Waldandacht
Hecher
Jaidhof
Zens
Preiner B.
Streicher
Stoijer H.
809
Payerbach Gr.
Paar
Gras Gr.
Schoner Gr.
834
Tritl
Kaasbühel
968
Am Schachen
Voselhöhe
720
Polleros
Polleres
975
Gruber Kg.
972
Quellenhof
Kreuzberg
Katharinenhof
Alpenhof-Kreuzberg
Loos-Haus
Loibl
853
Raxblick
Speckbacher H.
1089
Kreuzberg
1084
Sommerhöhe
Totenberg
894
Kreuzberg
Dore
Kindererholungs-heim
Orthof
834
Breitenstein
Genesungsheim
BWW
Falkenstein
Gaißkirch
1013
Rotes Kreuz
Polleroswd.
H.St. Breitenstein
Weinzettlwand
Pfefferwand
Kalte Rinne
Ghf. Blunzenwirt
Adlitzgraben
919
Wolfsberg Kg.
Doppelreiter Kg.
Eselstein
1004
834
Roter Berg
1149
Bahnwanderweg
Perl
Kurhs.
H.st. Wolfsberg Kg.
999
Rotgraben
Südbahn-Hot.
Ochner H.
1397
Golfplatz
MARIA SCHUTZ
Johanneseck
834
Rodelbahn
16
1021
Bhf.
Myrten Gr.
Greis
Pinken Kg.
1292
801A
830
Hot. Panhans
Pinkenkogel H.
Südhang
985
Semmering
905
Myrtenbrücke
Alpenhof
964
Europadorf
834
Erztlhof
Enzian H.
182

SEMMERING · RAX

Erster Wiener Wasserleitungsweg

Etwas nördlich außerhalb des Kartenblattes befindet sich in Kaiserbrunn die Quelle der Ersten Wiener Hochquellenwasserleitung. Dieses für die Hauptstadt der Monarchie vermutlich wichtigste Bauprojekt des 19. Jahrhunderts geht zumindest der Überlieferung nach auf die „Entdeckung" einer riesigen Karstquelle durch Kaiser Karl VI. während eines Jagdausfluges im Rax-Schneeberg-Gebiet zurück. Wie es auch gewesen sein mag, ohne diese für die Stadt lebenswichtige Wasserleitung wäre Wien im 19. Jahrhundert wohl niemals so rasch gewachsen und hätte kaum die Bedeutung erlangt, die es Ende des 19. Jahrhunderts innehatte. Ein eigens angelegter Themenweg entlang des oberen Bereiches der Ersten Wiener Hochquellenwasserleitung lässt sich dank der naturgemäß geringen Höhendifferenzen der Wasserleitung bequem erwandern.

Aussichtsreiche Raxalpe

Nur durch das enge Höllental vom Schneeberg getrennt erhebt sich an der niederösterreichisch-steirischen Grenze der mächtige Kalkstock der Rax. Von unten betrachtet mag man kaum vermuten, dass sich in luftiger Höhe eine weite Hochebene, die Raxalpe, erstreckt, welche einerseits genussvolle Wanderrouten bietet und andererseits eine hervorragende Aussicht auf die waldreiche Umgebung ermöglicht. Besonders beliebt ist der Aufstieg (ob „per pedes" oder mit Unterstützung der Seilbahn) von Hirschwang aus. Ganz in der Nähe der Bergstation der Seilbahn beginnen schon die Wanderwege, die unter anderem zum Otto-Haus führen. Von dort bietet sich eine besonders schöne Aussicht auf die unterhalb liegenden Täler und Dörfer sowie die umgebende Bergwelt. Der höchste Punkt der Rax ist die Heukuppe mit knapp über 2.000 Metern. Sie liegt bereits auf steirischem Boden (westlich des Kartenausschnitts) und kann über ein ausgedehntes Wegenetz vom Otto-Haus aus erwandert werden. Aufgrund der nicht zu unterschätzenden Größe der Raxalpe ist hierfür (Hin- u. Rückweg) allerdings schon eine Tageswanderung von 7 – 8 Stunden einzuplanen. Als Zwischenstation bietet sich die, ebenfalls in aussichtsreicher Lage befindliche, Carl-Ludwig-Hütte an (3 Stunden Gehzeit von Bergstation der Rax-Seilbahn, ca. 45 Minuten bis zur Heukuppe).

Ein Weltkulturerbe und das „Fin de Siecle" am Semmering

Die heutige Bedeutung von Kitzbühel, Ischgl, Arlberg oder Wörthersee für den österreichischen Tourismus ist vergleichbar mit jener des Semmerings für den Fremdenverkehr gegen Ende der K-u.-K-Monarchie. Dank der technologischen Meisterleistung beim Bau der ersten Gebirgsbahn Europas (1848 – 1858) über den Bergsattel, konnte der Kurort bereits ab Mitte des 19. Jahrhunderts in verhältnismäßig kurzer Zeit per Zug von Wien aus erreicht werden. Diese Tatsache verhalf dem Semmering zu seiner herausragenden Bedeutung für den Tourismus des Fin de Siecle. Die mittlerweile als Weltkulturerbe von der UNESCO ausgewiesene Semmeringbahn gilt noch heute als eine der bedeutendsten und schönsten Gebirgsbahnen der Welt, ein Prädikat, das sie vor allem ihrem Erbauer Carl Ritter von Ghega zu verdanken hat. Die über 40 Kilometer lange Bergstrecke kann heute auf einem eigens angelegten Bahnwanderweg genau unter die Lupe genommen werden. Dabei verblüffen die zahlreichen Viadukte, Schleifen und Tunnels, die für die Überwindung der nur rund 20 Kilometer langen Luftlinie von Gloggnitz nach Mürzzuschlag errichtet wurden. Welche Klientel sich am Semmering erholt hat und die wunderbare Landschaft genoss, kann man an den prunkvollen Villen und Hotelgebäuden erkennen. Herausragendes Beispiel der Hotelarchitektur am Beginn des 20. Jahrhunderts ist das Hotel Panhans mit seiner eindrucksvollen Frontfassade. Das 1888 errichtete und 1912 massiv erweiterte Hotel war gemeinsam mit dem nicht minder eindrucksvollen Südbahnhotel Pionier der Luxushotellerie in Österreich. Vor allem durch diese beiden Betriebe wurde der Semmering zum modernsten Ferienort der Alpen, ein Prädikat, das mit dem Einmarsch Hitlers und dem Beginn des Zweiten Weltkrieges zunichte gemacht wurde. Der Semmering wurde erst in den 1980-er Jahren touristisch wiederentdeckt.

(Information: Tourismusbüro u. Kurverwaltung Semmering, Passhöhe 248, A-2680 Semmering,Telefon: 02664/20025, Internet: www.semmering.at, Mail: semmeringtourismus@aon.at)

Die Höllental-Museumsbahn

Die heutige Museumseisenbahn ins Höllental hat eine lange und wechselhafte Entwicklung hinter sich. Schon gegen Ende des 19. Jahrhunderts gab es Pläne, zwischen Payerbach und Hirschwang eine Bahnverbindung einzurichten, die direkt mit der Südbahnstrecke in Verbindung stehen sollte. Sogar an eine Zahnradbahn auf die Rax war damals gedacht. Verwirklicht wurde allerdings erst 1918 eine Materialeisenbahn auf Ansuchen der Holzschleiferei Schöller in Hirschwang. Von den damals (bereits gebraucht) eingesetzten Elektro-Lokomotiven steht eine 1903 hergestellte Lok noch heute bei den Ausflugsfahrten im Einsatz. Damit ist sie die vermutlich älteste noch in Betrieb befindliche Schmalspur-E-Lokomotive der Welt! Die Neusiedler AG als Inhaber der Hirschwanger Papierfabrik bemühte sich Anfang der 1920-er Jahre nach dem Ende dieser Materialeisenbahn um die Adaptierung der Bahn als schmalspurige Lokalbahn. 1926 wurde dieses Ansinnen in die Tat umgesetzt und die Lokalbahn Payerbach-Reichenau-Hirschwang versah von nun an bis 1963 ihren Dienst. Trotz des bedeutenden Fremdenverkehrs wurde die Beförderung von Personen mit der Bahn danach aufgrund erheblicher Sicherheitsmängel eingestellt und lediglich der Güterverkehr aufrecht erhalten. Am 12. August 1982 verkehrte schließlich auch der letzte Güterzug und die Bahn schien buchstäblich am Ende angelangt zu sein. Dank der Österreichischen Gesellschaft für Lokalbahnen konnte jedoch ein Betrieb mit Museums-Charakter eingerichtet werden, der seinerseits in den 1990-er Jahren stark gefährdet erschien. Durch umfassende Revitalisierungsarbeiten unentwegter Vereinsmitglieder verbesserte sich die Situation jedoch zusehends und heute kann man sich wieder dem Genuss einer originalgetreuen alten Bahnstrecke mit Originalfahrzeugen hingeben.

(Betrieb ausschließlich während der Sommermonate!; Information: Höllental-Museumseisenbahn, Österreichische Gesellschaft für Lokalbahnen, Telefon am Bahnhof Payerbach: 02666/52552, Internet: www.erlebnisbahn.at/hoellentalbahn, Mail: hoellentalbahn@erlebnisbahn.at)

***Südbahnhotel** ÖW*

834
BWW
Dornau
Schwarzatal Radweg
718
Kohlberg
Waidmannsrast
Bahnwanderweg
Mühlhof
Schl.
Schlöglmühl
Hst.
Schmidsdorf
Gebirgsjäger Gedächtnisweg
H.St.
Küb
Kotstein
Pettenbach
Heufeld
Schaf Kg.
695
Vöselhöhe
Steinhöfler
BWW
Abfaltersbach
Hellgraben
H.St. Eichberg
Wh. Tirolerhof
BWW
Corona Krz.
Althammerhof
Hahnhof
Gotscha Kg.
760
Maria -Taferl
894
Kreuzberg
925
Kobermanns Bg. Kpl.
Klammer
E i c h b e r g
818
Bahnwanderweg
Eichberg
BWW
Rumpler
H.St. Klamm-Schottwien
BWW
BWW
Klamm
705
Haidbach
Aue
Auebach
Weißen
Schottwien
Ungarhof
569
Grubhof
Eselstein
1004
Probstwald
Grashof
Schl.-Warter
765
Im Himmelreich
Raststation Schottwien
Jh
Grasberg
1078
Bogen-Sporthotel
760
Göstritz
970
Schlagl
901A
Maria Schutz
834
Schanz Kpl.
4
801A
720
15
Gebirgsjäger Gedächtnisweg
Jh.
Jh.
Sonnwendstein
1523
Mitter-
-Otter
1297
Rupr
1358
Knoll
Grosser Otter
Pollereshtt.
Gebirgsjäger Gedächtniskpl.
Göstritz Gr.
Kleiner-
-verf.
834
15
Kummerbauer-
-stadl
1079
Göstritz Sattel
1604
Arzkogel
Schwarzenberghtt.
1151
Steiner
Dürriegel
834
Weinweg
RWW 12
Hinterotter
834
Bergrettungs-
-dienstbtt.
834
RWW 12
940
834
1414
Alpkogel
834
Schlaggraben
Baumgarten
A n g e r
Nebelsba
Alpkogel H.
1314
777
Leiten
Ottenbach
834
Trattenbach
Gebirgsjäger Gedächtnisweg
Tratten B.
Poirshöhe

Blatt 35
Stuppachgraben
Stuppach
Jungberg
Schwarzatal Radweg
Siedlau
Bhf.
Schl.
Zeitreise Museum
Schwarza
Köttlach
Göttschach
Wörth
Gloggnitz
(442)
Hilzmannsdorf
Hart
Enzenreith
Schrammel T.
Bergbau museum
Karnhof
552
Grabner
Thürmannsdorf
GLOGGNITZ
Syhrnthal
Kuntner
Graben
Raachberg
908
Tachenberg-Syhrn
510
Tachenberg
Schönstadl
Auf der Höh
Sonnleiten
Hotel Burg Kranichberg
670
775
Talarhof
Waldpension Diewald
Greuth
Raach am Hochgebirge
Dobler
Kranichberg
Friedersdorf
Karlshöhe
Egg
887
Rams
860
824
Ramssattel
Eselberg
974
901A
834
Goldberg
Baumthal
Kreithberg
Otterthal
668
RWW12
632
Brandstatt
Eigenberg
852
Kernstock warte
Hermanns-höhle
Kirchgraben
768
Alpeltal
St. Wolfgang
Bad
581
Oberwieden
Ofenbach
Kirchberg am Wechsel
766
RWW11
Am Weier
Am Stein
Tratten
Wilhelmshof
Kreuzbauern
Krabenseminar Sachsenbrunn
orange
Am Anger

GLOGGNITZ · KIRCHBERG AM WECHSEL

Die Hermannshöhle

Die Hermannshöhle bei Kirchberg am Wechsel gilt als die größte Schauhöhle Niederösterreichs und zählt zu den attraktivsten Ausflugszielen im Wechselgebiet. Der Eingang des weitverzweigten Höhlensystems befindet sich am Fuß des Eulenberges, etwa einen Kilometer nördlich von Kirchberg.

Die Höhleneingänge sind der lokalen Bevölkerung bereits seit Jahrhunderten bekannt gewesen, doch wurden in früheren Zeiten lediglich die äußeren Höhlenbereiche erkundet. Die heutige Bezeichnung „Hermannshöhle" geht auf den Ersterforscher Hermann Steiger Edler von Amstein zurück. Der ehemalige Verwalter der nahegelegenen Burg Feistritz erkundete das Höhlensystem und entdeckte als erster die Verbindung zu den „Windlöchern". Er war so begeistert von seinen Entdeckungen, dass er diese der Öffentlichkeit zugänglich machen wollte. So entstand bereits Anfang des 19. Jahrhunderts die erste Schauhöhle Niederösterreichs.

Eigens angelegte Wege und Stiegen ermöglichen unter kundiger Führung die gefahrlose Begehung des einzigartigen Naturschauspiels. Vom unteren Eingang, dem sogenannten Windloch, gelangt man an Sturzablagerung vorbei durch den 15 Meter langen Barbarastollen in die etwa 20 Meter hohe Dietrichshalle. Vorbei an wundersamen Tropfsteingebilden, wie dem „weißen Wasserfall" oder dem eindrucksvollen „Spitzenvorhang", führt der Weg weiter in die oberen Teile der Höhle. Im dortigen „Großen Dom" zweigt die „Hohe Kluft" ab, ein verwinkeltes Gangsystem, welches zum großartigen „Niagarafall" führt. Die acht Meter hohe Kalksteinkaskade zählt zu den Wahrzeichen der Höhle. Weitere bemerkenswerte Gebilde in diesem Höhlenbereich sind der „Globus" und die schneeweißen Totenköpfe. Durch den „Karl-Ludwig-Tunnel" gelangt man zum Ausgang der Höhle beim „Taubenloch", nicht ohne zuvor noch einige Blicke auf die unterhalb liegende „Wolfsschlucht" und das Tropfsteingebilde der „Rotunde" geworfen zu haben. Am Ende mag man kaum glauben, dass man lediglich 300 Meter des 4,5 Kilometer langen Höhlensystems erkundet hat.

(Führungen von Ende März bis Anfang November an Sa, So u. Feiertagen, von Mai bis September täglich, 9.30–16.30 Uhr, Öffnungszeiten der Höhle: 9–17 Uhr; Information: Anmeldungen zu Führungen unter den Telefon-Nummern 02641/2326 oder 02641/6892, Internet: www.cave.at/hermannshoehle/index.html)

Wallfahrtskirche Maria Schutz

Die Wallfahrtskirche Maria Schutz geht, wie so viele andere Wallfahrtskirchen, auf eine wundersame Erscheinung an ihrem heutigen Standort zurück. Nach der Genesung von Pestkranken am „Heiligen Bründl" im Jahre 1679 legten die Bürger Schottwiens ein Gelübde zur Errichtung einer Kirche ab. 1728 brachte Graf Josef Leopold von Walsegg dafür die Mittel auf und ließ am Berghang des Sonnensteins eine hohe, nach Süden hin ausgerichtete Kirche mit zwei mächtigen Fassadentürmen errichten, die 1738 geweiht werden konnte. Bereits seit dem Mittelalter hatte man den Brunnen als Heiligtum verehrt und daneben einen Bildstock errichtet, der – so wird berichtet – innen hohl war und drei Menschen Platz bot. Die Gnadenquelle bildet heute noch das Allerheiligste der Kirche und befindet sich hinter dem Hochaltar von 1740.

Bei einem Brand 1826 wurden die Zwiebeltürme und die Glocken der Kirche vernichtet, erst 1995 wurden sie wieder hergestellt.

(Information: Pfarramt Maria Schutz, A-2641 Maria Schutz, Telefon: 02663/8208, Internet: www.rumpler.at/kirchehtlm.html)

Schloss Gloggnitz

Das ehemalige Benediktinerkloster in Gloggnitz wurde 1803 profaniert und wird seitdem als Schloss bezeichnet. Der dreigeschossige Barockbau hat auch tatsächlich das Erscheinungsbild eines mächtigen Schlosses. Inmitten des Hofes befindet sich mit der barocken Kirche Maria Schnee die heutige Pfarrkirche des Ortes. Sie besitzt ein interessantes Spiegelgewölbe und reichhaltigen Stuckdekor. Das Schloss mit dem zwiebelhelm-gegkrönten Gotteshaus ist weithin sichtbar und gilt als Wahrzeichen von Gloggnitz.

Schloss Stuppach

Das in den späten 1980-er und 1990-er Jahren renovierte Schloss Stuppach befindet sich etwas außerhalb des Ortszentrums von Gloggnitz in der namensgebenden Katastralgemeinde Stuppach. Es ist das Stammschloss der Grafen von Wurmbrand-Stuppach und stammt aus verschiedenen Bauperioden. So stammt der Nordteil mit dem hohen Eckturm noch aus dem 16. Jahrhundert, der westliche Trakt mit der Kapelle hingegen aus der Renaissance (17. Jahrhundert). Der südliche Teil wurde im Barockstil errichtet, spätere Zubauten, wie unter anderem Altane und Stiegenhaus, veränderten wiederum das Erscheinungsbild des Bauwerks. Nach einem stetigen Verfall ab dem Jahre 1936 geriet das Schloss zur Ruine und in Vergessenheit. Erst die Revitalisierungstätigkeiten der letzten Jahre machten das Schloss wieder zu einem Gloggnitzer Schmuckkästchen. Historisch interessant ist Schloss Stuppach auch durch das ominöse Totenrequiem, dass der damalige Besitzer Graf Walsegg für seine jung verstorbene Gattin 1791 bei Wolfgang Amadeus Mozart in Auftrag gab. Mozart konnte das Werk nicht fertig stellen, da er während der Arbeiten verstarb. Mozart soll den bei ihm vorstellig gewordenen Verwalter des Grafen sogar als Boten des Todes bezeichnet haben, der ihm den Auftrag erteilt hätte, die Totenmesse für sich selbst zu komponieren.

Zeitreise Renner-Villa

Die Renner-Villa in Gloggnitz ist das ehemalige Wohnhaus des zweimaligen Staatsgründers Dr. Karl Renner. Nach dem Tod seiner Tochter wurde dieses Haus als Museum adaptiert und mit verschiedenen Ausstellungen über das Leben des bedeutenden österreichischen Politikers ausgestattet. Im Rahmen der Zeitreise Renner-Villa werden hier verschiedene Themenbereiche der Öffentlichkeit nähergebracht. Eine trägt den Namen „Karl Renner – Vom Bauernsohn zum Bundespräsidenten“ und zeichnet das Leben des Staatsmannes nach. Über die schwierige Zeit zur Mitte des 20. Jahrhunderts berichtet der Ausstellungsteil „Schicksale mahnen – 1934-1955 – lokale Opfer einer bewegten Zeit“. Weitere Exponate sind dem Zweiten Weltkrieg im Semmeringgebiet, der Bergung von Kriegstoten und dem Vielvölkerstaat der Monarchie gewidmet. Der Besucher wird dabei selbst als Zeitreisender Teil einer Inszenierung, bei der Hologramme, Toneffekte und Virtual-Reality-Stationen einen erlebnisreichen Museumsbesuch garantieren.

(Geöffnet März – Nov. an Fr, Sa, So u. Feiertagen 9 – 17 Uhr; Information: Renner-Villa, Kustos Friedrich Brettner, Rennergasse 2, A-2640 Gloggnitz, Telefon: 02662/42498, Internet: www.rennermuseum.at)

Renner-Villa *Wirtschaftsmuseum, Andreas Timmelmayer*

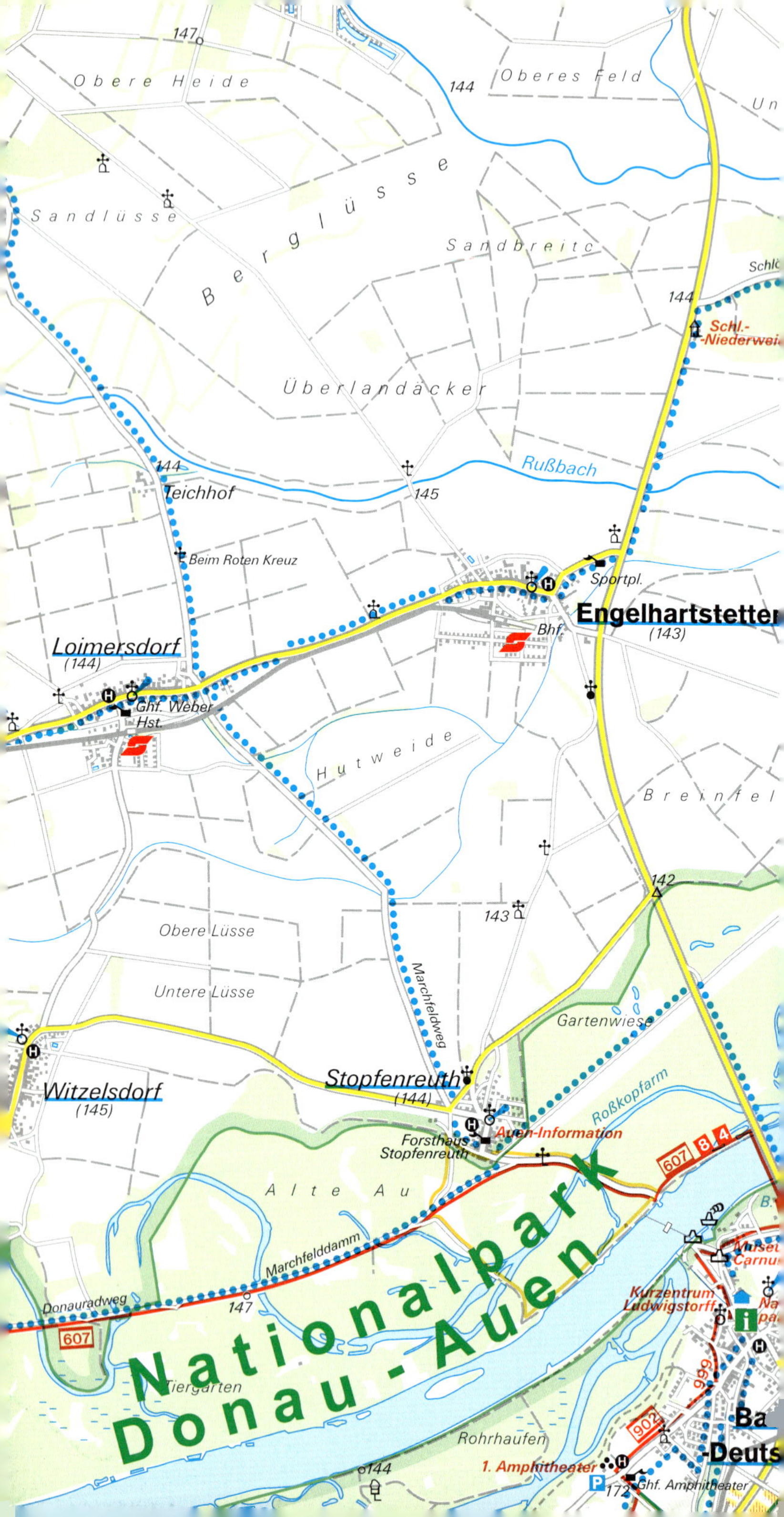

Obere Heide
Oberes Feld
Sandlüsse
Berglüsse
Sandbreite
Überlandäcker
Rußbach
Teichhof
Beim Roten Kreuz
Engelhartstetten
(143)
Sportpl.
Bhf.
Loimersdorf
(144)
Ghf. Weber
Hst.
Schl.-Niederweiden
Hutweide
Obere Lüsse
Untere Lüsse
Marchfeldweg
Gartenwiese
Witzelsdorf
(145)
Stopfenreuth
(144)
Forsthaus Stopfenreuth
Auen-Information
Roßkopfarm
Alte Au
Marchfelddamm
Donauradweg
607
Nationalpark Donau-Auen
Tiergarten
Rohrhaufen
Kurzentrum Ludwigstorff
1. Amphitheater
Ghf. Amphitheater
902
999

Blatt 36
Schloßhof
166
Ghf. Weber
Schloßhof
Feld
142
Weinviertelweg
Oberes Feld
Marchfelddamm
Za mlakou
Lehrpfad
NOVÁ VES
208
SG
Rovnica
Lehrpfad
Devínska Kobyla
Unterstandshtt.
5114
Markthof
143
141
Niederweiden
Unteres Feld
Schwarzlackenwiese
145
Loimersdorfer Wiesen
2461
Lehrpfad
Lehrpfad
Blumengang
141
DEVIN (THEBEN)
(159)
Devínska hradná skala
Burg Devín Museum
Jägerwiese
Große Au
907
8
4
Mittergscheid
Äugl
Jägerhaus Sdlg.
tenarm
R. Röthelstein
224
Herrgottshaufen
Naturschutzgebiet
141
Brauns Bg.
346
Golfplatz
Zollhaus
Bergbad
Hainburg-a. d. Donau
(161)
Hst
Nationalpark Info
Wienertor-Stadtmuseum
907 999
Donauradweg
291
Burgruine
Schloßberg
Karolinenhof
Römer-Weinstraße
Res.
Hainburger W.
Res.
(148)
PfaffenBg.
331
Hundsheimer Bg.
480
999
216
Kramerkpl.
Naturschutzgebiet
363
Weißes Kreuz
enburg
Wangheimer Wald
226
Hexen Bg.
Teich Bg.

HAINBURG - MARCHFELDSCHLÖSSER

Altstadt von Hainburg

Die östlichste Stadt Österreichs ist gleichzeitig auch eines der schönsten mittelalterlichen Altstadtjuwele des Landes. Man merkt es Hainburg an, dass es jahrhundertelang als Grenzfeste gegen die aus östlicher Richtung ins Land drängenden Völkerschaften fungierte und dadurch einen äußerst wehrhaften Charakter erhielt. Noch heute ist die Stadtmauer fast völlig erhalten und das Wienertor an der westlichen Mauer gilt als Inbegriff mittelalterlichen Befestigungsbaues. Es zählt laut Dehio-Kunstdenkmälerlexikon sogar zu den bedeutendsten Stadttoren Mitteleuropas und stellt noch heute eine unüberwindliche Hürde für den durch die Grenzöffnung immer stärker werdenden Verkehr dar. Weitere Highlights in der Altstadt sind die einzige in Österreich erhaltene gotische Synagoge, die Rokoko-Säule am Hauptplatz, die Pfarrkirche mit ihrem 57 Meter hohen Zwiebelturm und der romanische Karner am Friedhof. Gegenüber dem Karner befindet sich die fast 10 Meter hohe gotische Lichtsäule, ein einzigartiges Werk gotischer Steinmetzkunst. Zurück am Hauptplatz folgt man entweder der Ungargasse zum Ungartor im Osten der Stadt oder der Blutgasse zum kleineren Fischer Tor. Ihren grausigen Namen erhielt die Gasse nach einem schrecklichen Gemetzel, das 1683 während der Türkenbelagerung vor dem Tor stattfand, und bei dem ein Großteil der Hainburger Bevölkerung zu Tode kam. Die Bürgerhäuser Hainburgs stammen noch aus dem Mittelalter. So etwa das Rathaus am Hauptplatz oder das Haus Nr. 2 in der Ungargasse, das einen Arkadenhof aus der Renaissance besitzt.
(Information: Gästeinformation Hainburg, Hauptplatz 23, A-2410 Hainburg, Telefon: 02165/62111-23, Internet: www.hainburg.at)

Schlosshof

Nach den verheerenden Türkenkriegen wurde die darauffolgende Friedenszeit intensiv für die Errichtung von prachtvollen Palais und Schlössern genutzt. Einer der bedeutendsten Schlossherren dieser Zeit war ohne Zweifel Prinz Eugen von Savoyen, der sich nicht nur das Wiener Schloss Belvedere sondern auch mehrere Landschlösser errichten oder umgestalten ließ. Das größte dieser Landschlösser ist jenes von Schlosshof im östlichen Marchfeld. Bereits vor Prinz Eugen existierte hier ein stattliches Schloss, welches zuerst in der Marchfeldniederung und ab dem 16. Jahrhundert auf der noch heute als Standort fungierenden Anhöhe lag. Der berühmte Barockbaumeister Johann Lukas von Hildebrandt gestaltete die bestehende Anlage nach den Wünschen Prinz Eugens in ein großzügiges Lustschloss um, das heute leider in seiner ganzen Pracht nur noch auf den im Wiener Kunsthistorischen Museum ausgestellten Veduten von Canaletto zu betrachten ist. Dem alten vierkantigen Baukörper wurden zwei Flügel hinzugefügt, die einen Ehrenhof umfassten. Eine wunderbare Gartenanlage mit Freitreppen, Wasserspielen, Laubengängen und zahlreichen Steinskulpturen rundete dieses Gesamtkunstwerk ab. Joseph II. ließ das Schloss Ende des 18. Jahrhunderts noch einmal umbauen,

***Schloss Niederweiden** ÖW/Simoner*

nach dem Tode der Kaiserin Maria Theresia fiel es jedoch letztlich in einen langen Dornröschenschlaf. Erst kostspielige Revitalisierungsmaßnahmen nach dem Zweiten Weltkrieg verhalfen dem imposanten Schloss zu neuem Glanz. Besonders die Prunkräume des ersten Stockwerkes sowie die barocke Schlosskapelle mit dem Kuppelfresko von Carlo Carlone sind einzigartige architektonische Kunstwerke im äußersten Osten Österreichs.
(geöffnet: April bis November, tgl. außer Montag, 10-17 Uhr; Information: Marchfelder Schlösserverein, A-2294 Schlosshof Nr. 1, Telefon: 02285/6580)

Schloss Niederweiden

Bei Engelhartstetten, im südlichen Marchfeld, erwarb Graf Ernst Rüdiger von Starhemberg 1685 die Herrschaft Niederweiden. Das eigentliche Herrschaftsgebäude, die Burg Grafenweiden, wurde von den Grafen von Hardegg errichtet (1337) und von den Türken 1529 zerstört. Graf Starhemberg entschied, die alte Anlage nicht neu aufzubauen, sondern zeitgemäß ein neues barockes Lust- und Jagdschloss zu errichten.
Nach der erfolgreichen Abwehr der Türken 1683 setzte in Wien ein regelrechter Bauboom ein. Jeder Adelige von Rang errichtete in den Vororten der Stadt ein Gartenpalais, das sich schnell zu einem eigenen architektonischen Typus entwickelte. Die berühmtesten Architekten dieser Zeit stellen wohl Lukas von Hildebrandt und dessen Rivale Johann Bernhard Fischer von Erlach dar.
Anfang der 1690-er Jahre beauftragte Starhemberg Fischer von Erlach mit der Planung des neuen Schlosses Niederweiden, das zwischen 1693 und 1694 ausgeführt wurde. Der Grundriss des Schlosses entsprach dabei exakt dem gängigen Typus des Fischer'schen Gartenpalais: an einen ovalen Mittelpavillon, der als Eingangs- und Empfangshalle dient und zwischen Zufahrt und Garten vermittelt, schließen rechts und links schmälere Verbindungskorridore an, die in zwei breite, symmetrische, konkav eingezogene Seitentrakte münden, die ebenso wie der Mittelpavillon eingeschossig bleiben, sich durch ein überhöhtes Dach jedoch von den Korridoren abheben.
1726 erwarb Prinz Eugen von Savoyen Schloss Neiderweiden, das mit dem benachbarten Schlosshof zu einer Herrschaft vereinigt wurde. Da Prinz Eugen kinderlos geblieben war, wechselte das Schloss bis 1755 ständig den Besitzer, dann kam es in Hand Maria Theresias, die es durch Hofbaumeister Nicolo Pacassi unter Beibehaltung des Fischer'schen Grundrisses erheblich umgestalten ließ. So wurde der Bau um ein Geschoss aufgestockt und der ovale Hauptsaal mit Wandmalereien Jean Pillements ausgestattet. Die barocke Gartenanlage mit den Resten der verfallenen Fluchtburg Grafenweiden stammt jedoch noch aus der Zeit um 1700. In den kleineren Räumen ist keine Originalausstattung mehr vorhanden.
Bei einem Brand wurde das Schloss 1956 schwer beschädigt, konnte jedoch 1980 wieder restauriert werden und wird seitdem für Ausstellungen genutzt.
(Information: Schloss Niederweiden, A-2292 Engelhartstetten; Öffnungszeiten: 30. März bis 3. November täglich 10-17 Uhr)

Naturschutzgebiete Braunsberg und Hundsheimer Berg

Die Hundsheimer Berge östlich von Wien zählen zwar nicht zu den bekanntesten, aber doch zu den wertvollsten Naturlandschaften Österreichs. Dabei handelt es sich hier gewissermaßen um Natur aus zweiter Hand, denn die wertvollen Trockenrasen der Hundsheimer Berge entwickelten sich erst durch die extensive Bewirtschaftung mittels Brandrodung und Waldweide. Die kontinuierliche Beweidung in den vergangenen Jahrhunderten führte zur gezielten Entfernung von aufkommenden Gehölzen und verhinderte eine weitgehende Verbuschung. Dadurch konnten sich in dieser uralten Kulturlandschaft zahlreiche wärmeliebende Tier- und Pflanzenarten halten, die andernorts längst verschwunden sind. Sowohl der Hundsheimer Berg als auch der nordöstlich gelegene Braunsberg verfügen über eine Reihe derartiger Habitate, die von reinen Trockenrasensteppen bis hin zu sogenannten Waldsteppen, einem Komplex aus Trockenrasen und Flaumeichen-Buschwald, reichen. Aufgrund der einzigartigen Naturbedingungen wurden die wertvollsten Gebiete der Hundsheimer Berge nach dem Ende der traditionellen Beweidung Anfang der 1960-er Jahre vom WWF erworben und zum WWF-Naturreservat erklärt.
(Information: WWF Österreich, Ottakringer Straße 114 - 116, 1160 Wien, Telefon: 01/488170, Internet: www.wwf.at, Mail: wwf@wwf.at)

Fasangarten
Eckartsau
Witzelsdo
(145)
Nationalpark
Information
147
Schl.
Eckartsau
FadenB.
4
8
607
Donauradweg
607
Schreiber
Hausau
Narrischer Arm
Mühlhaufen
B.
Gstettenau
KA.
182
Wildungsmauer
Regelsbrunn
(185)
191
Hst.
Bhf.
191
189
Arbesthaler
Hügellandweg
Römerweg
Römerweg
Res.
Goldberg
206
Geißberg
Scharndorf
(187)
Wartberg
231
Res.
169
Geißbergen
Weidäcker
Römer-Weinstraße Carnuntum
Mitte
Villa Rustica
St. Maria
Höflein
159
152
Oberfel
In der Sulz
Überländäcker
Bad
Römerweg
191
999
149

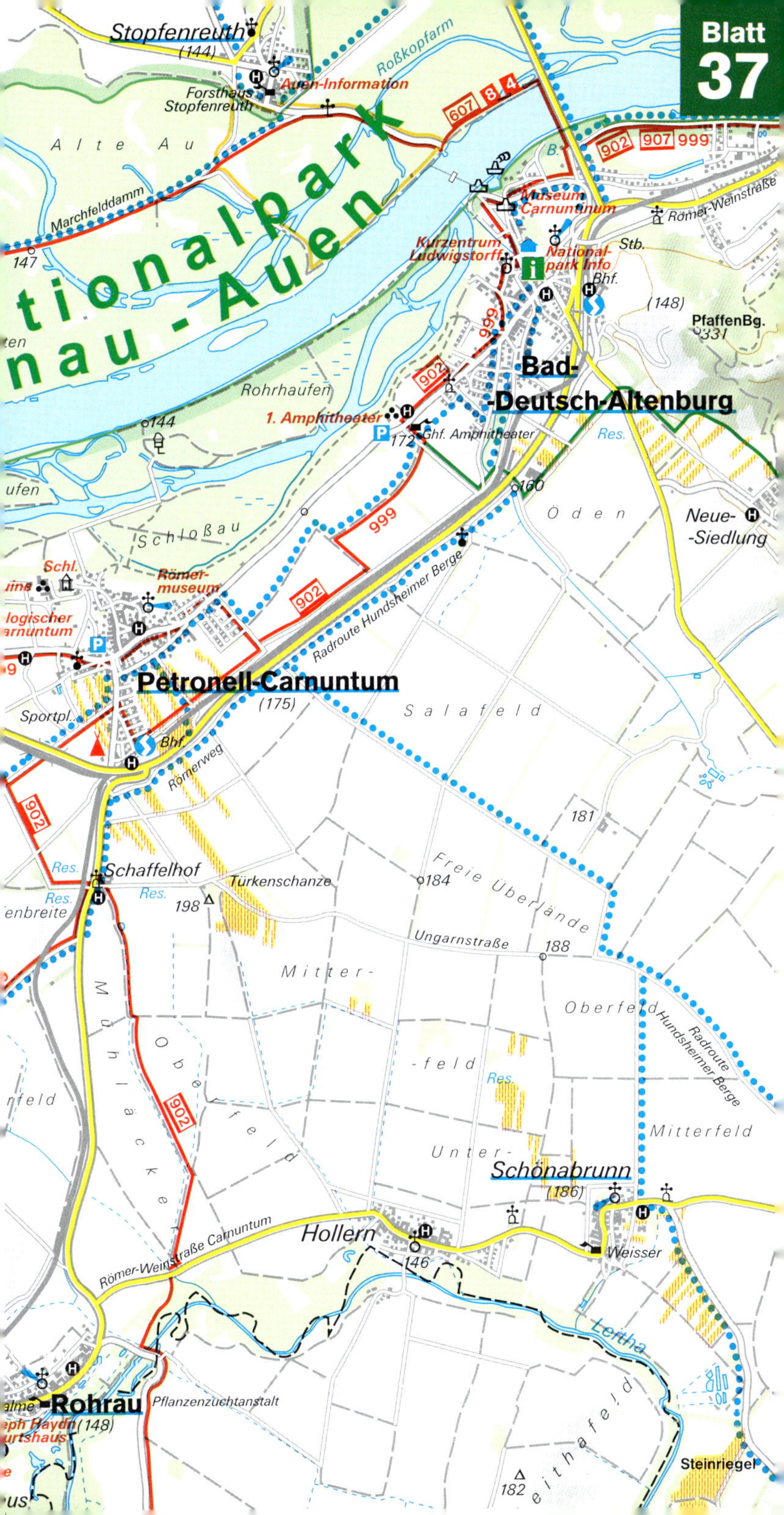

Blatt 37
Stopfenreuth
(144)
Roßkopfarm
Auen-Information
Forsthaus Stopfenreuth
607
8
4
Alte Au
Nationalpark Donau-Auen
Marchfelddamm
147
902
907
999
Museum Carnuntinum
Römer-Weinstraße
Kurzentrum Ludwigstorff
Nationalpark Info
Stb.
Bhf.
(148)
PfaffenBg.
331
Bad-Deutsch-Altenburg
Rohrhaufen
1. Amphitheater
144
172
Ghf. Amphitheater
Res.
160
Öden
Neue-Siedlung
Schloßau
Schl.
Römermuseum
Radroute Hundsheimer Berge
Petronell-Carnuntum
(175)
Sportpl.
Bhf.
Römerweg
Salafeld
181
Schaffelhof
Türkenschanze
184
Freie Überlände
198
Ungarnstraße
188
Mitter-feld
Oberfeld
Radroute Hundsheimer Berge
Mühläcker
Oberfeld
Mitterfeld
Unter-
Schönabrunn
(186)
Hollern
146
Weisser
Römer-Weinstraße Carnuntum
Leitha
Rohrau
Pflanzenzuchtanstalt
(148)
Steinriegel
182
Leithafeld

CARNUNTUM · NATIONALPARK DONAU-AUEN

Archäologischer Park Carnuntum

Das römische Militärlager Carnuntum wurde um Christi Geburt gegründet und sehr früh durch eine Zivilstadt erweitert, die schon bald zu florieren begann und sich zur Hauptstadt der Provinz Pannonia, ja zu einer der bedeutendsten Grenzstädte an der Donau entwickelte. Die Stadt ist heute nur fragmentarisch freigelegt, aber es steht fest, dass sie sich über ein Areal ausdehnen musste, das in etwa den heutigen Gemeindegebieten von Petronell und Bad Deutsch-Altenburg entspricht. Die günstige Lage des Lagers und der Zivilstadt an der Donau trugen zur Entwicklung als Handelsstadt (Bernsteinstraße!) ebenso bei, wie zur militärischen. 350 zerstörte ein Erdbeben weite Teile der Stadt, nach ihrer Wiederherstellung diente sie als militärischer Ausgangspunkt in den Quaden- und Sarmatenkriegen. Neben den militärischen Einrichtungen nahe der Donau, konnten umfangreiche Thermenanlagen, ein Tempelbezirk, orientalische Gottheiten und ein Amphitheater für 8.000 Zuschauer ausgegraben werden. In der Zivilstadt legte man eine große Thermenanlage, ein Amphitheater für rund 13.000 Personen sowie einige Wohnhäuser frei, in denen man Mosaike und Malereien fand. Das sogenannte „Heidentor“ im Süden der Stadt diente wohl weder als Tor, noch war es heidnisch. Die Archäologen betrachten es heute als Fragment eines doppelten Triumphbogens, in dem sich zwei Straßenzüge verkreuzen. Die Zivilstadt enthielt noch einen Tempelbezirk auf der Kuppe des Pfaffenbergs, in dem Tempel für den Staatskult, Denkmäler für den Kaiserkult sowie ein Kulttheater und zahlreiche Altäre und Weihinschriften gefunden wurden. Die Ausgrabungen in Carnuntum begannen Ende des 19. Jahrhunderts, um 1900 war bereits ein Museumsbau zur Unterbringung der gefundenen Objekte notwendig geworden. Zwischen 1901 und 1904 errichtete Friedrich Ohmann das „Museum Carnuntinum“. Mit 3.300 Exponaten stellt es das größte Museum römischer Fundstücke in Österreich dar. Anhand von Schmuck, Waffen, Münzen, Werkzeugen, Kultgegenstände und Statuen wird versucht, einen Eindruck vom antiken Carnuntum zu vermitteln. Zu den schönsten Exponaten des Museums zählt wohl die „Tanzende Mänade“. Als Pendant zum Museum Carnuntinum in Bad Deutsch-Altenburg entstand das Freilichtmuseum Petronell, das die Ergebnisse archäologischer Arbeit direkt am Fundplatz präsentiert. Der Garten verwandelt sich im Juli zum Kino, in dem Filme mit Antikenbezug gezeigt werden.

(Führungen nach Anmeldung, Information: Archäologischer Park Carnuntum, Badgasse 40-46, A-2405 Bad Dt. Altenburg, Telefon: 02163/33770, Internet: www.carnuntum.co.at)

Nationalpark Donau-Auen

Zwischen Marchfeld und dem Wiener Becken erstreckt sich auf einer Strecke von 38 Kilometern der Nationalpark Donau-Auen, welcher die größte zusammenhängende Aulandschaft dieser Art im gesamten mitteleuropäischen Raum darstellt. Im Westen zieht sich der Park bis nach Wien, im Osten bis zur Marchmündung an der slowakischen Grenze. Im 19. Jahrhundert begann man damit, die ursprünglich „vielarmige“ Donau zu regulieren und eine Reihe von Abdämmungen durchzuführen. Forstwirtschaft und der Bau von Kraftwerken taten ihr Übriges, um den Naturhaushalt erheblich zu beeinträchtigen. Als schließlich im Jahre 1984 das Kraftwerk Hainburg gebaut werden sollte, riefen die Natur- und Umweltschutzeinrichtungen Österreichs zum Protest auf und besetzten am Ende sogar das zu bebauende Gebiet. Diese Aktionen bewirkten ein Umdenken in den Kreisen der Bundesregierung, die daraufhin eine Reihe von Tests durchführen ließ. Hierbei stellte sich heraus, dass die Donauauen unter anderem aufgrund ihrer Artenvielfalt ein nationalparkwürdiges Terrain darstellten und hier kein Kraftwerk gebaut werden dürfe. Bis zur Eröffnung des Parks gingen allerdings noch zwölf Jahre ins Land. Am 27. Oktober 1996 kam es schließlich zur Unterzeichnung des Vertrages zwischen Österreich und den Bundesländern Wien und Niederösterreich. 65 Prozent der insgesamt 9.300 Hektar großen Nationalparkfläche sind von Auwald bedeckt. Das Gebiet der Donauauen stellt für zahlreiche Amphibien, Insekten, Vögel und auch Reptilien ein Zuhause dar. Aber auch verschiedenste Bäume, Sträucher,

Lianen und Kräuter sind hier beheimatet. Insgesamt etwa 700 Pflanzenarten, mehr als 30 Säugetier- und 100 Brutvogelarten sowie an die 60 Fischarten sind im Gebiet des Nationalparks anzutreffen. Diese beträchtliche Artenvielfalt geht vor allem auf den engen Kontakt der Au mit der Donau und die regelmäßigen Überschwemmungen, als auch auf das Zusammentreffen von Donau und March zurück. Um diesen vielfältigen Lebensraum zu bewahren, ist die naturfreundliche Vereinigung von Landwirtschaft, Gastronomie und Tourismus oberstes Prinzip. Bei einem Besuch im Nationalpark ist daher unbedingt auf die dort einzuhaltenden Verhaltensregeln zu achten. Dem Besucher wird ein weites Spektrum an Exkursionen und Veranstaltungen in einem Gebiet der Ruhe und natürlichen Schönheit geboten.

(Information: Nationalpark Donau-Auen GmbH, Fadenbachstraße 17, A-2304 Orth a. d. Donau, Telefon: 02212/3450, Internet: www.donauauen.at)

Schloss Harrach und Haydn-Geburtshaus in Rohrau

Kaum zu glauben, dass in einem so kleinen Dorf wie Rohrau gleich zwei Sehenswürdigkeiten von überregionaler Bedeutung beheimatet sind. Hier steht noch immer das kleine, schilfgedeckte Bauernhaus, in dem der berühmte Komponist Joseph Haydn im Jahre 1732 geboren wurde. Auch das weltweit älteste Haydn-Denkmal, eine 1794 errichtete Büste vor der Pfarrkirche, kann in Rohrau besichtigt werden. Kunstliebhaber wird es außerdem in das prächtige Schloss Harrach, Stammsitz der gleichnamigen Familie, ziehen. Bereits seit 1532 leben zahlreiche Generationen dieses bedeutsamen Familiengeschlechts im Schloss und haben diesem ihren Stempel aufgedrückt. Zweifellos haben sie es geschafft, aus dem Gebäude eines der schönsten Landschlösser Österreichs zu machen. Seit 1970 befindet sich in ihm eine der wertvollsten und bedeutsamsten Privatgalerien der Welt. Über einen Zeitraum von rund 450 Jahren sammelten die Grafen von Harrach Kunstschätze und trugen so zu diesem großartigen Querschnitt durch die Malerschulen Europas bei.

(Information: Schlossmuseum Harrach, Graf Harrach'sche Familiensammlung, Schloss 1, A-2471 Rohrau; Öffnungszeiten: Ostern bis 1. November täglich außer Mo 10-17 Uhr)

Freilichtmuseum Carnuntum *Arch. Park Carnuntum*

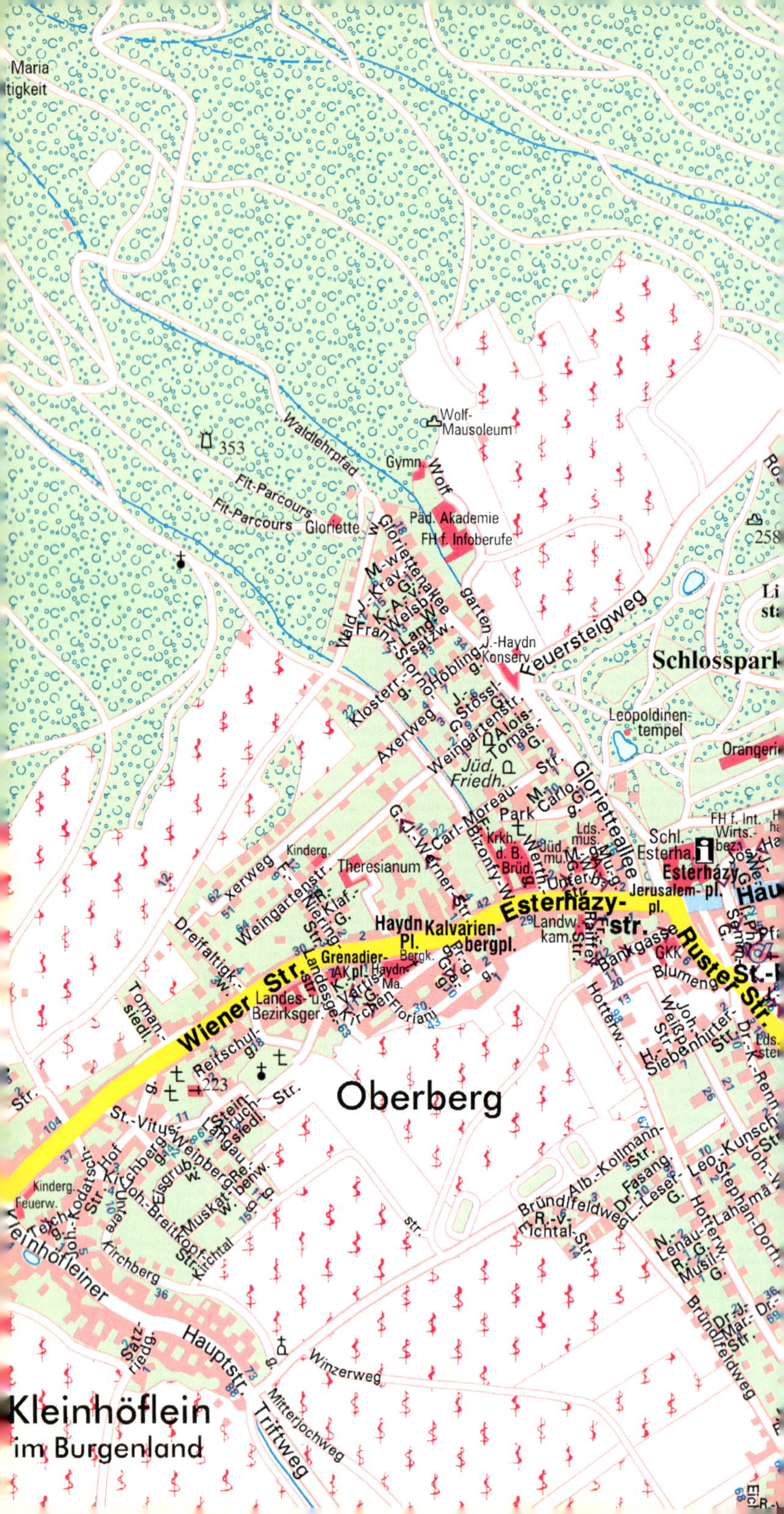
Maria
tigkeit
Waldlehrpfad
353
Fit-Parcours
Fit-Parcours
Gloriette
Wolf-
Mausoleum
Gymn.
Wolf
Päd. Akademie
FH f. Infoberufe
Glorietteallee
garten
J.-Haydn
Konserv.
Feuersteigweg
Schlosspark
Leopoldinen-
tempel
Orangerie
258
Klosterr.-g.
Axerweg
Weingartenstr.
Jüd.
Friedh.
Park
Carl-Moreau-
Kinderg.
Theresianum
Weingartenstr.
Haydn
Pl.
Kalvarien-
bergpl.
Esterházy-
str.
Jerusalem-
pl.
Schl.
Esterházy
Ruster Str.
Bankgasse
Blumeng.
Wiener Str.
Grenadier-
Landes- u.
Bezirksger.
Dreifaltigk.-
w.
Toman-
siedl.
Reitschul-
g.
223
Oberberg
St.-Vitus-
Kinderg.
Feuerw.
Kirchberg
Kirchtal
Hauptstr.
Winzerweg
Mitterjochweg
Triftweg
Bründlfeldweg
Alb.-Kollmann-
Str.
Kleinhöflein
im Burgenland

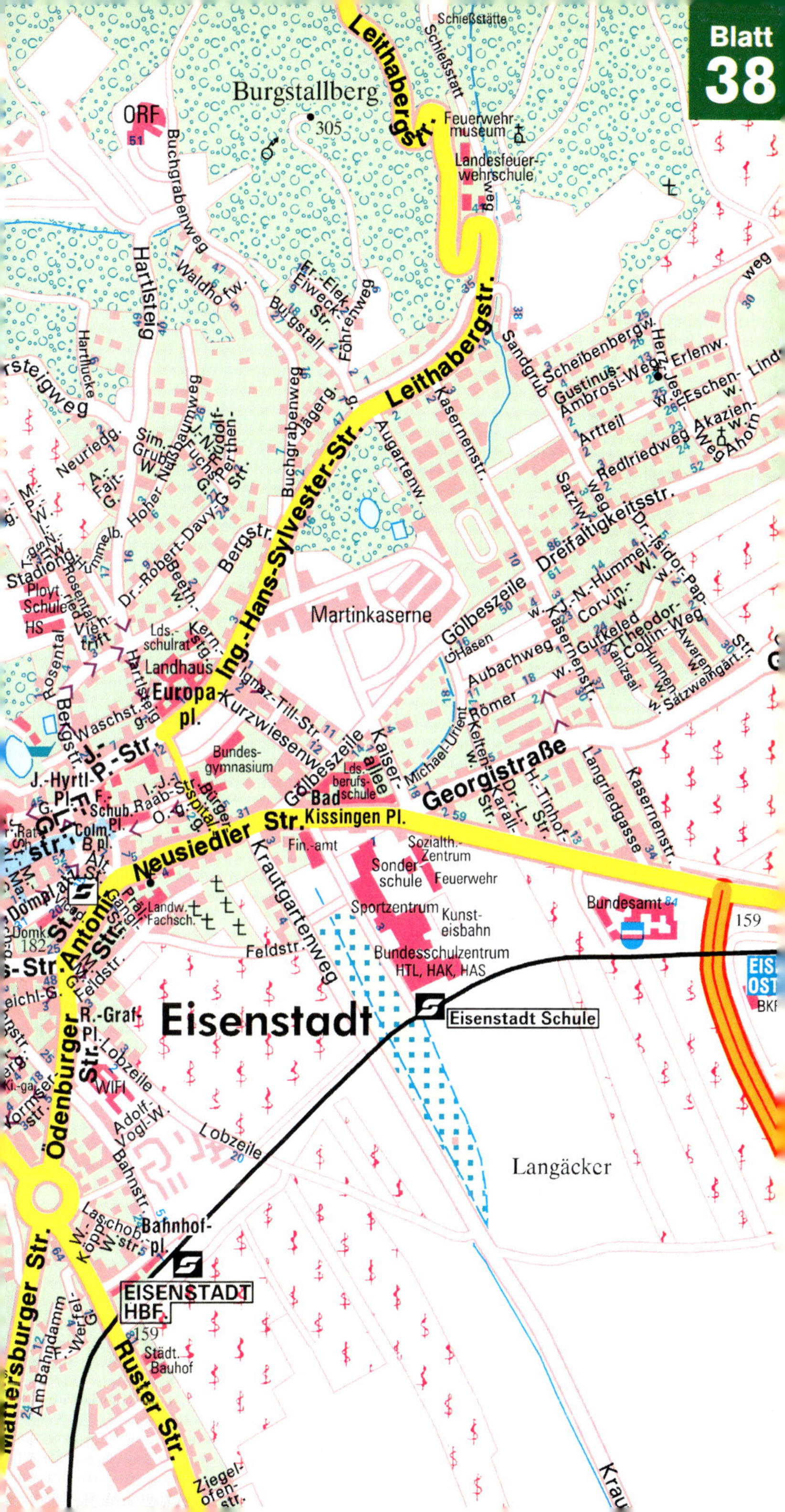
Burgstallberg
305
ORF
Schießstätte
Schießstatt
Leithabergstr.
Feuerwehr-museum
Landesfeuer-wehrschule
Buchgrabenweg
Hartlsteig
Waldhofw.
Fr.-Elek-Eiweck-Str.
Föhrenweg
Burgstall
Jägerg.
Hartlücke
Neuriedg.
Hoher Nußbaumweg
Sandgrub
Scheibenbergw.
Gustinus-Ambrosi-Weg
Erlenw.
Eschen-w.
Akazien-w.
Ahorn
Arttell
Redlriedweg
Kasernenstr.
Augartenw.
Ing.-Hans-Sylvester-Str.
Buchgrabenweg
Bergstr.
Dr.-Robert-Davy-G.
Satzlw.
Dreifaltigkeitsstr.
Dr.-Isidor-Pap-
J.-N.-Hummel-W.
Corvin-w.
Stadiong.
Ployt. Schule HS
Rosental
Martinkaserne
Gölbeszeile
Hasen
Aubachweg
Gutkeled
Theodor-Collin-Weg
Awaren
Kanizsai
Hunnen-w.
Satzweingärt.
Lds.-schulrat
Landhaus
Europa-pl.
Waschst.
Ignaz-Till-Str.
Kurzwiesenweg
Römer
Kelten
Michael-Urient
Georgistraße
Langriedgasse
Kasernenstr.
Bundes-gymnasium
Lds.-berufs-schule
Kaiser-allee
Bad Kissingen Pl.
Dr.-L.-Karall-Str.
H.-Tinhof-Str.
J.-Hyrtl-Pl.
J.-P.-Str.
I.-J.-Raab-Str.
Spital
Bürger
Neusiedler Str.
Fin.-amt
Sozialth.-Zentrum
Sonder-schule
Feuerwehr
Bundesamt
159
Landw. Fachsch.
Domplatz
St.-Antoni-Str.
Sportzentrum
Kunst-eisbahn
Feldstr.
Krautgartenweg
Bundesschulzentrum HTL, HAK, HAS
Eisenstadt Schule
Domk.
182
Eisenstadt
R.-Graf-Pl.
Lobzeile
WIFI
Ödenburger Str.
Adolf-Vogl-W.
Lobzeile
Langäcker
Bahnstr.
Bahnhof-pl.
EISENSTADT HBF.
159
Städt. Bauhof
Mattersburger Str.
Am Bahndamm
F.-Werfel-G.
Ruster Str.
Ziegel-ofen-str.

EISENSTADT

Schloss Esterházy

Am Westende der Altstadt befindet sich das Wahrzeichen von Eisenstadt, Schloss Esterházy. Ende des 14. Jahrhunderts wurde die ursprünglich vierflügelige Wasserburg vermutlich unter der Familie Kanizsai errichtet. 1622 übernahm Familie Esterházy das Schloss, das sich zu diesem Zeitpunkt bereits in baufälligen Zustand befand. Fürst Paul I beauftragte italienische Baumeister mit dem Neubau der Burg, die von der Familie Esterházy anschließend als Hauptresidenz genützt wurde. Im Zuge dieses Umbaus wurden unter anderem der heutige Haydnsaal sowie die Schlosskapelle errichtet. Ende des 18. bzw. zu Beginn des 19. Jahrhunderts wurde das Schloss im neoklassizistischen Stil erweitert. Der Leopoldinen- bzw. Gartensaal entstand in dieser Zeit. Abgesehen von Renovierungsarbeiten gegen Ende des 19. Jahrhunderts, wurden danach keine größeren baulichen Veränderungen mehr vorgenommen.

***Schloss Esterházy** Burgenland Tourismus, Lammerhuber*

Heute gilt Schloss Esterházy als eines der schönsten und romantischsten Schlösser Österreichs. Im Nordtrakt befindet sich der äußerst beeindruckende Haydnsaal. Joseph Haydn hatte in diesem Saal, der zu den akustisch besten Konzertsälen der Welt zählt, viele seiner Stücke einst uraufgeführt. Die Freskenmalereien im Saal wurden von Carpoforo Tencalla im 17. Jahrhundert geschaffen. An der Decke kann man vor allem Szenen aus der griechischen Mythologie erkennen.

Im stadtseitigen Teil des Schlosses findet man einige bedeutende Prunkräume. Der Spiegelsaal, ursprünglich der Empfangsaal, ist mit Rokokostuck aus dem 18. Jahrhundert sowie prächtigen Spiegelrahmen und Golddekor ausgestattet. Im großen sowie im kleinen Chinesischen Salon findet man zum Teil handbemalte chinesische Tapeten, Wandschmuck und Malereien. Hier wird das frühere Interesse an der asiatischen Mode deutlich. Der Rote Salon erhielt seinen Namen aufgrund der roten französischen Seidentapeten, die sich hier befinden. Der blaue Salon wurde ebenfalls nach seiner Ausstattung, blauen Moiree-Seidentapeten, benannt. Die im Westtrakt befindliche zweigeschossige Schlosskapelle wurde im 17. Jahrhundert errichtet und im Jahr 1762 umgestaltet. Ihre Blütezeit erlebte sie als Esterházy'sche Hofmusikkapelle. Hier saß schon Joseph Haydn des Öfteren an der Orgel.

Nördlich des Schlosses befindet sich der im 17. Jahrhundert ursprünglich als Nutzgarten angelegte Schlosspark. Später wurde dieser zuerst als französischer, anschließend, im Zuge des klassizistischen Schlossumbaus, im Stil eines englischen Gartens angelegt. Äußerst sehenswert ist der Leopoldinentempel im östlichen Teil des Parks.

(Information: Schloss Esterházy Management GmbH, A-7000 Eisenstadt, Telefon: 02682/179-0, Internet: www.schloss-esterhazy.at)

Bergkirche

Die Bergkirche Mariä Heimsuchung liegt am westlichen Teil des Kalvarienberges. Für ihre Gründung war die Familie Esterházy verantwortlich. Gegen Ende des 17. Jahrhun-

derts wurde mit dem Bau begonnen, der im 18. Jahrhundert fortgesetzt und zu Beginn des 19. Jahrhunderts vollendet wurde.
Ursprünglich wurde eine Kapelle errichtet, in der Fürst Esterházy vor seinen Wallfahrten nach Mariazell von seiner Heimat Abschied zu nehmen pflegte. Nach seiner Rückkehr besuchte er zuerst die Kirche, bevor es zurück ins Schloss ging. Eigentlich sollte dieses Gotteshaus ebenfalls zu einer mächtigen Wallfahrtskirche ausgebaut werden.
Das Innere der Kirche, die im Jahr 1803 geweiht wurde, besticht durch Wandmalereien von Christian und Wolfgang Köpp, die man in der Kuppel erkennen kann. Der Hochaltar aus dem ausgehenden 18. Jahrhundert trägt das Altarbild Mariä Heimsuchung, das eine Kopie des von Stephan Dorffmeister im Jahr 1797 geschaffenen Werkes darstellt. Die sterblichen Überreste des im Jahr 1809 verstorbenen Joseph Haydn wurden elf Jahre nach seinem Tod in die Gruft der Bergkirche überführt. Unter der Empore befindet sich der Grabstein; gleich daneben liegt der Zugang zum kreisrunden Mausoleum, das im Jahr 1932 eingerichtet wurde. Darin kann man den marmornen Sarkophag des berühmten Komponisten sehen. Die Bergkirche Eisenstadt wird allgemein auch gerne als „Haydnkirche" bezeichnet.

Jüdisches Eisenstadt

Eisenstadt beherbergte bis zum Zweiten Weltkrieg eine bedeutende jüdische Gemeinde, die vor allem in einem ghettoähnlichen Gebiet nördlich der Bergkirche ansässig war. Bis 1938 bildete die jüdische Gemeinde Unterberg sogar eine vom übrigen Eisenstadt eigenständige Kommune mit eigenem Bürgermeister. Ein bekannter Eisenstädter Jude aus diesem Viertel war der Schriftsteller Franz Werfel. Die Eisenstädter Talmudschule galt in der Monarchie neben jener von Pressburg/Bratislava als die bedeutendste überhaupt. Neben der Mattersburger jüdischen Gemeinde war auch jene von Eisenstadt eine der orthodoxesten im heutigen Österreich.
Nach der Vertreibung und Verfolgung der Juden während des Zweiten Weltkrieges ist das jüdische Leben in Eisenstadt heute erloscht. Das Judenviertel hat musealen Charakter und lohnt gerade wegen der langen Geschichte und den traurigen Ereignissen des 20. Jahrhunderts einen Besuch. In den Gassen des Viertels (Unterberggasse, Wolfgasse, Museumsgasse, Wertheimergasse) stehen noch viele schöne alte Barockhäuser, die ehemalige Synagoge und der jüdische Friedhof. In der Unterbergstraße Nr. 6 befindet sich das Jüdische Museum, in dem viele Erinnerungsstücke an die verschwundene Gemeinde gesammelt sind.
(Information: Jüdisches Museum, Unterbergstraße 6, A-7000 Eisenstadt; Öffnungszeiten: Ostern bis 1. November täglich außer Mo 10-17 Uhr)

Der Dom zu Sankt Martin

Zwischen Pfarrgasse und Rochusgasse, in etwas erhöhter Lage liegt die Domkirche Hl. Martin. Die Vorläuferkirche „capella sancti Martini" wurde an dieser Stelle um 1200 erbaut; Reste davon konnten in den Fundamenten des heutigen Presbyteriums und des vierten Langhausjoches gefunden werden. Mit dem Neubau der Kirche begann man um 1460, der Chor wurde im Jahr 1468, das Langhaus und der Nordturm 1522 fertiggestellt. 1589 zerstörte ein Brand das Langhaus; erst im Jahr 1629 konnte der wiedererrichtete Bau fertiggestellt und die Kirche geweiht werden. Eine umfassende Regotisierung erfolgte in den Jahren 1903 und 1904. Dabei wurden unter anderem das Chorgewölbe erneuert, die Rundbogenfenster durch spitzbogige Fenster ersetzt und der Hochaltar aus dem 18. Jahrhundert entfernt. Im Jahr 1960 erhob man die Stadtpfarrkirche zum Bischofsdom. Seit 1952 werden immer wieder Restaurierungen, sowohl außen, als auch innen, vorgenommen.
Die dreischiffige Halle des Innenraums wird im mittleren Teil von spitzbogigen Arkadenpfeilern geschmückt. Die breite barocke Orgelempore an der Westwand wird von korinthischen Holzsäulen getragen. Sechs Reliefs, die musizierende Engel, die Hl. Cäcilia und König David darstellen kann man an der Holzbrüstung erkennen. Die Kanzel aus 1745, die Orgel aus 1778 sowie das Ölbild Apotheose des Hl. Martin sind noch „Überbleibsel" der alten Einrichtung. Die Krypta des Doms wurde 1716 für Eisenstadter Pfarrer errichtet, in den Sechziger Jahren des 20. Jahrhunderts dann von Robert Kramreiter umgebaut und vergrößert. Gleich neben dem Dom befindet sich ein ehemaliger Friedhof.

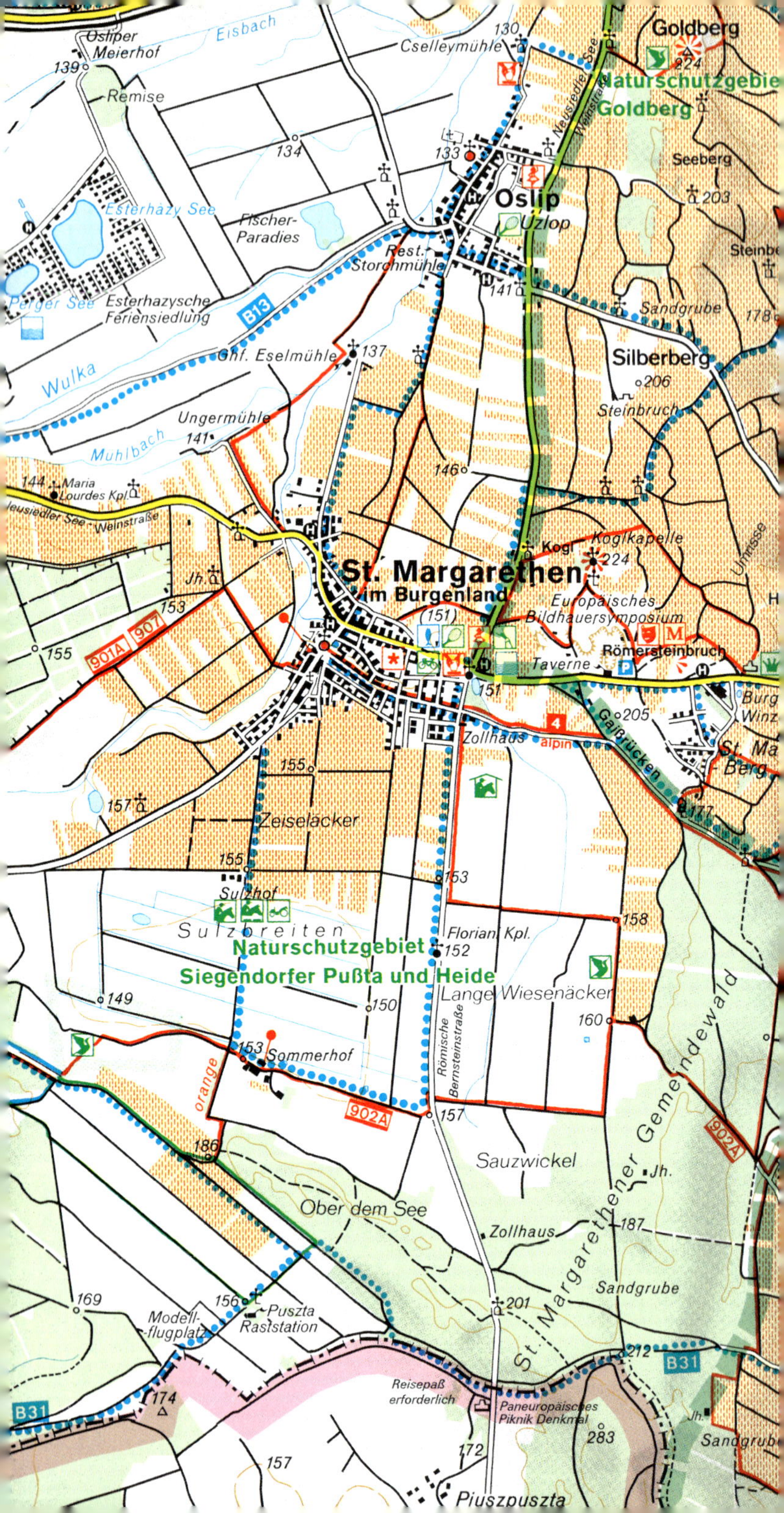

Osliper Meierhof
Eisbach
Cselleymühle
Goldberg
Naturschutzgebiet Goldberg
Remise
Oslip
Uzlop
Seeberg
Esterhazy See
Fischer-Paradies
Rest. Storchmühle
Perger See
Esterhazysche Feriensiedlung
B13
Sandgrube
Gh. Eselmühle
Silberberg
Steinbruch
Wulka
Ungermühle
Mühlbach
Maria Lourdes Kpl.
Neusiedler See Weinstraße
Kogl
Koglkapelle
St. Margarethen im Burgenland
Europäisches Bildhauersymposium
Römersteinbruch
Taverne
901A
907
Zollhaus
alpin
Gaißrücken
St. Margarethen-Berg
Zeiseläcker
Sulzhof
Sulzbreiten
Naturschutzgebiet Siegendorfer Pußta und Heide
Floriani Kpl.
Lange Wiesenäcker
Sommerhof
orange
902A
Römische Bernsteinstraße
Sauzwickel
St. Margarethener Gemeindewald
Ober dem See
Zollhaus
Sandgrube
Modellflugplatz
Puszta Raststation
B31
Reisepaß erforderlich
Paneuropäisches Piknik Denkmal
Piuszpuszta
Sandgrube

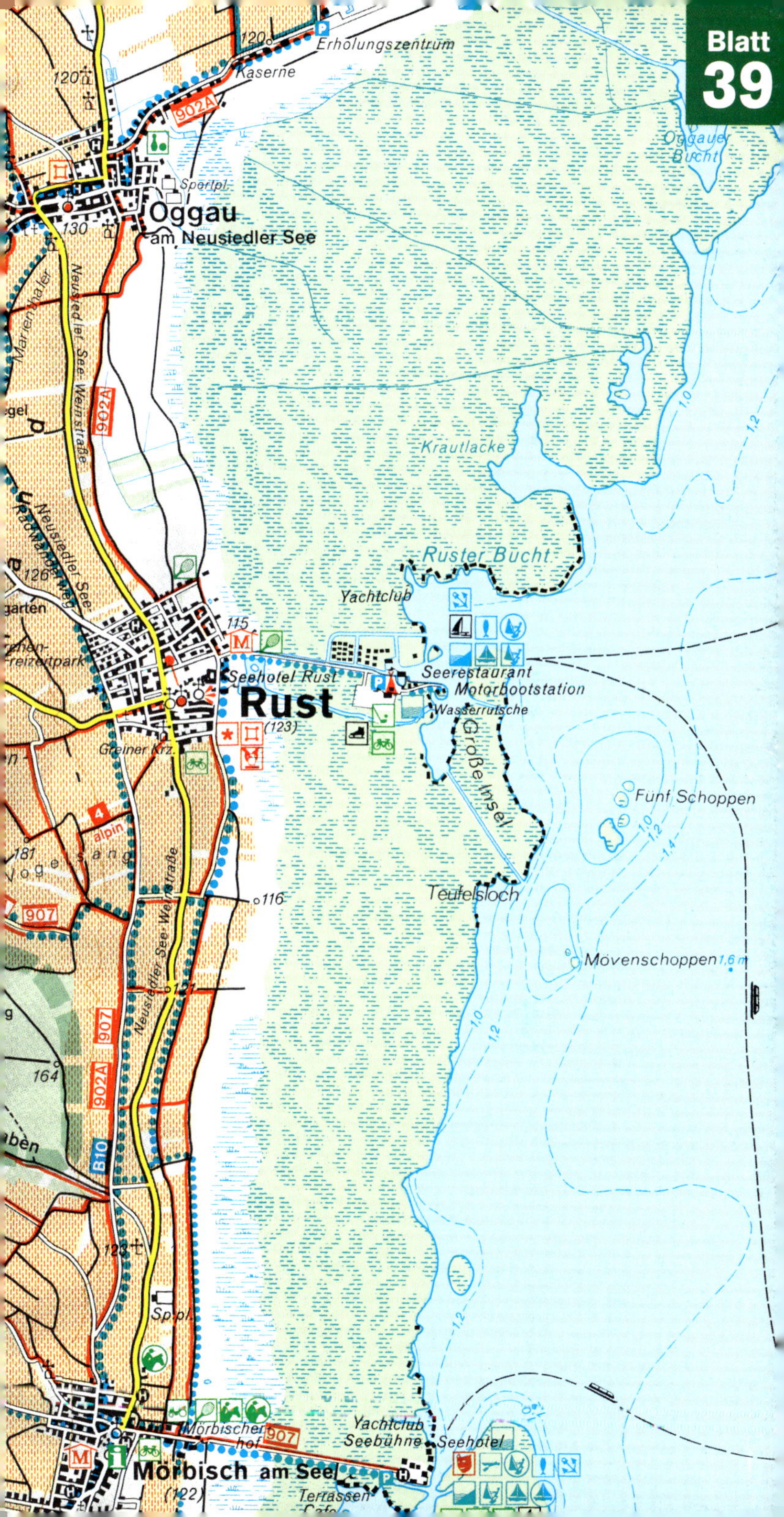

Blatt 39
Erholungszentrum
Kaserne
902A
Oggauer Bucht
Sportpl.
Oggau
am Neusiedler See
Neusiedler See Weinstraße
Krautlacke
Ruster Bucht
Yachtclub
Seehotel Rust
Seerestaurant
Motorbootstation
Wasserrutsche
Rust
Große Insel
Greiner Krz.
Fünf Schoppen
Teufelsloch
Mövenschoppen
alpin
907
B10
Sp.pl.
Mörbischer hof
Yachtclub
Seebühne
Seehotel
Mörbisch am See
Terrassen Café

MÖRBISCH · RUST

Mörbisch am See

Lange Jahre an einer „toten" Grenze, blüht der Festspielort Mörbisch seit der Öffnung derselben zusehends auf. Schon zuvor waren Ortsbild und Kulturangebot des Ortes von überregionaler Bedeutung, nun hat auch der Ausflugsverkehr durch die vielen Radfahrer gerade während der warmen Jahreszeit deutlich zugenommen. Dank der Sperre des Grenzüberganges für den motorisierten Verkehr ist Mörbisch trotz der vielen Gäste nach wie vor ein recht ruhiger Ort geblieben.

Sie bekommen in dem für österreichische Verhältnisse großen Dorf auch einiges geboten. So gelten die Mörbischer Seefestspiele als das wichtigste Operettenfestival Österreichs und ziehen alljährlich in den Monaten Juli und August tausende Besucher an. Außerhalb der Festspielzeit lohnt sich ein Bummel durch die idyllischen Gassen des Weinhauerortes. Durch die Erbteilung entstanden im Laufe der Zeit aus ehemals stattlichen Weinbauernhöfen immer kleinere Einheiten und aus den ehemaligen Innenhöfen entwickelten sich die heute für Mörbisch so typischen halböffentlichen Wohngassen. Insbesondere zwischen der Hauptstraße und der landeinwärts verlaufenden Hauergasse kann man durch eine ganze Reihe derartiger Gässchen spazieren.

Im Mörbischer Heimathaus hat sich ein besonders gutes Beispiel dieser Bautradition erhalten. Das alte Winzerhaus aus dem Jahre 1826 verfügt nämlich über eine eben solche Wohngasse sowie typische Wohn- und Wirtschaftsgebäude. Die Einrichtung ist original aus der Zeit um 1900 erhalten.

Wie in vielen Orten des Burgenlandes gibt es auch in Mörbisch zwei Gotteshäuser: ein katholisches und ein evangelisches. Aufgrund der größeren Religionstoleranz im ungarischen Teil der Monarchie ist noch heute der protestantische Bevölkerungsanteil im Burgenland wesentlich höher als im übrigen Österreich. In Mörbisch überwiegt ihr Anteil sogar bei weitem jenen der Katholiken. Aus diesem Grund wurde bereits 1791 (sofort nach dem Toleranzedikt von Joseph II.) in Mörbisch ein Bethaus errichtet, die heutige neugotische Fassade und der Turm entstanden erst im 19. Jahrhundert. Das um 1330 erstmals erwähnte, ursprünglich gotische, katholische Gotteshaus wurde durch mehrere Umbauten stark verändert und vereint daher heute mehrere Baustile.

(Information: Tourismusinformation Mörbisch, Hauptstraße 23, A-7072 Mörbisch am See, Telefon: 02685/8430, Heimathaus Mörbisch, geöffnet ab Ostern tgl. außer Mo 9 – 12 u. 13 – 18 Uhr)

Römersteinbruch Sankt Margarethen

Einer der ältesten und größten Steinbrüche Europas befindet sich in St. Margarethen, im Ruster Hügelzug. Hier wurde bereits vor etwa 2000 Jahren Stein abgebaut; die Verwendung der Leithakalke und Kalksandsteine im Mittelalter wurde nachgewiesen. In späterer Zeit wurden unter anderem Steine für die Erbauung des Wiener Stephansdoms, der Hofburg oder der Staatsoper aus St. Margarethen herangezogen.

Heute befinden sich im Steinbruch eine Fossilien-Ausstellung sowie eine bemerkenswerte Freilichtbühne, auf der seit 1961 die Passionsspiele St. Margarethen aufgeführt werden. Eine Reihe anderer Attraktionen, wie zum Beispiel die „Schatzsuche" für Jung und Alt oder ein Steinmetz-Kurs werden hier ebenfalls angeboten. Von der höchsten Stelle des Hügels kann man eine prächtige Aussicht über den Neusiedler See genießen. Am Gelände des Steinbruchs findet außerdem das Europäische Bildhauersymposium statt, dessen künstlerische Ergebnisse in Form von zahlreichen Skulpturen im Freilichtmuseum besichtigt werden können.

(Information: Römersteinbruch St. Margarethen, A-7062 St. Margarethen, Telefon: 02680/2188-0)

Die Freistadt Rust

Die alte Freistadt Rust ist nicht nur der kleinste selbständige Bezirk Österreichs, sondern auch ein burgenländisches Altstadtjuwel, das einen Besuch unbedingt lohnt. Die Stadt der Störche und des Weines besitzt einen besonders malerischen Kern mit drei Kirchen und einer ganzen Reihe an sehenswerten Gebäuden. Durch die Ernennung Rusts zur Musterstadt im Europäischen Jahr des Denkmalschutzes 1975 wurde eine Renovierungswelle losgetreten, die bis zum heutigen Tage anhält. Besonders bemer-

kenswert sind etwa Teile der alten Stadtmauern aus dem 16. Jahrhundert, die Fassaden der Bauern- und Bürgerhäuser an Hauptstraße und Rathausplatz, der Adlerbrunnen am Rathausplatz und natürlich die drei Gotteshäuser der Stadt. Unter den letztgenannten stellt die profanierte ehemalige Pfarrkirche Hll. Pankratius und Ägidius, besser bekannt unter dem Namen „Fischerkirche", ein kunsthistorisches Kleinod allererster Güte dar. Die Geschichte des Bauwerks reicht bis ins 12. Jahrhundert zurück. Einige Wandteile und das 1953 entdeckte Fundament einer Apsis im Presbyterium stammen aus dieser Zeit. Mit den heute gut erhaltenen Wehranlagen bot die Kirche der Bevölkerung in Krisenzeiten Schutz und Zuflucht. Die Wandmalereien aus dem Mittelalter wurden Anfangs der 1950-er Jahre freigelegt und gelten als der reichhaltigste Freskenbestand des Burgenlandes.
(Information: Tourismusverband Rust, Conradplatz 1, A-7071 Rust, Telefon: 02685/502, Internet: www.rust.or.at, Mail: info@rust.or.at)

Historische Mühlen um Oslip

Die westlich des Ruster Hügellandes gelegenen Weinriede um den burgenlandkroatischen Ort Oslip (Uzlop) beherbergen eine Reihe historischer Mühlen, die heute teilweise revitalisiert und als Gastwirtschaften oder Veranstaltungsgebäude genutzt werden.
Die Eselsmühle erreicht man über die Mühlgasse von St. Margarethen aus. Das Gebäude wurde 1819 errichtet, die daneben befindliche Maria-Lourdes-Kapelle stammt aus dem späten 19. Jahrhundert. Schon seit vielen Jahren befindet sich in ihren Gemäuern ein beliebtes Gasthaus, wo auch wiederholt Konzerte, Ausstellungen oder sonstige Veranstaltungen stattfinden.
Am südlichen Ortsrand von Oslip steht die Storchmühle, ehemals fürstliche Dorfmühle. Die schöne barocke Hofeinfahrt zieren ein Wappen und die Nischenfigur des Heiligen Johannes Nepomuk mit zwei Engeln. Bemerkenswert ist auch der schöne Innenhof des heute als Spezialitätenrestaurant geführten Gebäudes.
Die nördlichste der drei Mühlen ist die über die Grenzen des Burgenlandes hinaus bekannte Cselleymühle. Als neu adaptiertes Veranstaltungsgelände erlebte die Mühle ab den 1980-er Jahren ein Revival und wird vor allem für Konzerte, Lesungen und Ausstellungen genutzt. Das Gebäude selbst verfügt über einen schönen Innenhof mit dem alten Taubenkobel auf einem Steinpfeiler und einem Arkadengang im Obergeschoss.

Rust *Burgenland Tourismus, Lammerhuber*

Yachtclub
1,5 m
1,4
1,0
1,2
Neusiedler See Radwanderweg
999
NP Bewahrungszone Zitzmannsdorfer Wiesen
120
Landesforstgarten
Ungerberg
Pens. Wolfram
130
Neunmahd Kpl.
128
Neusiedler (Zitzmannsdorfer) Wiesen
Podersdorfer Schoppen
Viehhüter
118
Seewinkel Weinstraße
Wiesenäcker
124
B23
Siebenmodehügel
122
123
Zwergacker
gelb
Rohlußt
Innere-
Hochlußt
Hofertl
B24
Außere-
Untere Pahlen
119
Natur u. Tierlehrpfad
Motorboot-station
115
Heimatmuseum
Podersdorf am See
Edelsgründe
Windmühle
Rochuskapelle
Mühlsatz
Sandgrube
Georgshof
Podersdorfer
Großfeld
B20
Hollebühel
Lackenradweg
Zeiselfeld
Söllneräcker
Grundlacke
Althof
Heide

Setzlußt
Dreijochäcker
148
Weinlehrpfad
159
Schafleiten
Gols
(130)
Erlebnisbad
Volksfestgelände
Kurzberg
Holzäcker
156
150
Birkenhof
126
Kreuzkapelle
154
gelb
B23
Kneippkurheim
Marienkron
Kloster
Mönchhof
(131)
132
Dorfmuseum
Kulturradwanderweg
Kaiserberg
Schloss Halbturn
130
Hst.
Wiesen
Bhf. Mönchhof-Halbturn
Sandgrube
Halbturn
123
125
Wiesenäcker
125
Sandgrube
124
124
125
125
B23
Kulturradwanderweg
Rotes Kreuz
907
Äußere-
Sandgrube
Langäcker
Weißes Kreuz
125
125
Grundäcker
B23
4
124
Innere-
Bhf.
Wahnlkreuz
126
Türkenhügel
Rochuskapelle
Wahlfahrtskirche
124
Frauenkirchen
(124)
Weingut
Grabenäcker
122
122
Lackenäcker
907

PODERSDORF · FRAUENKIRCHEN

Podersdorf am See

Der Neusiedler See ist bekanntlich von einem dichten Schilfgürtel umgeben, der lediglich an einer einzigen Stelle bei Podersdorf unterbrochen ist. Damit bieten sich hier die besten Wassersportmöglichkeiten am gesamten Seeufer und diese werden jeden Sommer von zahlreichen Gästen, vor allem aus der Bundeshauptstadt Wien, genutzt. Als touristisches Zentrum am Neusiedler See gibt es hier mehr Unterkunftsmöglichkeiten als in irgendeinem anderen Ort der Region. Das gleiche gilt auch für die Freizeitmöglichkeiten mit Strandbädern, Cafés, Rad- u. Bootsvereihstellen, Restaurants und Tanzbars.

Kulturell hat der Ort weit weniger zu bieten, doch wer etwas sucht, wird hier trotzdem schnell fündig. Besondere Aufmerksamkeit verdient die alte Windmühle in der Mühlstraße Richtung Illmitz. Die aus Bruchstein und Ziegeln gemauerte Mühle wurde Ende der 1970-er Jahre restauriert und zeigt, wie alternative Energie schon vor langer Zeit eingesetzt wurde.

Der Natur- u. Tierlehrpfad an der Strandpromenade verdankt seine Besonderheit dem Schneckenreservat, welches vor allem für die 1973 hier ausgesetzte, höchst seltene Heideschnecke errichtet wurde. Neben diesem Themenweg für Wanderer und Spaziergänger bietet die Umgebung von Podersdorf ein ideales Terrain zum Radfahren. Verschiedene Radwege, wie der Neusiedler See-Radwanderweg oder der Lackenradweg durchziehen den Ort und sein ländliches Umfeld.

(Information: Tourismusinformation Podersdorf, Hauptstraße 2, A-7141 Podersdorf am See, Telefon: 02177/2227, Internet: www.podersdorfamsee.at, Mail: info@podersdorfamsee.at)

Schloss Halbturn

Nördlich von Halbturn befindet sich das gleichnamige Schloss, umgeben von seinem prächtigen, weitläufigen Park. Es wurde Anfang des 18. Jahrhunderts von Lucas von Hildebrandt erbaut und anschließend vom damaligen Regenten Kaiser Karl VI als Jagd- und Sommerresidenz genützt. Maria Theresia, dessen Tochter, die das Anwesen von ihrem Vater geerbt hatte, schenkte es wiederum ihrer Tochter, Erzherzogin Marie Christine zur Hochzeit. So wurde der Grundstein dafür gelegt, dass sich das Schloss bis heute im Eigentum des ehemaligen Großadels befindet.

Im Laufe der Jahrhunderte wurden immer wieder kleinere Erneuerungen und Renovierungen durchgeführt. Ein schwerer Brand im Jahr 1949 zerstörte weite Teile des Schlosses. Mit Hilfe von Bund und Land konnte es jedoch bald wieder aufgebaut werden. Im Jahr 1971 wurde mit umfassenden Renovierungsarbeiten begonnen, seit 1974 ist das Schloss zugänglich und wurde bald zu einem der meistbesuchten Ausflugsziele des Burgenlandes.

Ein Schloss-Restaurant, eine Schlosskellerei, der prächtige Park und nicht zuletzt die zahlreichen Ausstellungen und Schlosskonzerte locken Jahr für Jahr eine Reihe von Besuchern an. Heutiger Besitzer ist ein direkter Nachkomme der erzherzoglichen Familie, Baron Paul Waldbott-Bassenheim.

(Information: Kulturverein Schloss Halbturn, Parkstraße 4, A-7131 Halbturn, Telefon: 02172/8594, Internet: www.schlosshalbturn.at, Mail: kulturverein@schlosshalbturn.at)

Wallfahrtsbasilika Frauenkirchen

An der Stelle der heutigen Wallfahrtskirche Mariä Geburt wurde schon um 1324 erstmals ein Gotteshaus erwähnt. Dieses wurde im Jahr 1529 im Zuge der Türkenbelagerung zerstört, erst im Jahr 1668 neu errichtet und gegen Ende des 17. Jahrhunderts von den Türken erneut vollständig demoliert. Der anschließend errichtete Neubau war allerdings zu klein für die zahlreichen Wallfahrer, die nach Frauenkirchen pilgerten. Da auch der Ort selbst schwer beschädigt worden war, beschloss Familie Esterházy, ab 1622 Besitzer des Ortes, Kirche und Ort neu aufzubauen. 1702 konnte der schöne, von Francesco Martinelli errichtete Barockbau bereits geweiht werden.

Der barocke Kirchenraum gilt aufgrund der Einheit von Bau, Ausstattung und Einrichtung als schönster des gesamten Burgenlandes. Prächtige Fresken von Luca Antonio Columba und reiche Stuckdekoration von Pieto Ant Conti zieren das Innere.

Am Hauptaltar kann man die aus Lindenholz geschnitzte Gnadenstatue der Muttergottes, die im Jahr 1661 feierlich von Forchtenstein nach Frauenkirchen überführt worden war, sehen. Eine Renovierung der Kirche fand Mitte des 20. Jahrhunderts statt. In den beiden Grüften unterhalb der Basilika sind zum einen Ordensmitglieder, zum anderen Mitglieder der Famillie Esterházy bestattet.

Zitzmannsdorfer Wiesen

Nördlich von Podersdorf erstrecken sich die zum Nationalpark Neusiedlersee-Seewinkel gehörigen Zitzmannsdorfer Wiesen. Als bedeutendes Rückzugsgebiet für die seltene Tier- und Pflanzenwelt der pannonischen Region in Österreich wurden die Wiesen als Nationalpark-Bewahrungszone ausgewiesen und stehen demnach unter strengem Naturschutz. Für Besucher bedeutet das ein Wegegebot, das heißt, dass die bezeichneten Fuß- und Radwege aus Rücksicht auf das empfindliche Ökosystem nicht verlassen werden dürfen.

Die Grassteppe wurde früher als Weidefläche von riesigen Rinderherden genutzt, die vom Seewinkel oder aus dem benachbarten Ungarn nach Wien getrieben wurden. Als Hutweide-Region beherbergen die Zitzmannsdorfer Wiesen heute Seltenheiten wie den Schlitzblättrigen Wermut (einziges Vorkommen Europas!), die Bergeidechse oder den Großen Brachvogel. Der bis vor kurzem ebenfalls noch hier lebende Wiesenotter ist leider seit kurzem verschollen.

Durch die Bewahrungszone Zitzmannsdorfer Wiesen führen ein beschilderter Wanderweg sowie der Neusiedlersee-Radwanderweg.

Wallfahrtskirche Frauenkirchen *Burgenland Tourismus, Lammerhuber*

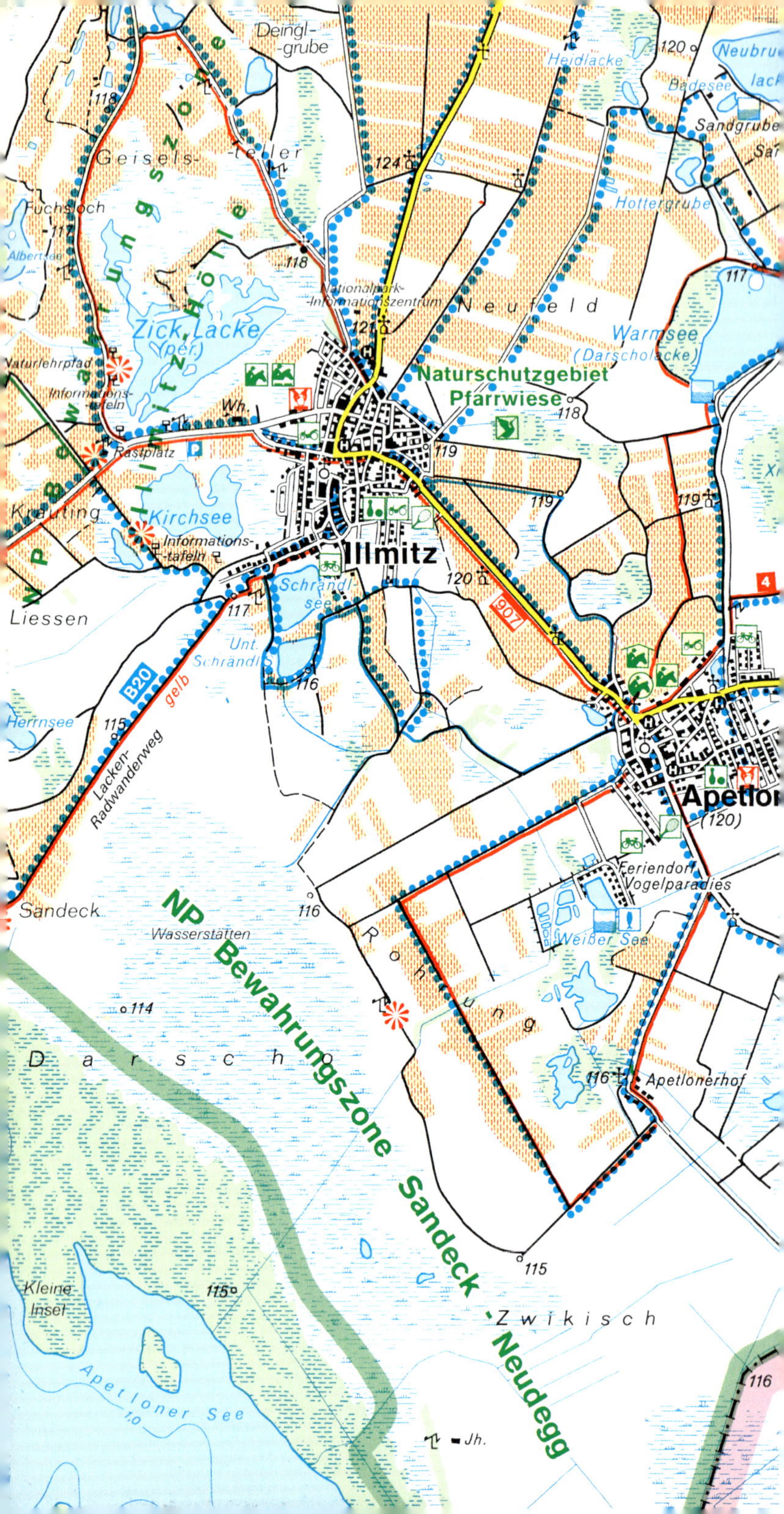

Deingl-grube
Heidlacke
120
Badesee
Sandgrube
Geisels-teller
118
124
Fuchsloch
117
Albertsee
Hottergrube
118
Nationalpark-Informationszentrum
Neufeld
117
Zick Lacke (per.)
121
Warmsee (Darscholacke)
Naturlehrpfad
Naturschutzgebiet Pfarrwiese
Informations-tafeln
Wh.
118
Rastplatz
119
NP Bewahrungszone Illmitz-Hölle
Kirchsee
119
119
Krauting
Informations-tafeln
Illmitz
120
4
Schrandl-see
907
Liessen
117
Unt. Schrandl
B20
gelb
116
Herrnsee
115
Lacken-Radwanderweg
Apetlon (120)
Feriendorf Vogelparadies
Sandeck
NP Bewahrungszone Sandeck - Neudegg
116
Wasserstätten
Rohrung
Weißer See
114
Darscho
116
Apetlonerhof
115
Zwikisch
Kleine Insel
115
Apetloner See
1,0
Jh.
116

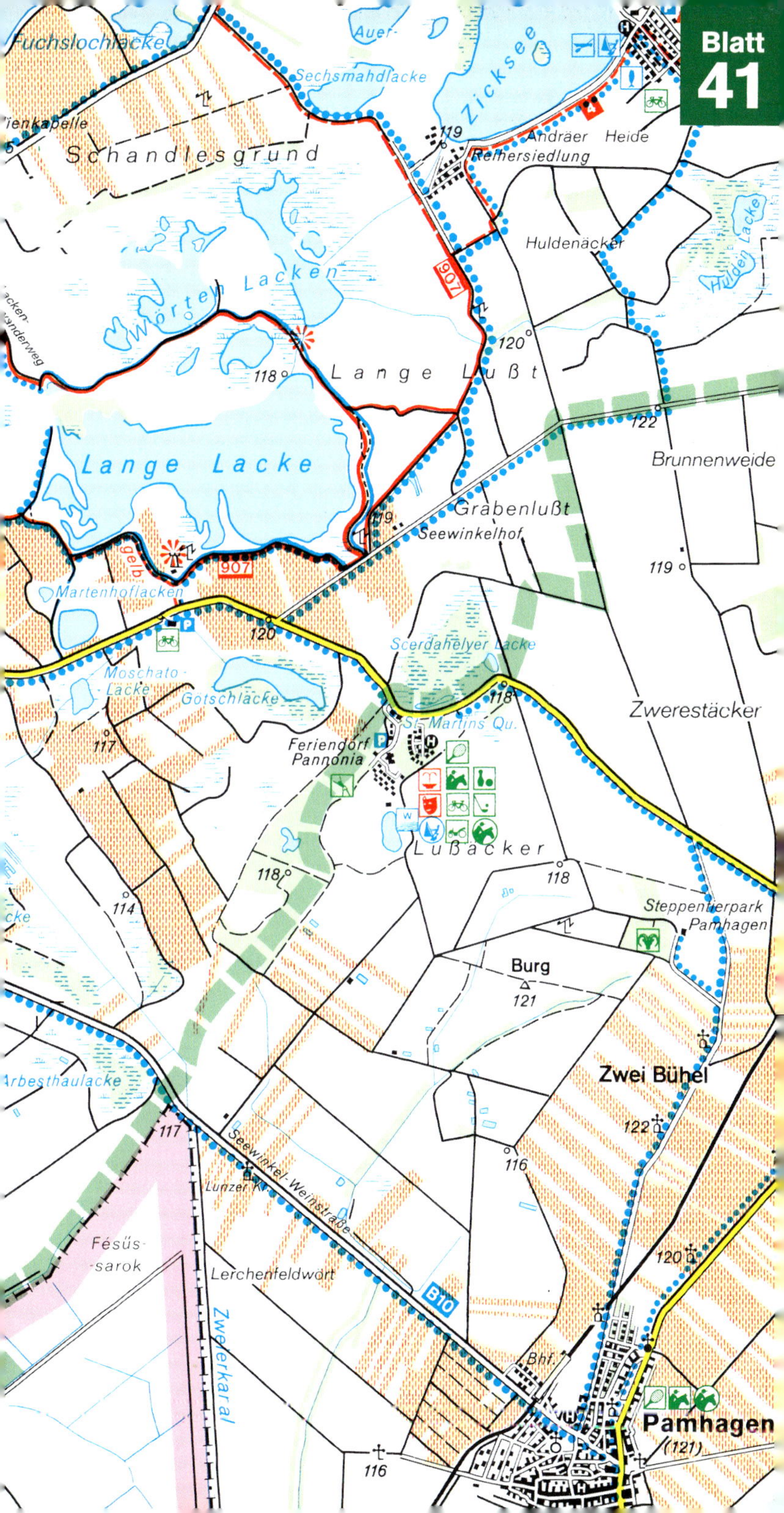
Blatt
41
Fuchslochlacke
Auer-
Sechsmahdlacke
Zicksee
Andräer Heide
Reihersiedlung
Schandlesgrund
Wörten Lacken
Huldenäcker
Hulden Lacke
907
Lange Lußt
Lange Lacke
Brunnenweide
Grabenlußt
Seewinkelhof
gelb
Martenhoflacken
Moschato-Lacke
Götschlacke
Scerdahelyer Lacke
St. Martins Qu.
Feriendorf Pannonia
Zwerestäcker
Lußäcker
Steppentierpark Pamhagen
Burg
Zwei Bühel
Arbesthaulacke
Seewinkel-Weinstraße
Lunzer Kr.
Fésűs-sarok
Lerchenfeldwört
B10
Zweierkanal
Bhf.
Pamhagen
(121)

Blatt 41

SEEWINKEL · LANGE LACKE

Nationalpark Neusiedler See - Seewinkel

Im Jahr 1987 wurde mit der Planung des Nationalparks Neusiedler See - Seewinkel begonnen. Umweltschützer und Wissenschafter waren schon lange davor darum bemüht gewesen, das Gebiet am Ostufer des Neusiedler Sees und im Gebiet der Seewinkellacken sowie das Südufer in Ungarn und den Hanság unter Schutz stellen zu lassen. Bei der Umsetzung arbeiteten Österreich und Ungarn eng zusammen, was sich auf die Freundschaftspolitik der beiden Länder durchaus positiv auswirkte. Mehrere Jahre dauerten die Verhandlungen mit den betroffenen privaten Grundbesitzern und den Gemeinden, bis schließlich im Jahr 1993 das Nationalparkgesetz beschlossen wurde. Im Jahr 1994 folgte die „offizielle" Eröffnung.

Etwa 4.000 Hektar umfasst das heute unter Schutz stehende, grenzüberschreitende Gebiet rund um den Neusiedlersee. Der für den Besucher begehbare Teil ist geprägt von kleinen, salzhaltigen, periodisch austrocknenden Seen, den sogenannten „Lacken". Schilfflächen und weite Wiesen nehmen den Rest der Fläche ein. In der Steppenlandschaft herrscht pannonisches Klima, das für die trockenen Sommer verantwortlich ist. Im Widerspruch dazu steht die große Feuchtigkeit, die im Park herrscht. Diese wird durch die wasserundurchlässige Schicht unter den sandig-humosen Böden verursacht – hier kann das Regenwasser nicht abfließen und sammelt sich somit an der Oberfläche, wodurch die bereits erwähnten „Lacken" entstehen.

Da somit im Nationalpark mehrere Klimazonen aufeinander treffen, finden sich hier die unterschiedlichsten Tier- und Pflanzenarten. Sowohl Lebewesen aus Alpenregionen, als auch aus den östlich anschließenden Steppenzonen können hier einen geeigneten Lebensraum finden.

Die zahlreichsten Bewohner des Nationalparks stellen einwandfrei die Vögel dar. Gänse, Störche, Greifvögel und Reiher bringen Leben in die Landschaft. Vor allem als Rastplatz für Zugvögel und als Überwinterungsgebiet nimmt der Nationalpark Neusiedler See eine wichtige Stellung in Europa ein. Aber auch für Forscher und Wissenschafter stellt die Landschaft einen beliebten „Aufenthaltsraum" dar. Zahlreiche Untersuchungen werden hier durchgeführt.

Der südliche Teil des Neusiedler Sees, nahe der ungarischen Grenze ist als Naturzone ausgewiesen. Hier ist jegliche landwirtschaftliche, jagdmäßige oder ähnliche Nutzung strikt untersagt. Sogar das Betreten dieser Zone ist verboten. Im für den Besucher zugänglichen Teil ist darauf zu achten, einige Verhaltensregeln zu befolgen, um das schöne Naturgebiet noch lange aufrechtzuerhalten.

Steppentierpark Pamhagen

Nördlich von Pamhagen erstreckt sich der 13 Hektar große Steppentierpark inmitten des Seewinkels. In diesem einzigartigen Steppengebiet Österreichs begann man in den 1970-er Jahren, einen kleinen privaten Tierpark zu schaffen. Mittlerweile wurde daraus

Neusiedlersee *Burgenland Tourismus, Lammerhuber*

ein recht stattlicher Tier- und Erlebnispark mit rund 50 Tierarten, die zum Teil woanders nur selten beobachtet werden können. Auch gefährdete Tiere wie Luchse, Braunbären, Wölfe oder Steppenpferde bekommt man hier zu Gesicht. Aufgrund der ausgedehnten Fläche haben die Tiere anders als in so manchem Stadtzoo genug Auslauf und Freiraum und können daher auch ihre natürlichen Verhaltensweisen besser ausleben. Füttern ist hier erlaubt, was vor allem die Kinder freut und zur Attraktivität des Parks beiträgt. Im einzigen Steppentierpark Österreichs tummeln sich oft auch viele Schulkinder mit ihren Lehrern, denn was gibt es besseres, als einen Naturkundeunterricht im Freien. Auch typische alte Haustierrassen der Steppengebiete Ungarns und des Burgenlandes können hier fernab jeglichen wirtschaftlichen Kosten-Nutzen-Denkens der modernen Landwirtschaft gehalten werden und so spaziert man bei der Wanderung durch den Park unter anderem auch an Ungarischen Steppenrindern, Zackelschafen, Steppenpferden und Wollschweinen vorbei.
(geöffnet: 1. März – 31. Oktober tgl. 9–18 Uhr, Information: Steppentierpark Pamhagen, A-7152 Pamhagen, Telefon: 02174/2489 od. 02174/2191, Internet: www.steppentierpark.at, Mail: steppentierpark@newsclub.at)

Apetlon und die Lange Lacke

Apetlon kann als Zwillingsdorf von Illmitz bezeichnet werden. Beide Seewinkelorte verfügen über ein ähnlich attraktives Ortsbild und sind ideale Ausgangspunkte für Erkundungen in den Naturschutzgebieten des Seewinkels. Apetlon verfügt mit der Nationalpark-Bewahrungszone „Lange Lacke" über eines der bedeutendsten Vogelschutzgebiete Mitteleuropas und ist schon alleine deshalb das ideale Urlaubs- und Ausflugsziel für Naturliebhaber. Von einem Aussichtsturm aus lassen sich unzählige Vogelarten während der Brutsaison und während der Überwinterungsphase beobachten, ohne die Tiere dabei zu stören. Ein eigener Lacken-Radwanderweg und eine Wanderroute umgeben das stark salzhaltige Gewässer, wodurch ein besonders intensiver Naturkontakt ermöglicht wird. Kutschenfahrten werden angeboten, sodass man sogar ohne eigene Anstrengung die Natur genießen kann.
Der Ort Apetlon weist noch eine Reihe schöner alter Bauernhöfe auf. Beispielhaft sei hier das Ensemble am Raiffeisenplatz (Nr. 3–5) erwähnt, welches über barocke Volutengiebel und Schilfrohrdeckung verfügt. Die Pfarrkirche ist ebenfalls einen Besuch wert. Sie enthält unter anderem einen bemerkenswerten Hochaltar mit dem Altarbild der Hl. Margarethe sowie einen sehr schönen Seitenaltar mit dem Gnadenbild der Schwarzen Madonna. Nahe des WWF-Zentrums „Lange Lacke" befinden sich außerdem ein typischer Seewinkel-Ziehbrunnen und eine rohrgedeckte Hütte – ein klassischeres Fotomotiv für diese Region ist kaum vorstellbar.
(Information: Tourismusinformation Apetlon, Kirchengasse 1, A-7143 Apetlon, Telefon: 02175/24043, Internet: www.tiscover.at/apetlon, Mail: apetlon.tourism@aon.at)

Das Seewinkel-Dorf Illmitz

Der idyllische Ort Illmitz und seine Umgebung gelten als Inbegriff des Seewinkels und ziehen alljährlich zahlreiche Gäste in das Dorf. Illmitz bestand ursprünglich aus den selbständigen Ortsteilen Unterillmitz und Oberillmitz, die erst 1905 zu einer gemeinsamen Gemeinde vereinigt wurden. Dass der Ort schon seit Jahrtausenden besiedelt ist, beweisen zahlreiche Funde aus der Jungsteinzeit und aus der Römerzeit. Im Jahr 1932 wurde ein urnenfeldzeitliches Grab freigelegt, welches ein sogenanntes „Seelenloch" aufgewiesen hat. In den späten 1950-er Jahren folgte der Fund eines Mithras-Altars aus dem 2. Jahrhundert n.Chr. Wesentlich jüngeren Datums, aber nicht weniger bemerkenswert, sind die erhaltenen schilfrohrgedeckten Bauernhäuser, die als Heimatmuseum adaptiert wurden und das klischeehafte Bild des Burgenlandes in einzigartiger Weise wiedergeben. Besonders attraktiv wirkt die barocke Fassade des über 250 Jahre alten Hauses in der Florianigasse 8 mit einem reetgedeckten Dach. Zweifellos zählt es zu den schönsten und besterhaltenen Häusern des gesamten Burgenlandes. Weitere schöne Häuser kann man in der Oberen Hauptstraße und in der Unteren Hauptstraße entdecken. Der alte Ziehbrunnen am Ortsende Richtung Neusiedler See ist eine Erwähnung wert und gehört zum Bild des Seewinkels wie die vielen Vögel, die rund um Illmitz ihren einzigartigen Lebensraum finden.
(Information: Tourismusinformation Illmitz, Obere Hauptstraße 2-4, A-7142 Illmitz, Telefon: 02175/2383, Internet: www.tiscover.at/illmitz, Mail: illmitz@illmitz.co.at)

Waldsauerbrunn
433
Rainbach
Schind
-mü
W u r z w a l d
492
Grenzgraben
Burgenland-Weitwanderweg
Raffeld
Kobers
Waldmühle
Dachsriegel
Sommerhäuser
655
B10
Basaltwerk
Pauliberg
761
gelb
Hegnauerbrundl
568
Jh.
475
907
RW BW
729
Schwarzenberg
516
L a n d s e e r B e r g e
N a t u r p a r k
Judensteig
T a n n w a l d
902
Neumühle
Kohlgraben
RW BW
745
451
Klosterberg
R. Landsee
Landsee
(627)
Mida Huber Haus
Heidriegel
659
443
Kreuzkapelle
Pfefferriegel
632
Filzwiese
BW
RW
902
907
501
Steinernes Stück
570
Blumau
427
606
U r b a
416
Triftwald
D1
411
gelb
497
539
Weißes Kreuz
Zarriegel
Rabnitz
Tannbichl
621
Jh.
430
401
Mautsteigb.
Bei der Eiche
907
H o f s t a t t
Reh-bauern
Paukova
D1
D2
391
Geißmühle
RW BW
Herz-Jesu-Kpl.
386
D2
gelb
Dreifaltigkeits Kpl.
431
Lembach
(505)
475
414
Weingrabe
Wiedmanns
D2
Bajngrob
Zottl
384
Kläran
380

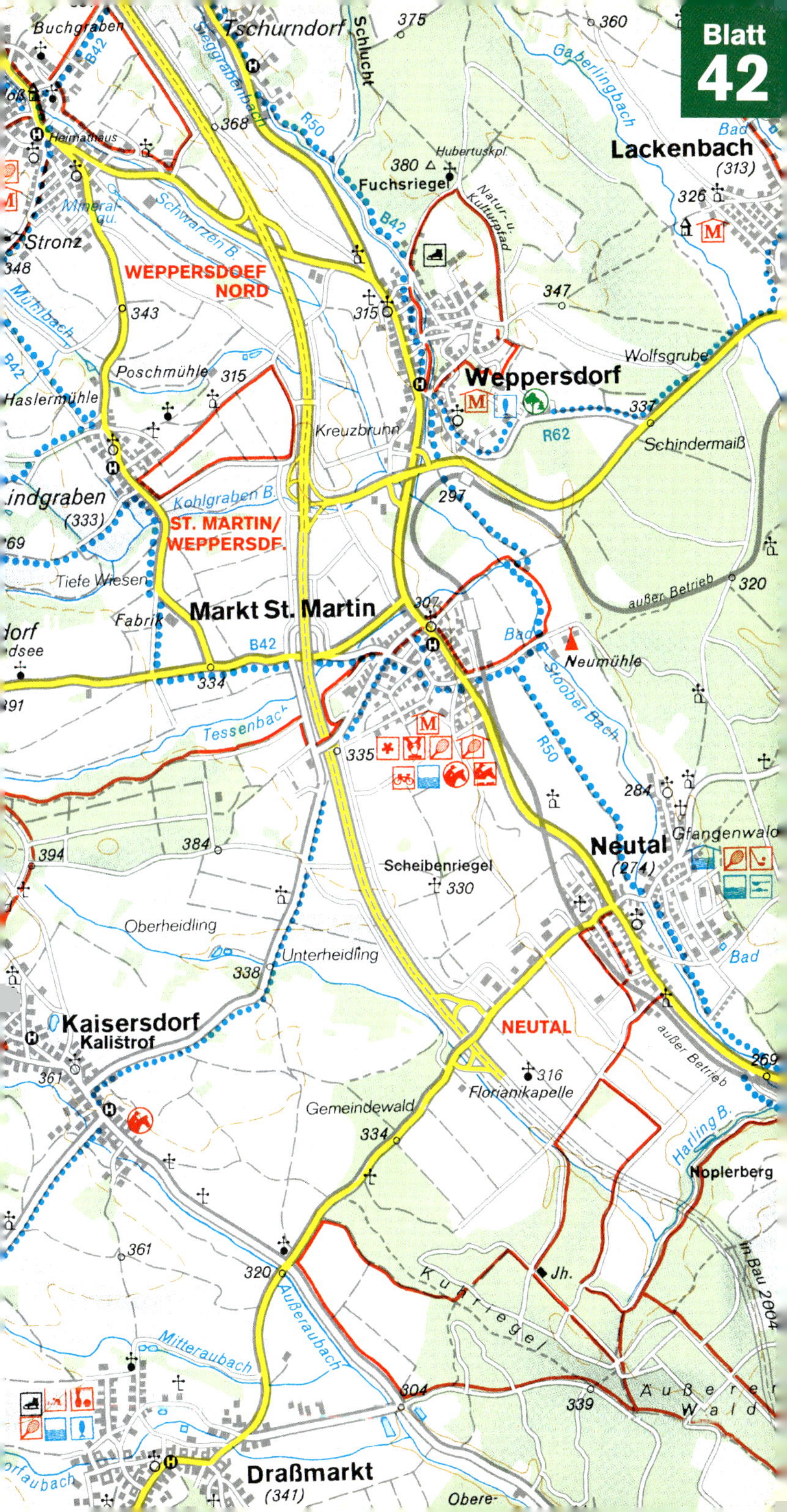
Blatt 42
Tschurndorf
Buchgraben
Heimathaus
Schlucht
Sieggrabenbach
375
360
Gaberlingbach
Bad
Lackenbach
(313)
326
368
R50
Hubertuskpl.
380
Fuchsriegel
Natur- u. Kulturpfad
B42
Mineral-qu.
Schwarzen B.
Stronz
348
WEPPERSDOEF NORD
347
315
343
Mühlbach
Wolfsgrube
Poschmühle
315
Weppersdorf
Haslermühle
337
Kreuzbrunn
R62
Schindermaiß
Lindgraben
(333)
Kohlgraben B.
297
ST. MARTIN/ WEPPERSDF.
Tiefe Wiesen
außer Betrieb
320
Markt St. Martin
307
Fabrik
Bad
Neumühle
B42
334
Stoober Bach
Tessenbach
R50
335
284
394
384
Neutal
(274)
Gfangenwald
Scheibenriegel
330
Oberheidling
Bad
Unterheidling
338
Kaisersdorf
Kalistrof
NEUTAL
außer Betrieb
361
269
316
Florianikapelle
Gemeindewald
Harling B.
334
Noplerberg
361
in Bau 2004
Jh.
320
Kuhriegel
Außeraubach
Mitteraubach
304
Äußerer Wald
339
Draßmarkt
(341)
Obere-

KOBERSDORF · LANDSEE

Heimathaus Kobersdorf

Das Kobersdorfer Heimathaus beherbergt ein interessantes Lokalmuseum, in welchem vor allem der abwechslungsreichen Ortsgeschichte und der bäuerlichen Lebensweise vergangener Zeiten breiter Raum gewidmet wird. Das Museum ist in einem ehemaligen ungarischen Zollamtsgebäude untergebracht, welches im typischen burgenländischen Laubenhausstil errichtet wurde. Entsprechend der Ausrichtung des Museums sind hier vor allem bäuerliche Gerätschaften und Einrichtungsgegenstände zu sehen. Sehr interessant sind etwa die originalgetreu ausgestattete Schlafwohnstube und die früher in fast allen landwirtschaftlich tätigen Familien übliche Rauchküche.
(geöffnet: Mai – Okt. Mi 10–16 u. So 11–12 Uhr, sonst nach Voranmeldung; Information: Heimathaus Kobersdorf, Waldgasse 15, A-7332 Kobersdorf, Telefon: 02618/8200 od. 02618/8108)

Schloss Kobersdorf *ÖW/Mayer*

Schloss Kobersdorf

Die Schlossanlage Kobersdorf zählt zu den bedeutendsten im Burgenland und wurde bereits im 13. Jahrhundert urkundlich erwähnt. Für das heutige Aussehen des Schlosses zeichnet in erster Linie Graf Johann Kéry verantwortlich, der sich Mitte des 17. Jahrhundert als Besitzer des Bauwerks seinen Traum von einem eigenen Wasserschloss durch einen großzügigen Umbau erfüllte. Heute präsentiert sich das Schloss als eine mächtige, vom ehemaligen Wassergraben umgebene Anlage, an deren Nordseite eine Brücke über den Graben führt. Leider verwahrloste das Schloss besonders in der ersten Hälfte des 20. Jahrhunderts und der Zweite Weltkrieg führte unter anderem zur

Zerstörung der prächtigen Stuckdekore in den ehemaligen Prunkräumen. Ab 1963 wurde das Wasserschloss von den neuen Privatbesitzern aufwändig renoviert, sodass es heute wieder eine bedeutende Attraktion des Mittelburgenlandes darstellt. Bemerkenswert sind heute zum Beispiel der arkadengesäumte Innenhof und der mächtige Vorhof mit einer kleinen Kapelle.
Seit 1972 finden im Schloss jährlich im Juli Theateraufführungen im Rahmen der Kobersdorfer Schlossfestspiele statt. In erster Linie stehen dabei Komödien auf dem Spielplan.
(Information: Schloss Kobersdorf, A-7332 Kobersdorf, Telefon: 02618/8230 od. 02618/8267, Infos zu Schlossfestspielen Kobersdorf unter der Tel.Nr. 02682/66211, Internet: www.kobersdorf.at, Mail: schlosskobersdorf@Eunet.at)

Mida Huber-Haus

Literaturfreunden wird Mida Huber möglicherweise ein Begriff sein. Sie war eine der vielseitigsten Heimatdichterinnen des Burgenlandes und ist im alten Friedhof bei der Ruine Landsee begraben. Anlässlich ihres 100. Geburtstages wurde 1977 in ihrem ehemaligen Wohnhaus eine Gedächtnisstätte eingerichtet, die das Schaffenswerk der Mida Huber präsentiert. Neben den literarischen Werken sind in der original eingerichteten Wohnstätte Trachtenpuppen, Bilder und Lieder der Künstlerin ausgestellt.
Wer sich nach oder vor dem Besuch der Gedenkstätte näher mit der Literatur von Mida Huber beschäftigen möchte, dem sei das Buch „Wenn der Weg vergrast", erhältlich im Pannonia Verlag Oberpullendorf, zur Lektüre empfohlen.
(Schlüssel im Gasthaus Hofer, Landsee 17, A-7341 Landsee, Telefon: 02618/7201)

Ruine Landsee

Wer glaubt, das Burgenland sei ein flacher Vorposten der Ungarischen Tiefebene, der hat damit nur sehr bedingt recht. Immerhin liegt zum Beispiel der nahe an der niederösterreichischen Grenze befindliche Ort Landsee in einer Höhe von 627 Metern über dem Meer! Ganz in der Nähe dieses burgenländischen „Bergdorfes", zwischen Heidriegel und Pauliberg, in beherrschender Lage auf einem Felsen, liegt die Burgruine Landsee. Nach Meinung vieler Burgenexperten ist sie die größte ihrer Art in Mitteleuropa. Erbaut wurde die Anlage vermutlich im 13. Jahrhundert. Sie diente der Umgebung als Schutz vor Feinden aus dem Osten. Im Jahr 1612 gelangte die Burg nach einer Reihe von wechselnden Besitzern an Nikolaus Esterházy und steht bis heute im Besitz des berühmten ehemaligen burgenländischen Adelsgeschlechtes.
Während des 16. und 17. Jahrhunderts begann man unter Paul Esterházy damit, Ausbauarbeiten durchzuführen. Brände im 18. Jahrhundert führten zur Zerstörung und in weiterer Folge zum Verfall der Festung. Die heutige Ruine besitzt allerdings immer noch sehr viel von ihrer einst mächtigen Erscheinung.
Im westlichen Teil wird der spätgotische Hof der Hochburg von einem Wohnturm, auch Donjon genannt, bestimmt. Östlich kann man Flügelbauten aus dem 17. Jahrhundert erkennen. An den ehemaligen Wohnbauten kann man Stuckreste aus dem 17. und 18. Jahrhundert finden. Vier Befestigungsringe umgeben die Burg.
Dank der Initiative eines privaten Verschönerungsvereins bemühte man sich um die Erhaltung bzw. Wiederinstandsetzung der Burg. Heute ist es möglich, die Anlage auf sicherem Wege zu betreten. Auch eine Aussichtsplattform wurde am höchsten Punkt des Donjons eingerichtet.
(Führungen nach telefonischer Voranmeldung unter Telefon: 02618/7223 oder 02618/7224)

Der Pauliberg – ein österreichischer Vulkan

Ätna, Vesuv oder Stromboli – diese Namen fallen wohl jedem ein, der nach bekannten europäischen Vulkanen gefragt wird. Nun liegen diese markanten Zeugen der ständig vorhandenen Aktivitäten im Erdinneren allesamt nicht in Österreich und doch gibt es auch hier Vulkane wie der Pauliberg bei Kobersdorf. Natürlich sind diese längst nicht mehr aktiv und in geschichtlicher Zeit konnte kein Ausbruch mehr verzeichnet werden. Die warmen Quellen entlang der ostösterreichischen Thermenlinie geben aber auch heute noch Hinweise auf die geologischen Besonderheiten dieser Region.
(Information: Marktgemeinde Kobersdorf, Hauptstraße 38, A-7332 Kobersdorf, Telefon: 02618/8200)

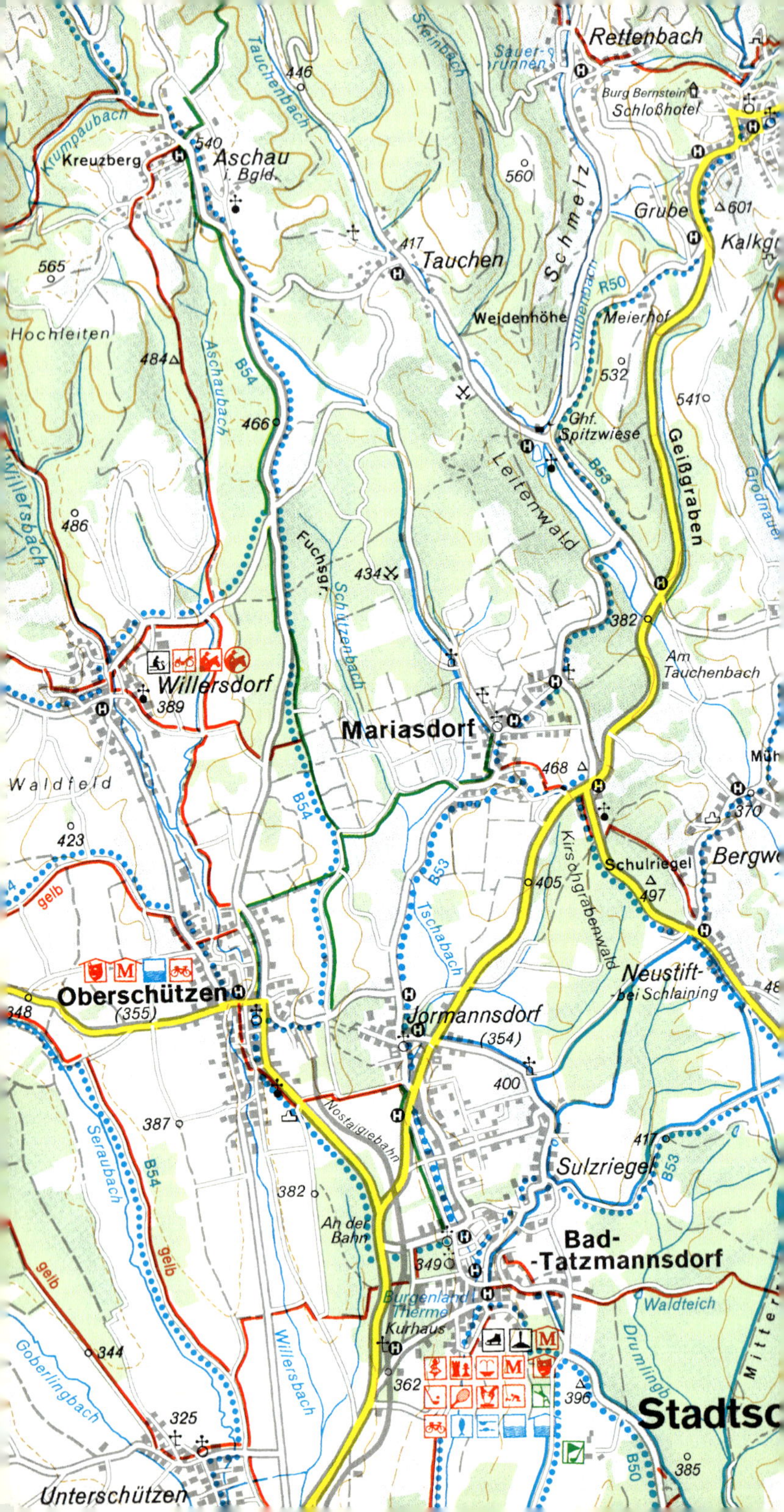

Rettenbach
Sauerbrunnen
Steinbach
Tauchenbach
446
Burg Bernstein
Schloßhotel
Krumpaubach
Kreuzberg
540
Aschau
i. Bgld.
560
Grube
601
565
417
Tauchen
Schmelz
Stubenbach
R50
Hochleiten
Weidenhöhe
Meierhof
484
Aschaubach
B54
532
541
466
Ghf.
Spitzwiese
Leitenwald
B53
Geißgraben
Willersbach
486
Fuchsgr.
Schützenbach
434
382
Am
Tauchenbach
Willersdorf
389
Mariasdorf
Waldfeld
468
370
423
B54
Schulriegel
497
Kirschgrabenwald
405
gelb
B53
Tschabach
Neustift-
-bei Schlaining
Oberschützen
(355)
348
Jormannsdorf
(354)
400
387
Nostalgiebahn
417
Seraubach
B54
Sulzriegel
B53
382
An der
Bahn
Bad-
-Tatzmannsdorf
349
gelb
gelb
Burgenland
Therme
Kurhaus
Waldteich
344
Goberlingbach
362
396
Willersbach
325
B50
385
Unterschützen

Blatt
43
Buchschachen
Joseph Haydn
Hofmeister
Minichgr.
424
479
Salmannsdorf
Güns
454
617
Totenhaupt-
-wiesen
Langau
Langauer Bach
579
Zwickel
447
Günseck
B53
Ober-
-hasel
Unter-
Holzschlag
(502)
B56
Grusaubach
509
Winkelgraben
Unter-
kohlstätten
(503)
506
Dürrenriegel
B56
Waldmühle
556
500
Unterkohlstättner B.
Hinterleiten
Langriegel
529
Oberkohlstätten
Steinwandriegel
Reitboden
543
499
Pfaffenberg
384
Goberling
Glashütten-
-bei Schlaining
504
500
B56
Glasbach
Königsbrunn B.
436
Schlag Gr.
Sauerbrunn
Kohlstattwiesen
Stierbach
Hendlstein
Königs-
brunnen
Glasbach
572
Antimonbergwerk
Kurth B.
633
Kl. Plischa
638
Birkenwald
345
Kurthwald
Kersch Gr.
Großer Wald
Schönau
437
339
408
Stb.
465
Dornauer B.
Rauhriegel
Rorigljin
449
409
Burg Schlaining
Burgtaverne
Dragabach
406
Mönchmeierhof
Marof

Blatt 43

BERNSTEIN · STADTSCHLAINING

Burg Bernstein

Die erste Befestigungsanlage hoch über Bernstein wurde im 12. Jahrhundert zum Schutz vor Feinden errichtet. Der Ausbau zu einem sehenswerten Landsitz erfolgte durch die Familie Kanizsai. Diese besaß die Burg ab 1388 ein Jahrhundert lang. Die anschließenden Besitzer, die Ritter von Königsberg, ließen die Anlage zu einer mächtigen Festung umbauen. Naturkatastrophen und Kriege führten zu schweren Zerstörungen, sodass Mitte des 16. Jahrhunderts und später im 17. Jahrhundert immer wieder Neubauten notwendig waren. Ab 1644 besaß die Familie Betthyány Burg Bernstein und seit 1892 steht sie im Eigentum der Familie Almásy. Erwähnenswert ist in diesem Zusammenhang, dass auf dieser Burg der Abenteurer Ladislaus Almásy geboren wurde, dessen Lebensgeschichte für den mehrfach oskargekrönten Film "Der englische Patient" als Vorlage diente. Seit dem Jahr 1953 befindet sich in der Burg ein Hotel-Restaurant von überregionaler Bedeutung. Im Zuge einer Besichtigung ist der Rittersaal besonders sehenswert und auch für nicht im Hotel wohnende Gäste geöffnet. Er entstand im 17. Jahrhundert unter Graf Adam Betthyány und ist sowohl an den Wänden, als auch an den Decken reich mit Stuck ausgestattet.

(Rittersaal geöffnet: Ostern bis Sept. tägl. 9-17 Uhr; Information: Schlosshotel Bernstein, Schlossweg 1, A-7434 Bernstein, Telefon: 03354/6382)

Burgenland-Therme Bad Tatzmannsdorf

Die Therme Bad Tatzmannsdorf zählt zu den bedeutendsten ihrer Art in Österreich und ist auch der touristische Hauptanziehungspunkt des mittleren Burgenlandes. Das Kur- und Thermenhotel liegt in absoluter Grünruhelage am Rand von Bad Tatzmannsdorf. Der Ort bietet drei natürliche Heilvorkommen: Kohlensäure, Moor und Thermalwasser. Durchblutungsstörungen, Erkrankungen der Herzkranzgefäße, Abnützungserscheinungen von Gelenken und der Wirbelsäule, Rheuma, Osteoporose und andere Leiden werden durch diese natürlichen Mittel, zum Beispiel in Form eines Kohlensäurebades oder einer Moorpackung gelindert. Unterstützend wirken dabei Zusatztherapien wie Massagen, Elektrotherapien oder Heilgymnastik. Im Erlebnisbereich wartet das Kur- und Thermenhotel Bad Tatzmannsdorf mit einigen Attraktionen auf: Erlebnisduschen, Whirlpools, ein Saunahof mit Kaltwasserbecken, Fitness- und Ruheräume sowie zwei Solarien sorgen für einen abwechslungsreichen Aufenthalt.

(Information: Kur- u. Gästeinformation Bad Tatzmannsdorf, Joseph-Haydn-Platz 1, A-7431 Bad Tatzmannsdorf, Telefon: 03353/7015, Internet: www.bad.tatzmannsdorf.at, Mail: info@bad.tatzmannsdorf.at)

Stadtschlaining

Beherrscht von der gleichnamigen Burg liegt die Kleinstadt Stadtschlaining am Fuße des Günser Gebirges. Aufgrund dieser landschaftlichen und städtebaulichen Vorzüge zählt das kleine Städtchen zu den interessantesten Orten des Burgenlandes. Eine dreiecksförmig angelegte Stadtmauer mit insgesamt drei Toren umgab einst die mittelalterliche Stadt. Heute sind davon noch gut erhaltene Reste vorhanden. Außerhalb dieser Mauern befindet sich die katholische Pfarrkirche Hl. Joseph, an deren nordwestlicher Seite das im 16. Jahrhundert zur Ruine verfallene ehemalige Paulinenkloster anschließt. In der Pfarrkirche sind besonders die Seccomalereien an der Langhausnordwand aus dem 16. Jahrhundert, die Grabplatte des Baron Maximilian Leisser in der Nordsakristei sowie die Barockaltäre mit Ölbildern von Johann Cyriak Hackhofer sehenswert. Im oberen Teil Stadtschlainings liegt die evangelische Pfarrkirche aus dem 18. Jahrhundert mit einem bemerkenswerten spätklassizistischen Kanzelaltar von Georg Bitterle (1819) und den Altarfiguren Moses und Petrus (1820). Außerdem bemerkenswert ist die Orgel von Franz Schwarz.

Am Hauptplatz (Nr. 62) steht das Rabbinatshaus mit der ehemaligen Synagoge, die heute die sogenannte Friedensbibliothek in sich birgt. In der Langen Gasse und am Hauptplatz kann man eine Reihe von Arkadenhäusern erkennen, die über schöne Laubengänge und Säulen verfügen.

(Information: Tourismusverband Stadtschlaining, Baumkirchner Gasse 1, A-7461 Stadtschlaining, Telefon: 03355/220130, Internet: www.stadtschlaining.co.at)

Gotische Pfarrkirche Mariasdorf

Das nur wenige Kilometer nördlich des Thermalbadeortes Bad Tatzmannsdorf befindliche Mariasdorf beherbergt eine der schönsten Kirchen des Burgenlandes, die katholische Pfarrkirche Maria Himmelfahrt. In beherrschender Lage am oberen Ende des Dorfangers ist das Gotteshaus schon von weitem zu sehen. Der Bau der Kirche zog sich über zwei Phasen. Erstere nahm um 1400 ihren Anfang, abgeschlossen wurde der Bau in der zweiten Phase gegen Ende des 15. Jahrhunderts. In der zweiten Hälfte des 17. Jahrhunderts begann man damit, die Kirche zu barockisieren. Im 18. und 19. Jahrhundert fanden mehrere Renovierungen statt und zwischen 1880 und 1890 wurde die Einrichtung weitgehend im neugotischen Stil erneuert. Außen kann man, am Zusammenschluss von Chor und Schiff, einen hohen Dachreiter erkennen; dieser wurde im Jahr 1972 restauriert. Im Inneren der Kirche lohnt es sich, auf Hochaltar, Kanzel und Taufbecken einen näheren Blick zu werfen. Alle drei neugotischen Kunstwerke stammen aus dem Jahr 1884. Die Orgel stammt aus dem 19. Jahrhundert und wurde in der damals im ungarischen Fünfkirchen (heute Pecs) ansässigen Keramikfabrik Zsolnay angefertigt. Von der ursprünglichen gotischen Innengestaltung sind das Netzrippengewölbe im Chor, das Kreuzrippengewölbe im dreijochigen Kirchenschiff sowie das Sakramentshäuschen aus dem Jahr 1483 an der Nordseite des Chores erhalten.

(Information: Marktgemeinde Mariasdorf, A-7433 Mariasdorf 37, Telefon: 03353/6504, Mail: post@mariasdorf.bgld.gv.at, Internet: www.burgenland.at/mariasdorf)

Felsenmuseum Bernstein

Bernstein ist unter Mineralienfreunden bekannt für sein einzigartiges Vorkommen des grünen Edelserpentins. Dieser Stein wurde in Bernstein 1860 vom damaligen Pfarrer Ratz und dem Drechsler Höfer entdeckt. Bis heute werden daraus Schmuckstücke hergestellt und das Edelserpentingewerbe hat Bernstein zu hohem Ansehen verholfen.

Im Felsenmuseum, welches von der ansässigen Familie Potsch geführt wird, können Besucher verschiedenste Schmuckstücke und Kunstwerke aus Edelserpentin bewundern und daneben allerlei Wissenswertes über die Gewinnung und die Bearbeitung des Steines erfahren. Neben den grünen Edelserpentinen finden sich weitere Raritäten an österreichischen Mineralien sowie eine einzigartige Bergkristallhöhle in dem kleinen Museum.

(Information: Felsenmuseum Bernstein, Hauptplatz 5, A-7434 Bernstein, Telefon: 03354/320)

Freilichtmuseum Bad Tatzmannsdorf *ÖW/Herzberger*

Oberwart Felsőőr
Hirschberg
Krankenhs.
Industriegebiet-Unterwart
Balliko
Pinka
Unterwart
Alsóőr
(305)
Neubürgersdlg.
Braunriegelwald
Rohr B.
Schlosswirt
Schloss
Rotenturm
an der Pinka
Steinriegel
Birkenwald
Mooswald
Rohr B.
Ungerberg
Fischteich
Edelberg
Tuscherberg
Sauberg
Teichwald
Rakitschgraben
Ameisriegel
Höhried
Ghf. Karoll
Oberdorf
im Burgenland
Hochberg
Liedl
Toter Mann
Strmatscha
Groß-
greuten
Klein
Eisenberg
Laschalt
Tulmen
Buchwald
Dürrer B.
Renn B.
503
555
553
552
551
B50
B55
R63

Blatt 44
351
305
Tauchental
Dornauer B.
352
Podler
Poljanci
333
B50
Hubertuskpl.
Spitzzicken
Hrvatski Cikljin
(340)
B50
Der Spitzer
zicken
363
Berdo
R1
354
B52
522
Gh. Bailic
294
Hubertuskpl.
Zicken B.
Miedlings-
dorf
308
303
325
Dornau
Siget in der Wart
Öriszigert
Kirchenwirt
(287)
B52
284
Rumpersdorfer B.
Wald B.
294
Wart
R63
R1
283
279
Tauchen B.
B52
Zicken B.
Jabing
292
Großpeters-
dorf
(311)
Ghf. zur Post
276
B55
525
Unterer-
344
B55
Pinka
334
278
Kleinpetersdorf
554
in der Wart
310
Rohrbach
an der Teich
Zicken B.
Kleinzicken
Sportpl.
272
Teich B.
Sauberg
Groß-
-bachselten
B55
381
Rohrbacher-
Bergen
Klein-
366
Ungarberg
Perlmühle
261

OBERWART · ROTENTURM

Schloss Rotenturm

Ursprünglich befand sich in Rotenturm eine mittelalterliche Wasserburg, von der jedoch nichts mehr erhalten ist. Nach einem Umbau wurde von 1862 bis 1866 ein komplett neues Schloss errichtet, welches heute als Wahrzeichen von Rotenturm mit seinen rötlichen Fassaden aus dem Grün der Landschaft hervorsticht. Aus architektonischer Sicht ist es ein äußerst interessantes Gebäude, in dem die verschiedensten Stilrichtungen vermischt und aufeinander abgestimmt wurden. Vor allem byzantinische und maurische Anklänge kommen gut zur Geltung, daneben sind auch romanische, gotische und Renaissance-Elemente erkennbar. Insgesamt reiht sich das Schloss in die zahlreichen „romantischen" Schloss- und Burgneubauten des 19. Jahrhunderts ein, die einer neuentdeckten Schwärmerei für das Mittelalter entsprangen. Das Gebäude wird von einem schönen Schlosspark umgeben und steht heute in Privatbesitz.

(Information: Marktgemeinde Rotenturm a. d. Pinka, Schlossplatz 2, A-7501 Rotenturm an der Pinka, Telefon: 03352/347155, Internet: www.tiscover.at/rotenturm, Mail: post@rotenturm-pinka.bgld.gv.at)

Blumenwiese *Burgenland Tourismus, Popp & Hackner*

Heimathaus Unterwart – Alsóöri otthon

Das Burgenland war bekanntlich jahrhundertelang das westliche Grenzland Ungarns. Zur Sicherung dieser Grenzen wurden im überwiegend deutsch besiedelten Gebiet von der ungarischen Herrschaft in der sogenannten „Wart“ einige Grenzwächtersiedlungen gegründet. Diese wurden von ungarischen Bürgern, die alsbald zu Kleinadeligen aufstiegen, besiedelt und sind noch heute als ungarische Sprachinseln im Burgenland erhalten.

Unterwart ist der Ort mit dem größten Anteil ungarisch sprechender Einwohner in Österreich. Die Umgangssprache im Ort ist fast zur Gänze ungarisch, auch die Schüler in der Unterwarter Volksschule werden abwechselnd in deutscher und ungarischer Sprache unterrichtet – gerade in Zeiten der Grenzöffnung ein wesentlicher Vorteil. Fast 85 % der über 2.500 ausgestellten Exponate im Heimathaus stammen aus Unterwart selbst. Damit ist das Museum zugleich ein Kulturzentrum der ungarischen Volksgruppe im Burgenland. Die Bedeutung des Museums für die ungarische Volksgruppe in Österreich wurde durch den Besuch des ungarischen Staatspräsidenten Arpad Göncz im Jahre 1995 untermauert, der diesen gemeinsam mit seinem österreichischen Amtskollegen Dr. Thomas Klestil und den höchsten burgenländischen Landespolitikern vornahm.

Die Gründung des Heimathauses geht auf die späten 1960-er Jahre zurück, als unter dem damaligen Bürgermeister Ernst Szabo ein eigener Verein mit dem Ziel, ein Museum zu errichten, initiiert wurde. Herr Szabo wurde zuerst Geschäftsführer dann Obmann des „Heimathaus-Vereines Unterwart“. Die burgenländische Landesregierung hat das Projekt unterstützt und zu diesem Zweck das Haus Unterwart Nr. 208 angekauft. Heute verfügt die mittlerweile sehr umfangreiche Sammlung über zahlreiche Exponate, welche unter anderem die Wohnverhältnisse in der Wart aus früheren Zeiten wiederspiegelt. Die Räume sind originalgetreu eingerichtet und enthalten unter anderem verschiedene Werkstätten, in denen auch die Arbeitswelt und die Wirtschaftsformen der ansässigen Bevölkerung vor Augen geführt werden.

(geöffnet: April bis Okt., täglich 8-17 Uhr; Information: Heimathaus Unterwart, Hr. Szabo, A-7501 Unterwart/Alsóör Nr. 208, Telefon: 03352/34179)

„Lucky Town“ Großpetersdorf

Eine echte Westernstadt mitten im Burgenland – das gibt es in Großpetersdorf, genauer gesagt in der Western-Metropole „Lucky Town“. Initiiert durch den Bau eines originalgetreu eingerichteten Saloons entstanden nach und nach zusätzliche Kulissen und schließlich eine, den originalen Wild-West-Städten nachempfundene, Westernstadt. Mit viel Liebe zum Detail wurden hier Original-Steckbriefe, Pferdesättel als Barhocker und diverses obligatorisches Salooninventar zusammengetragen und zu einem Ensemble der Cowboy-Geschichte vereint. Schon bei der Eröffnung der neuen „Lucky Town“ im Jahr 2001 pilgerten zahlreiche Western-Freaks nach Großpetersdorf und seitdem haben viele weitere Gäste aus den originalgetreuen Bier- und Whiskeygläsern ihren Durst gestillt und das Essen aus dem eigens angefertigten Lagerfeuerkessel genossen. Das Wild-West-Ambiente von „Lucky Town“ dient zudem als Rahmen für Feierlichkeiten und Seminare. Daneben wurde auch auf die jungen Gäste nicht vergessen: Geheimgänge, Holzsteige und dergleichen dienen zur Anregung der Phantasie. Alles in allem bietet „Lucky Town“ echte Western-Atmosphäre, ohne dafür eigens per Jet über den „großen Teich“ pilgern zu müssen.

Heimathaus Siget i. d. Wart

Siget in der Wart (ungar. Őrisziget) zählt neben Ober- u. Mitterpullendorf, Unterwart sowie Oberwart zu den ehemaligen ungarischen Grenzwächtersiedlungen im Mittelburgenland. Noch heute spricht ein überwiegender Teil der ansässigen Bevölkerung in Siget ungarisch als Muttersprache und zählt sich zur ungarischen Volksgruppe. Als weitere Besonderheit ist die Mehrheit der Einwohner hier evangelischen Glaubens. Ähnlich wie im Falle des Unterwarter Heimathauses ist auch die Ausstellung im Heimathaus von Siget in erster Linie dieser besonderen geschichtlichen Entwicklung als Grenzwächtersiedlung gewidmet. Die volkskundliche Privatsammlung (Hr Pathy) weist einige höchst interessante Exponate, darunter ein handgeschriebenes Rechenbuch aus dem Jahr 1516 sowie eine Bibel aus dem Jahr 1582 auf.

(geöffnet: tägl. 8-17 Uhr, nach Voranmeldung; Information: Heimathaus Siget, A-7501 Siget in der Wart / Őrisziget Nr. 82, Telefon: 03352/32501)

Litzelsdorf
(292)
Mitterberg
Gestüt Al Aswan
Brunnhäuser
Unterleiten
Stinatz
Stinjaki
(343)
Stinatzerhof
Heimathaus
Brunnen
Sportpl.
Hubertuskpl.
Florianikpl.
Sommars B.
Hocheck
Bergen
Bergenwirt
Lißten B.
Gh. Riedl
Pielerwald
Hubertuskpl.
Waldsiedlung
Harmonikawirt
Sauberg
Anger
Ollersdorf
im Burgenland
Graf
Bergen
Graben
Maria Himmelfahrt
Grabnerwald
Schlacht
Mitterberg
Haslinger B.
Jagerwirt Holper
Sauberg
Kraftweg
Guschlsche
Neudauberg
Hot. Birdie
Kumpf-Therme
Pflegerhäuser
Modellflugpl.
Jhtt.
Murlasits
Golfschaukel
Ringberg
Steinbach
Thermenbrunnen
Golfschule
Wamplgraben
Eulenhof
Fabitschgraben
Zilina
Zum Kreuzen
Gh. Trummer
Stegersbach
(259)
Sauberg
Wildgehege
Regional- u. Telegraphenmuseum
Gem. Burgauberg-
Neudauberg
Stegersbacher Berghäuser
Halmheu
Kanischaberg
Hubertuskpl.
Kräuterpfad
Waldbrücklgr.
Burgauberg
Hinterfrauenberg
Zickenbergen
Bocksdorf
Schwabenberg
KA.
Gh. Hirschbeck
Strem
Gmoosberg
Bocksdorfer-
Berghäuser
Hochkogl
Kogel
Obererlau
Sportpl.
Rohr
im Burgenland

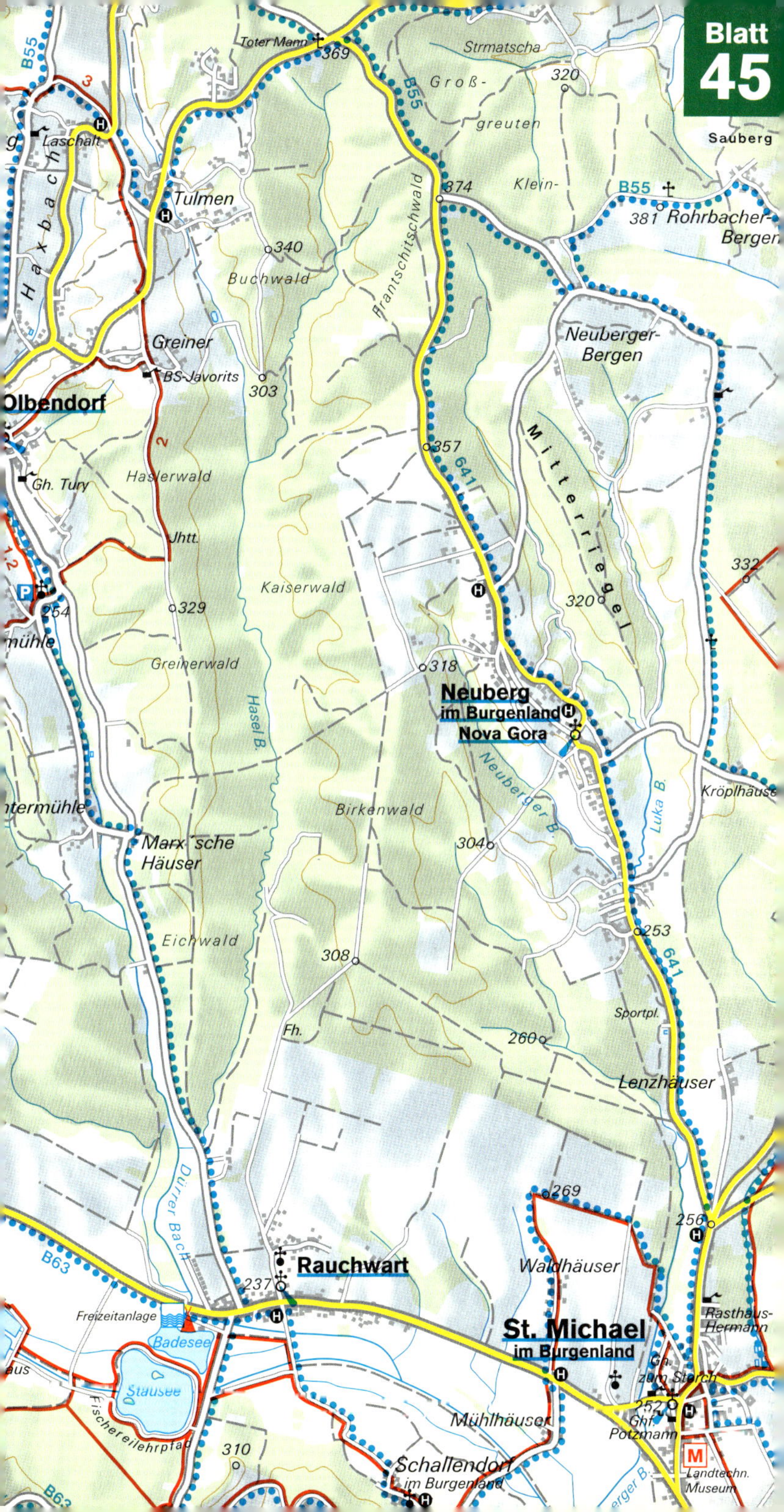

Blatt
45
Toter Mann
369
Strmatscha
Groß-
greuten
320
Sauberg
B55
Laschalt
Tulmen
374
Klein-
B55
381 Rohrbacher-
Bergen
Haxbach
340
Buchwald
Frantschitschwald
Greiner
BS-Javorits
303
Neuberger-
Bergen
Olbendorf
357
641
Mitterriegel
Gh. Tury
Haslerwald
Jhtt.
329
Kaiserwald
332
254
320
mühle
Greinerwald
318
Neuberg
im Burgenland
Nova Gora
Hasel B.
Neuberger B.
Luka B.
Kröplhäuser
termühle
Marx'sche
Häuser
Birkenwald
304
Eichwald
253
641
308
Sportpl.
Fh.
260
Lenzhäuser
269
256
Dürrer Bach
B63
Rauchwart
Waldhäuser
237
Rasthaus-
Hermann
Freizeitanlage
Badesee
St. Michael
im Burgenland
Gh. zum Storch
Stausee
Fischereilehrpfad
Mühlhäuser
252
Ghf. Potzmann
310
Schallendorf
im Burgenland
Landtechn.
Museum
B63

STEGERSBACH · STINATZ

Kumpf-Therme und Golfschaukel Stegersbach

Die Hotel-, Golf- und Thermenanlage Stegersbach wurde vom burgenländischen Künstler Gottfried Kumpf gestaltet und besteht aus einem Hotelbetrieb mit hauseigener Therme, einer eindrucksvollen 45-Loch Golfanlage (Rogner-Golfschaukel) und der Erlebnistherme. In der Erlebnistherme sorgen verschiedene Wasserrutschen, ein Wildwasserkanal, ein Freiluftwellenbecken und ein Sprungturm für Spaß und Abwechslung. Getrennt vom Erlebnispark bietet das Therapiezentrum Thermalwasserbäder und Lichttherapieanwendungen, die vor allem bei Hauterkrankungen eingesetzt werden. Die Rogner-Golfschaukel von Stegersbach gilt mit einer Gesamtfläche von 190 Hektar als Europas größte und bietet, von Schnupperkursen – auch für Kinder – bis zu Handicap-Kursen für Fortgeschrittene, alles was das Golferherz begehrt.

(Information: Tourismusinformation Stegersbach, Thermenstraße 8, A-7551 Stegersbach, Telefon: 03326/52052, Internet: www.stegersbach.at, Mail: infopoint@stegersbach.at)

Heimathaus Stinatz

Das 1975 gegründete Heimathaus in Stinatz bringt Interessierten das dörfliche Leben der kleinen burgenländischen Gemeinde näher. Stinatz wurde 1576 erstmalig urkundlich erwähnt und gilt seither als eines der Hauptzentren der kroatischen Volksgruppe im Burgenland. Besonders durch die gekratzten Ostereier und die besonders schöne Volkstracht hat der Ort auch überregionale Bekanntheit erlangt. Diese Stinatzer „Imageträger" sind natürlich auch im Heimathaus neben zahlreichen weiteren Exponaten zu bewundern. Das Museum ist außerdem in einem höchst interessanten Bauwerk aus der Zeit um 1800 mit Stadel (aus Markt Allhau) und Kitting (aus Oberschützen) untergebracht, das seinerseits Beachtung finden sollte.

(geöffnet nach Voranmeldung; Information: Heimathaus Stinatz, Hauptplatz 5, A-7552 Stinatz/Stinjaki, Telefon: 03358/2485 oder 2433, Mail: post@stinatz.bgld.gv.at)

Regional- und Telegrafenmuseum in Schloss Batthyány

Das noch heute ortsbildprägende Schloss (oder Kastell) Batthyány in Stegersbach wurde in der ersten Hälfte des 17. Jahrhundert errichtet und gilt als eines der schönsten Renaissancegebäude im südlichen Burgenland. Früher zählten mehrere Gebäude zu dem Schloss, dessen Westfassade mit den Arkadengängen noch gut das prächtige Erscheinungsbild jener Zeit wiederspiegelt.

Heute beherbergt das Schloss das südburgenländische Regionalmuseum und als Höhepunkt das Telegraphenmuseum, welches in einer einzigartigen Sammlung Informationen über die Entwicklung der neuzeitlichen Kommunikation von der Telegraphie bis zur modernen Telekommunikation übermittelt. Im Regionalmuseum zeigen Sammlungen Geologie, Fauna und Flora sowie Geschichte und Volkstum des Südburgenlandes.

(geöffnet: Ostern bis Ende Okt. tägl. 9–12 u. 14–18 Uhr; Information: Regional- u. Telegrafenmuseum, Sparkassenplatz 2a, A-7551 Stegersbach, Telefon: 03326/54489)

Landtechnisches Museum Sankt Michael

Auf etwa 2700 Quadratmetern gedeckter Hallenfläche werden in Sankt Michael verschiedenste landwirtschaftliche Maschinen aus mehreren Jahrhunderten der Öffentlichkeit gezeigt. Es zählt damit zu den größten und bedeutendsten Museen dieser Art in Österreich. Das Museum führt in das Leben, in den Alltag, vor allem aber in die harte bäuerliche Arbeitswelt der Vergangenheit ein. Es wird ein umfassender Einblick in die Entwicklung der landwirtschaftlichen Technik geboten, von einfachen Holzwerkzeugen bis zu Zug- und Kraftmaschinen, Motoren, Traktoren, Mähdreschern und vielem mehr. Eine Sonderausstellung ist den Volksgruppen des Burgenlandes gewidmet: Deutschsprachige, Kroaten, Ungarn und Roma mit ihren Trachten und Hausgeräten werden hier gezeigt. Nach dem Museumsbesuch laden gutbürgerliche Gaststätten zum Verweilen ein.

(geöffnet: Apr – Okt. tägl. außer Mo von 9 – 12 u. 14 – 18 Uhr; Information: Landtechnikmuseum Sankt Michael, A-7535 Sankt Michael im Burgenland, Telefon: 03327/8813, Internet: www.st.michael-bgld.at, Mail: post@st-michael.bgld.gv.at)

Ollersdorfer „Kraftweg“

Eingebettet in das südburgenländische Hügelland und in unmittelbarer Nähe zur Kumpf-Therme und Golfschaukel Stegersbach liegt die Marktgemeinde Ollersdorf. Die katholische Pfarrkirche des Ortes wird von zahlreichen Wallfahrern besucht und befindet sich in Nachbarschaft zur Gnadenkapelle „Maria Helferin“ und einer angeblich heilsamen Quelle. Diese Quelle ist auch Endpunkt des sogenannten „Kraftweges“, welcher vom Ganglkreuz nahe der Therme Stegersbach über eine Strecke von etwa 1,5 Kilomter zur Gnadenkapelle führt. Bei insgesamt sieben Stationen mit Kraftpunkten zum Hören, Entspannen und Energieaufladen wird eine kurze Rast eingelegt.

(Information: Marktgemeinde Ollersdorf, A-7533 Ollersdorf im Burgenland, Telefon: 03326/52444)

Freizeitanlage Rauchwart

Die kleine Gemeinde Rauchwart beherbergt die größte Freizeitanlage des südlichen Burgenlandes. Zu ihr gehören ein großer Badesee mit Campingplatz sowie zwei Rückhaltebecken mit einer Gesamtwasserfläche von ungefähr 40 Hektar. Zusammen stellen diese ein wahres Paradies für Wassersportler und Fischer dar. In der waldreichen Gegend gibt es auch zahlreiche Wanderwege sowie einen beschilderten Fischereilehrpfad.

(Information: Gemeindeamt Rauchwart, A-7535 Rauchwart, Telefon: 03327/2248, Internet: www.tiscover.at/rauchwart, Mail: post@rauchwart.bgld.gv.at)

Therme in Stegersbach *ÖW/Bartl*

Tobaj
(224)
Ghf. Richter
Tobajer Kg.
Koglroas
243
Burgenland Weitwanderweg
Pußtawald
Hasendorf
im Burgenland
B60
Strem
B60
Ludwigshof
268
Clusiusweg
220
B60 B61
234
07A
Koglroas
266
Limbach
Clusiusweg
221
MÜHLWINKEL
Aktiv Park Hot.
Poldlmeierhof
Wildpark Güssing
Auswanderermuseum
Krottendorf
222
Güssing
(229)
Burg Güssing
Schloßberg
318
R1
Hianznpfad
Strem
Oberer Sankohazihof
Hianznpfad
Fischteichweg
Fischteich
Clusiusweg
Unterer Sank
St. Nikolaus
242
Rosenberg
Ghf. zum Rosenberg
235
B60
Glasing
(219)
R56
Hianznpfad
B61
07A
Dragenb.
Karlberg
329
R1
Scharkigraben
Glasinger Bergen
Burgenland Weitwanderweg
Langzeil
324
344
Kleinmürbisch
301
Stettnerberg
Oberberg
B1
R1
R50
Glockenwirt
Glockenberg
337
Graben
Reinersdorfer B.
365
Unterberg
Hütterische Häuser
336
Fuchsgraben
B613
330
Gro
Gh. Burits
Gh. Wukovits
B613
Kranigraben
Ghf. Kurta
Inzenhof
(244)
B613
Kitziberge
Hausergr.
Tschanigraben
353
230
321
Magas-tetö
302

Blatt
46
Haselbrücke
287
276
Gfang
267
261
255
Hasel B.
Gemeindewald
Limpigraben
216
B57
Res.
Gh. Fandl
Steinfurt
(245)
Loderber
228
222
Strittwald
Urbersdorf
(218)
R1
213
225
Hausgraben
Limpigraben
Schöngraben
Moschendorfer Wald
R1 B57 B61
Hianznpfad
Gh. Legat
R56
215
Sumetendorf
Strem
(207)
Zollhäuser
Hamerlberg
327
316
Lahmberg
Stremer Mühle
Stremer Berghäuser
B61
205
Br.
314
Kellerviertel
Sportpl.
Heiligenbrunn
306
Hochberg
Kratzler
223
Keller-
viertel
294
Geiderberg
B613
293
Deutsch
Bieling
(205)
233
Reinersdorf
295
200
277
283

GÜSSING · HEILIGENBRUNN

Burg Güssing

Auf einem längst erloschenen Vulkankegel wurde im Jahr 1157 Burg Güssing errichtet. Sie gilt als älteste Burganlage des Bundeslandes und, nicht zuletzt aufgrund ihrer weithin sichtbaren Erscheinung, als Wahrzeichen Güssings und des gesamten Südburgenlandes.Ursprünglich wurden im 12. Jahrhundert eine hölzerne Burg gemeinsam mit einem Kloster auf dem Berg Quizin errichtet. Nachdem das Kloster etwa zwanzig Jahre später aufgehoben wurde, ließ König Béla III eine Steinburg bauen. Gegen Ende des 13. Jahrhunderts wurde diese durch Herzog Albrecht von Österreich eingenommen, der sie bis ins Jahr 1327 besaß. Als die Fürsten Batthyány nach häufigen Besitzwechseln im 16. Jahrhundert die Anlage übernahmen, bauten sie diese zur weitläufigen Festung aus. Bis ins Jahr 1870 waren sie Besitzer der Burg, seitdem steht sie im Eigentum der Fürst Philipp Batthyány'schen Stiftung. Nach dem Verlust der strategischen Bedeutung wurde die Burg mehr oder minder dem Verfall preisgegeben. Nach mühevollen Restaurierungstätigkeiten konnte dieser jedoch gestoppt werden. Teile der mittelalterlichen Anlage sind noch im Untergeschoss des Bergfrieds sowie an den Wohnbauten zu erkennen. Die unregelmäßige Burganlage wurde um einen engen Hof angelegt, wobei besonders die Burgkapelle Maria Schnee, die im 15. Jahrhundert errichtet wurde, von Interesse ist. Der zweigeschossige Bau birgt einen neogotischen Hochaltar aus dem Jahr 1794. Außerdem befinden sich im Erdgeschoss eine Reihe von Totenschildern (zumeist von der Familie Batthyány) an den Wänden.
Im Jahr 1969 wurde das Museum mit Batthyány'scher Ahnengalerie und zahlreichen Kunstwerken aus Renaissance und Barock eröffnet. Die Eisengusssammlung umfasst etwa 800 Objekte des 18. und 19. Jahrhunderts. Mobiliar aus Musik-, Jagd- und Speisezimmern ist ebenfalls im Museum ausgestellt. Im Jahr 1990 fand auf Burg Güssing mit großem Erfolg die burgenländische Landesausstellung „Die Ritter“ statt, seither finden ständig wechselnde Ausstellungen sowie seit 1994 auch Burgspiele statt.
(Information: Burg Güssing, Burgstiftung Batthyány, Batthyánystraße 10, A-7540 Güssing, Telefon: 03322/43400)

Clusius Naturwildpark Güssing

An den Ufern des östlich von Güssing gelegenen Urbersdorfer Stausees befindet sich mit dem Clusius Naturwildpark ein beliebtes Naherholungsziel im Südburgenland. Entlang eines rund 2,5 Kilometer langen Naturlehrpfades erklären Schautafeln naturkundliche Besonderheiten der Region, darunter besonders mächtige und alte Eichenbäume, an denen man vorbeimarschiert. Besonders für Kinder ein Erlebnis ist das anschließende Wildgehege mit friedlich grasenden Wildschweinen, Rothirschen, Büffeln, Straußen und anderen Tierarten. Die Wiesenbrachen an der Ostseite des Stausees und die Verlandungszone, die durch den Limbach hervorgerufen wird, zeigen aber auch außerhalb der Wildgehege ein naturnahes Bild des Südburgenlandes. Mit Geduld und etwas Glück lässt sich dort mitunter die eine oder andere Rarität aus Flora und Fauna entdecken.

Kellerviertel Heiligenbrunn

Kaum ein anderer Ort im Südburgenland ist so sehr mit dem Wein verbunden wie Heiligenbrunn. Einerseits zählt der berühmt-berüchtigte Uhudler seit Jahren zu den einst verpönten und heute hoch geschätzten Spezialitäten der Region, andererseits gelten die Kellergassen um Heiligenbrunn zu den schönsten in ganz Österreich. So verwundert es nicht, dass sich in Heiligenbrunn alljährlich zahlreiche Freunde des edlen Tropfens wiederfinden und sich in den Buschenschanken den Genüssen des Weines hingeben. Das Kellerviertel selbst befindet sich an der Straßenbiegung oberhalb von Heiligenbrunn und umfasst ein Länge von rund zwei Kilometern. Die lockere Aneinanderreihung von rund 120 Kellern zwischen Obstbäumen ist schon vor über 200 Jahren entstanden und wird seit den späten 1960-er Jahren auch in Form eines Landschaftsschutzgebietes vor allzu modernen Veränderungen bewahrt. Bei den Gebäuden handelt es sich in erster Linie um niedrige Holzblockbauten mit weiß getünchten Lehmwänden. Die Satteldächer mit Walm sind bei rund der Hälfte aller Keller noch strohgedeckt und geben dem Ensemble somit ein einzigartiges pannonisches Flair.

Burg Güssing *Burgenland Tourismus, Lammerhuber*

Auswanderermuseum und Josef-Reichl-Gedenkstätte

Dem 1860 in Güssing geborenen Lyriker Josef Reichl wurde in seiner Heimatstadt eine Gedenkstätte errichtet, die einerseits der Nachwelt seine Gedichte und Erzählungen im lokalen Hianzendialekt und andererseits den ständigen Kampf der deutschsprachigen Einwohnerschaft des westlichen Ungarns um Selbstbestimmung näher bringt.
Da die Region um Güssing auch zu den am stärksten von der Auswanderung betroffenen Gebieten Österreichs zählte, lag es nahe, die Gedenkstätte mit einem Museum über die Geschichte der Auswanderung im Südburgenland zu verbinden. Immerhin wanderte vor allem nach dem Zweiten Weltkrieg mehr als ein Zehntel der burgenländischen Bevölkerung für immer aus der Heimat aus, insbesondere in die Vereinigten Staaten von Amerika und dort wiederum besonders in die Region Chicago. Das Auswanderermuseum berichtet von derartigen Auswandererschicksalen und ist somit ein Stück lebendige Regionalgeschichte.
(geöffnet: Anmeldung erforderlich; Information: Alte Hofmühle, Stremtalstraße 2, A-7540 Güssing, Telefon: 03322/42598)

Wallfahrtskirche Maria Weinberg

Östlich von Steinfurt erhebt sich die Wallfahrtskirche Maria Weinberg über die Weingärten des Loderberges. Nicht umsonst trägt sie auch den volkstümlichen Namen „Maria Weinberg". Die bereits im 12. Jahrhundert gegründete Kirche gilt seit dem 15. Jahrhundert als Marienheiligtum und hat bis heute nichts von ihrer Beliebtheit eingebüßt. Insbesondere am 15. August (Maria Himmelfahrt) ziehen tausende Wallfahrer nach Maria Weinberg, um hier das Patroziniumsfest zu feiern.
Die Kirche ist ein gotischer Bau aus der zweiten Hälfte des 15. und aus der ersten Hälfte des 16. Jahrhunderts. Im Inneren sind über dem Triumphbogen interessante Wandmalereien zu sehen, ebenso an der Emporenbrüstung. Die Einrichtung stammt zum Großteil aus der Zeit um 1800, das Gnadenbild der geschnitzten Madonna auf der Mondsichel ist hingegen spätgotisch und stammt aus der Zeit um 1470. Bemerkenswert sind auch das gotische Kreuz aus der Mitte des 15. Jahrhunderts und eine Säulenmadonna aus dem 17. Jahrhundert in der Mitte des Gotteshauses. Südlich der Kirche befindet sich der spätgotische Karner mit einer kleinen Gruftkapelle.